KB231503

불교를 위한 변명

護法論

불교를 위한 변명

장상영의 호법론

장상영 지음 | 성 열 역주

도·서·출·판
문화문고

불교는 인도의 역사(歷史)와 전통(傳統), 문화(文化)를 배경으로 출발하게
된다. 인도에서 일어난 불교가 대략 5백여 년이 지나면서 중국에 전해
지는데, 그것은 인도를 배경으로 출발한 사상이 전혀 다른 역사와 전통,
문화 속으로 이입(移入)되는 것을 뜻한다.

중국에는 중국인들의 역사와 전통, 그리고 문화가 있었고, 더욱이 한
족(漢族)은 문화민족이란 자긍심 또한 높았던 터라 불교를 이민족의 사
상이요 오랑캐의 가르침이란 시각으로 경시(輕視)하고 배척하는 일도 없
지 않았다. 따라서 불교가 중국에서 정착하고 발전하는 데에는 많은 험
난한 과정을 밟지 않을 수 없었다.

승우(僧祐:444~518)의 『홍명집(弘明集)』이나 도선(道宣:596~667)의 『광홍
명집(廣弘明集)』 또는 『집고금불도논형(集古今佛道論衡)』, 언종(彦悰)의 『집사
문불응배속등사(集沙門不應拜俗等事)』 등의 글을 통해서 볼 때, 인도사상인
불교(佛教)와 중국의 전통사상인 유교(儒教)나 도교(道教)와의 충돌이 빚
어내는 사상적 갈등의 모양을 익히 엿볼 수 있으니, 문화충돌(文化衝突)
이 얼마나 깊고 심각했는가를 충분히 짐작할 수 있다. 이러한 문화충돌
의 과정 속에서 불교를 옹호하고 적극적으로 펼치려는 뜻에서 나온 글

이 바로 무진거사(無盡居士) 장상영(張商英)의『호법론(護法論)』이다.

　장상영의『호법론』은 중국문화의 꽃을 피웠던 시기인 당나라 때의 유명한 문인 한유(韓愈:768~824)의「원도(原道)」와「논불골표(論佛骨表)」, 송나라 때의 구양수(歐陽脩:1007~1072)의「본론(本論)」과 같은 배불론(排佛論)을 비판하고 있다. 한유나 구양수는 둘 다 당송팔대가(唐宋八大家)로 이름을 날리고 있는 이들이니, 그들의 글이 당대(當代)나 후대(後代)에 미치는 영향은 꽤나 컸다는 것을 부인할 수 없을 것이다.

　당나라 때나 송나라 시대에 불교를 변호하는 글들이 없었던 것은 아니었지만 대개가 출가한 고승들이 호교(護敎)의 차원에서 썼던 글인데 비해『호법론』은 출가자가 아닌 재가(在家)한 거사(居士)의 글이요, 더구나 장상영 역시 중국의 전통문화를 계승하는 유생(儒生)이었고, 처음에는 불교를 배척하는 글을 쓸려고 했었다는 점에서 독특한 입장을 가지고 있어서 관심을 끈다.

　앞에서 말한 한유나 구양수의 배불론은 조선의 개국공신이었던 삼봉(三峰) 정도전(鄭道傳:1337~1398)이 쓴 유명한 배불론(排佛論)인「불씨잡변(佛氏雜辨)」에도 많이 인용되고 있다는 점에서 오늘의 불교도들이 관심을 가질 필요가 있다고 믿는다.

　한유의 「원도」와 「논불골표」 구양수의 「본론」을 부록으로 첨부하였고, 장상영의 글은 「호법론」 이 외에도 몇 편이 더 있음을 밝혀둔다.

불기 2557년(2013) 8월
강남포교원에서 성열 합장

차례

부록

일러두기

Ⅰ 무진거사 장상영의 『호법론』은 대정신수대장경(大正新修大藏經) 제52책 637쪽에서 646
  쪽에 걸쳐 실려 있다.
Ⅱ 이 책은 『호법론』의 「중각제사(重刻題辭)」·「원서(元序)」·「후서(後序)」를 모두 번역하였
  다.
Ⅲ 『호법론』의 번역문은 ◆로 표시하였고, 그에 대한 원문은 번역문의 뒤에 음(音)과 현토
  (懸吐)를 배치하였다.
Ⅳ 원문에는 문단의 구분이 없으나 역주자가 임의로 문단을 나누었다.
Ⅴ 부록 1은 한유(韓愈)의 「원도(原道)」, 부록 2는 한유의 「논불골표(論佛骨表)」, 부록 3은 구
  양수(歐陽脩)의 「본론(本論)」이다. 한유의 「원도」와 「논불골표」는 번역하였으나 구양수
  의 『본론』은 음과 현토만 하였다.

중각호법론제사
重刻護法論題辭

소주(蘇州) 개원사(開元寺) 주지 환옹선사(煥翁禪師) 단문(端文)이 천리(千里)를 멀다하지 않고 달려와 청하기를, '우리 불교에 『호법론(護法論)』이 있는데 대략 12,345자(字)로 되었습니다.

송(宋)나라 관문전대학사(觀文殿大學士)로[1] 승상(丞相)을 지낸 장상영(張商英)이 저술한 것인데, 불교를 널리 펴고 가르침을 도우려는 뜻이 아주 지극했습니다.

蘇州開元소주개원의 住持주지 煥翁禪師환옹선사 端文단문이 不遠千里불원천리하고 而來이래 하야 請청 하여 曰왈 하되 吾宗오종에 有護法論유호법론 하니 凡一萬二千三百四十五言범일만 이천 삼백 사십 오언이로다.

宋송의 觀文殿大學士관문전태학사요 丞相승상인 張商英장상영의 所撰소찬인데 其弘宗扶敎之意기홍종부교지의가 至矣지의 하고 盡矣진의로다.

---

1 관문전대학사(觀文殿大學士)는 송(宋)나라 때 두었던 벼슬 이름으로 퇴임 재상(宰相)을 우대하는 자리로 특별한 직무가 없이 황제의 고문(顧問)에 응하였다.

오래전 민(閩)나라[2] 출신 혜흠(慧欽)스님이 일찍이 가래나무 판목에 새기고, 한림시강학사(翰林侍講學士) 우집(虞集)이[3] 서(序)를 썼던 것이었는데, 전쟁으로 인한 화재로 판각이 오래 보존되지 못했습니다.

昔者석자에 閩僧민승인 慧欽혜흠이 嘗刻諸梓상각제재 하고 翰林侍講學士한림시강학사이신 虞集우집이 實爲之序실위지서나 兵燹之餘병선지여에 其版기판이 久不存구부존하노이다.

단문(端文)은 이 글을 전하지 않을 수 없어서 다시 인생(印生)에게[4] 그것을 새기게 하였고, 이제 일의 완성을 보게 되어, 머리글을 부탁드리러 달려온 것입니다'라며 서문(序文)을 부탁하였다.

이에 청을 받아들여 서문(序文)을 썼노라.

端文단문이 以此書이차서를 不可不傳也불가부전야 하야 復令印生刻之부령인생각지 하고 今功已금공이 하야 告完고완 하나니 願원컨대 爲序其首簡위서기수간 하소서 序서에 曰왈하되

오묘하게 밝은 참된 성품[妙明眞性]은 텅 빈 허공과 같아
장소에 구애받지 않고, 애초에 형체도 없다.

---

2 민(閩)은 오대(五代) 때 십국(十國)의 하나로 지금의 복건성(福建省)을 말한다. 오대는 남북조(南北朝) 때의 양(梁)·진(陳)·제(齊)·주(周)·수(隋)의 다섯 왕조를 말하며, 십국(十國)은 당(唐)으로부터 송(宋)까지의 사이에 오대 오국(五代 五國) 이외에 중원(中原)지방에 나라를 세운 전촉(前蜀)·오(吳)·남한(南漢)·형남(荊南)·오월(吳越)·초(楚)·민(閩)·후촉(後蜀)·남당(南唐)·북한(北漢) 등을 오대십국(五代十國)이라 한다.

3 우집(虞集)은 원(元)나라 때 사람으로 자는 백생(伯生)이고 호는 소암(邵庵)이며, 시호는 문정(文靖)이다. 벼슬은 대도로유학교수(大都路儒學教授)·한림대제(翰林待制)·규장각시서학사(奎章閣侍書學士)를 지냈고, 『경세대전(經世大典)』을 수찬(修撰)하였다. 저서에 『도원학고록(道園學古錄)』·『도원유고(道園遺稿)』가 있다.

4 인생(印生):도장을 새기는 사람 또는 판각하는 장인(匠人).

온화하고 담박하여 고요하고,

텅 비고 쓸쓸하여 깨끗하다.

나오나 그 끝 간 데를 알 수 없고,

들어가나 그 마지막을 알 수 없다.

사물과 더불어 경계가 없으나

완벽하여 미묘하게 통한다.

이런 경지에서는

중생이나 부처의 이름조차 없고,

나와 남이라는 모습도 없다.

모든 것을 품어 포용하고 모든 것들에 막힘이 없으니,

어찌 묘명진성(妙明眞性)을 한마디로 말할 수 있으랴!

妙明眞性묘명진성이 有若太空유약태공 하야

不拘方所불구방소 하고 初無形段초무형단이로다.

沖澹충담 하야 而靜이정 하고

寥漠요막 하야 而淸이청 하니

出焉출언에 而不知其所終이부지기소종 하고

入焉입언에 而不知其所窮이부지기소궁 하나니

與物여물과 無際무제 하야

圓妙원묘하게 而通이통 하나니라

當是時당시 시에는

無生佛之名무생불지명 하고

無自他之相무자타지상 하며

種種含攝종종함섭 하고 種種無礙 종종무애 하니

尙何一法之可言哉상하일법지가언재리오

그렇지만 지나치게 질박하여 이미 유유자적한데도 성진(聖眞)이[5] 천박(淺薄)하여 바쁘게 바깥 사물을 뒤좇아 다니고, 오로지 번뇌에 얽힌 업식(業識)만을 뒤좇았으니, 마치 길을 잃은 사람이 큰 늪에 빠진 것과 같아 어두컴컴한 연기와 안개가 앞을 가리고 사나운 뱀과 호랑이가 뒤섞여 앞을 다투어 달려들어 해치려고 하니 머리를 풀어헤치고 미친 듯이 뛰어다니니 어디가 어디인지를 분간할 수조차 없다.

서방의 대성인께서 자비로 불쌍히 여기시어 삼승십이분교(三乘十二分敎)를 말씀하시지 않을 수 없었으니, 바로 이 법을 세우게 된 이유이다.

奈太樸내태박 하나[6] 旣散誕기산탄 하고[7] 聖眞성진은[8] 漓리 하야[9] 營營영영하게[10] 逐物축물 하니 唯塵緣業識之趨유진연업식지추로다 正如迷人身정여미인신이 陷大澤함대택 하니 烟霧연무가 晦冥회명 하고 蛇虎사호가 縱橫종횡으로 競來경래 하야 迫人박인 하며 欲加毒害욕가독해 하니 被髮狂奔피발광분 하여 不辨四維불변사유로다. 西方서방의 大聖人대성인이 以慈憫故이자민고로 三乘十二分敎삼승십이분교를 不得不說부득불설 하시니 此法之所由建立也차법지소유건립야니라

중생이 이 법을 듣고 받들어 실천하면 마치 밝은 햇빛을 보듯이 착하고 훌륭한 친구를 만나 모든 악을 몰아내게 되고, 사방이 탁 트인 길에

---

5 성진(聖眞)이란 유학(儒學)의 진리를 이르는 말이다.
6 내(奈)는 상황이나 원인 등의 반전을 나타내는 부사로 '그러나, 그렇지만'이라 해석한다.
7 산탄(散誕)은 아무런 구속도 받지 않고 행동함이니 유유자적(悠悠自適)함을 말한다.
8 성진(聖眞)은 유학(儒學)의 진리를 이르는 말이다.
9 리(漓)는 경박하다, 천박하다.
10 영영(營營)은 끊임없이 왔다 갔다 하는 모양 또는 뒤섞여 어지러운 모양 또는 마음이 조급하여 불안한 모양을 말한다.

올라 이내 두려움을 벗어나 편안함에 나아갈 것이니, 이보다 더한 원(願)과 행운(幸運)이 무엇이겠는가.

그러나 덕이 깊지 못하여 뒤를 따르기는커녕 거역하고 배척한다면 마치 날카로운 칼로 자신을 해치는 것과 같다. 어찌하여 애초에 대법(大法)을 헐뜯으려는가. 사람의 마음이 전도되고 타락하는 것이 이보다 더 심할 수는 없으리라.

식견을 가진 사람이 그것을 걱정하고, 또 부처님의 자비롭고 불쌍히 여기는 마음을 본받아 『호법론(護法論)』을 쓰지 않을 수가 없었다.

衆生중생이 聞此法者문차법자 하야 遵而行之준이행지 하고 又如得見日光우여득견일광 하고 逢善勝友봉선승우 하야 爲驅諸惡위구제악 하고 引登康衢인등강구 하야 卽離怖畏즉리포외 하고 而就安隱이취안은 하리니 其願기원과 幸행이 孰加焉숙가언이리오

不深德之불심덕지 하야 反從반종 하여 而詆之斥之이저지척지 하니 是猶挾利劍시유협리검으로 以自傷이자상이니라 初何損於大法乎초하손어대법호아 人心인심이 顚隮전제는 莫此爲甚막차위심이리라

有識者유식자가 憂之우지 하야 復體如來慈憫之心부체여래자민지심 하야 護法論호법론을 亦不容弗作也역불용부작야이니라

슬프도다! 삼황(三皇)이[11] 천하를 다스릴 때는 세상 돌아가는 형편[時]을 잘 이용하였으나, 오제(五帝)는[12] 인(仁)과 신(信)으로 바꾸었고, 삼왕

---

11 삼황(三皇)은 고대 전설상의 세 임금으로 ①복희(伏羲)·신농(神農)·수인(燧人) ②복희·신농·황제(黃帝) ③복희·신농·여와(女蝸) ④천황(天皇)·지황(地皇)·인황(人皇).
12 오제(五帝)는 전설상의 다섯 임금으로 ①황제(黃帝)·전욱(顓頊)·제곡(帝嚳)·요(堯)·순(舜) ②복희·신농·황제·소호(少昊)·전욱(顓頊)을 말한다.

(三王)이[13] 다시 지(智)와 용(勇)으로 바꾸었다.

대개 풍속(風俗)은 세월을 따라 바뀌기 때문에 다스리는 자 역시 시절 인연을 따라 변화를 적절하게 받아들여야 한다. 주(周)나라가 성립된 이래 어리석고 사악하고 편벽된 이들이 갑자기 여기저기서 일어나니 묶어서 옥에 가두는 것으로 충분하지 못했고, 베어 죽이는 것으로 위엄을 세울 수도 없었다.

嗚呼오호라 三皇삼황이 治天下也치천하야에 善用時선용 시 하고 五帝오제는 則易以仁信즉역이인신 하고 三王삼왕은 又更以智勇우경이지용 하니라

蓋風氣개풍기는 隨世수세 하야 而遷故이천고니라 爲治者위치자는 亦因時역인시 하야 而馭變焉이어변언이니라 成周以降성주이강에 昏嚚邪僻혼은사벽이[14] 翕然並作흡연병작 하니 縲絏류설이 不足以爲囚부족이위수 하고 斧鑕부질이 不足以爲威부족이위위니라[15]

서방(西方)의 성인(聖人)이 분명하게 말씀하신 인과(因果)와 윤회(輪廻)의 말씀을 난폭하고 고집이 센 자들이 들었더라면 목을 빼고 땀을 흘리면서 겁을 먹고 움츠러들어 비록 개미 한 마리도 감히 밟지 못하였을 것이니, 어찌 나라를 다스리고 백성을 교화하는데 부족했던 것을 보완하지 않았겠는가.

西方聖人서방성인이 歷陳因果輪廻之說역진인과륜회지설 하시니 使暴彊聞

---

13 삼왕(三王)은 삼대(三代)의 성왕(聖王)이니 하(夏)의 우왕(禹王), 은(殷)의 탕왕(湯王), 주(周)의 문왕(文王) 또는 무왕(武王)을 말한다.
14 은(嚚)은 어리석다거나 말에 진실성이 없고 간교하다는 뜻이다(口不道忠信之言爲嚚).
15 부질(斧鑕)은 사람을 베는 도끼와 벨 사람을 올려놓는 모탕을 말한다.

之사폭강문지 하면 赤頸汗背적경한배 하고[16] 逡巡준순 하고[17] 畏縮외축 하야 雖螻
蟻수루의라도 不敢踐履불감천리리니 豈不有補治化之기불유보치화지에 不足부
족이리오

  유종원(柳宗元)이 왕의 덕성과 도량을 몰래 돕는다고 한 말은 대강만
을 말한 것 같고, 가장 바람직한 것은 분명하게 속마음을 살펴, 집착하고
따르는 것도 아니고 등지고 버리는 것도 아니니, 낮고 흐린 것을 벗어나
높고 밝음에 다다르고, 삼계(三界)를 뛰어넘어 묘각(妙覺)에 이르는 것이
니, 정말로 속일 수 없는 이 법을 어찌하여 헐뜯고 어찌하여 배척하겠나.
  柳宗元유종원이 所謂소위 하되 陰翊王度者是已음익왕도자시이 하니[18] 此차는
猶言其軸也유언기추야요 其上焉者기상언자는 炯然內觀경연내관 하야 匪卽비즉
하고 匪離비리 하니 可以脫卑濁가이탈비탁 하야 而極高明이극고명 하고 超三界
초삼계 하야 而躋妙覺이제묘각이니 誠不可誣也성불가무야거니 奈何詆之내하저
지 하고 奈何斥之내하척지리오

  세상 사람들이 이『호법론(護法論)』을 본다면 두렵게 생각하고 한시라
도 빨리 반성할 것이다. 그렇지만 내가 불교도들을 위해서도 한 마디 충
고를 해야겠다. 기둥과 지붕이 튼튼하면 집이 비바람에 흔들리지 않고,
혈기(血氣)가 충만(充滿)하면 몸에 질병(疾病)이 침해하여 욕보일 수 없다.
  그런데 먹물 옷을 입은 승려들이 어찌하여 근본을 스스로 반성하지

---

16 한배(汗背)는 한출첨배(汗出沾背)로 식은땀이 나서 등을 적심을 말한다.
17 준순(逡巡)은 뒷걸음질 치고 공손히 순종하는 모양이나 조심하고 삼감. 또는 망설이고 주
　저함을 말한다.
18 왕도(王度): 군주의 덕성(德性)과 도량(度量).

않는가? 내 개인적으로 의심쩍어 하는 것은 부처님의 말씀을 외우며 외도의 짓을 하는 이들이 스스로 법을 무너뜨린다는 것이요, 계율을 지키지 않고 밖의 인연에 바삐 돌아다니는 자들이 스스로 법을 무너뜨린다는 것이다. 무명(無明)을 키우고 분노와 성질을 죽이지 못하는 이들이 스스로 법을 무너뜨린다는 것이다. 『맹자(孟子)』에 이르기를,[19] 집안끼리 자신들이 헐뜯은 뒤에 남들이 헐뜯는다고 했으니 이 또한 누구를 탓하겠는가.

世之人세지인이 觀此論者관차론자면 可以悚然而思가이송연이사 하고 惕然而省矣척연이성의리라 雖然수연이나 予有一說여유일설 하니 幷爲釋氏之徒병위석씨지도 하야 告焉고언 하리라 棟宇동우가 堅者견자면 風雨풍우가 不能漂搖불능표요 하고 榮衛영위가[20] 充者충자면 疾病질병이 不能侵凌불능침릉이니라

緇衣之士치의지사가 盍亦自反其本乎합역자반기본호아 予여가 竊절 하니 怪夫괴부로다 誦佛陀言송불타언 하고 行外道行者행외도행자가 是自壞法也시자괴법야요 毘尼비니를 不守불수 하고 馳騖外緣者치무외연자가 是自壞法也시자괴법야니라 增長無明증장무명 하고 嗔恚진에를 不息者불식자가 是自壞法也시자괴법야니라 傳전에 曰왈 하되 家必自毁가필자훼 하면 而後이후에 人인이 毁之훼지니 尚誰尤哉상수우재오 하니라

<hr>

19 『맹자(孟子)』「이루장(離婁章)」상,'사람은 반드시 자신을 모욕(侮辱)한 뒤에야 남이 그를 모욕하고, 가문(家門)은 반드시 그 자신들이 파괴한 뒤에야 남이 그 가문을 파괴하고, 나라는 그 자신들이 자벌(自伐)한 뒤에야 남이 그 나라를 토벌(討伐)한다.'[夫人必自侮然後人侮之 家必自毁而後人毁之 國必自伐而後人伐之](蔡義順 譯解,『孟子』, 韓國協同出版公社, 1983, 197쪽.)

20 영위(榮衛)에서 영(榮)은 피의 순환을 말하고 위(衛)는 기(氣)의 순환을 의미한다. 혈기(血氣) 또는 혈액과 생기(生起).

이제 환옹선사(煥翁禪師)의 부탁으로 은근하고 간절하게 출가자나 신도 모두를 위해 말하노니, 자신을 알아 자신을 탓할 것이지 내가 모두를 꾸짖을 수는 없는 노릇이다. 선사(禪師)는 예장(豫章) 사람으로[21] 보배로운 대법(大法) 알기를 눈을 보호하듯이 하면서도 몸에는 종이로 만든 옷을 입고 몸소 고행을 하며, 냇물을 건너는 환자에게 다리가 되고, 길이 들쭉날쭉하면 벽돌을 깔고, 시체가 비바람을 맞으면 가려주었다.

천녕사(天寧寺)에서 물러나 지금의 절 개원사(開元寺)에 머물면서 제일 먼저 계단(戒壇)을 새롭게 하여 사람들에게 계를 주어 나라의 법을 어기지 않도록 하였으며, 때와 사정에 따라 교화를 크게 펼쳐 백성들을 선(善)으로 인도하였으니, 불법에 있는 힘을 다 쏟음은 말로 다할 수 없다. 이제 다시 이 『호법론』을 새겨 전하니, 정말로 도(道)를 닦는 출가자들에게 부끄러움이 없으리라.

1374년 9월 9일

한림시강학사(翰林侍講學士)[22] 중순대부(中順大夫)[23] 지제고(知制誥)[24]

---

21 예장(豫章)은 회남(淮南)과 강북(江北)의 경계에 있는 땅 이름이다. 회(淮)는 하남성(河南省)에서 발원하여 장강(長江)으로 흘러드는 강 이름이므로 회남(淮南)은 회수(淮水) 이남 양자강 이북의 땅을 말한다.

22 한림(翰林)은 학자·문인이 많이 모이는 곳이고, 시강(侍講)은 당나라와 송나라 이후 문학(文學)과 역사(歷史)를 강론하던 벼슬 이름이다. 학사(學士)는 국가의 전례(典禮)·찬술(撰述) 등을 맡아보는 벼슬이다. 한림학사는 당나라 현종(玄宗)이 처음 두어 상소문에 비답(批答: 임금이 대신의 상소문에 대하여 답하는 일 또는 그 글)하는 일을 맡았는데, 집현전(集賢殿) 학사와 함께 조서(詔書) 및 황제에게 올리는 글을 기초하는 일까지 나누어 맡았다. 덕종(德宗) 이후에는 황제의 고문 겸 비서관이 되어 내전에 숙직하면서 장상(將相)의 임면(任免)과 후비·태자의 책봉 등에 관한 문서를 기초하였다. 당나라 이후는 임금의 제고[制誥: 임금이 내리는 사령(辭令)·조서(詔書)]를 맡았다. 한림원(翰林院)은 당나라 초기에 둔 각 계의 전문가로 구성된 왕의 자문 기관이었는데, 송나라 때는 내시성(內侍省)에 속하여 천문(天文)·서예(書藝)·도화(圖畵)·의관(醫官) 등 사국(四局)을 총괄하였고, 명나라 청나라 때는 사서(史書)의 편찬(編纂)이나 저작(著作)·도서(圖書) 등의 사무를 맡았다.

동수국사 겸 태자찬선대부(同修國史 兼 太子贊善大夫)[25]

금화(金華) 송렴(宋濂)[26] 씀

今因禪師之請금인선사지청으로 乃懇切내간절히 爲緇素위치소 하야 通言之
통언지 하니 知我지아 하야 罪我죄아이지 予여가 皆不能辭矣개불능사의니라 禪
師선사는 豫章人예장인이요 知寶大法지보대법을 如護眼目여호안목 하니라 然
연이나 身服紙衣신복지의 하고 躬行苦行궁행고행 하며 遇川病涉者우천병섭자면
梁之양지 하고 途齟齬者도저어자면[27] 甓之벽지 하며 枯骴暴露者고비폭로자면[28]
掩之엄지 하니라

由衢之天寧유구지천녕 하야 遷住今刹천주금찰 하며 首新戒壇수신계단 하야
授人以戒수인이계 하야 俾母犯國憲비모범국헌 하고[29] 其應機設化기응기설화 하
되 導民爲善도민위선 하니 致力於佛法者치력어불법자는 非言辭可盡也비언사
가진야니라 今又刻此論금우각차론 하야 以傳이전 하니 誠無愧於有道沙門者矣

---

23 중순대부(中順大夫)는 중헌대부(中憲大夫)라고도 하는데, 이는 금(金)나라 때 이부(吏部)에
   딸린 정5품 벼슬 또는 그 벼슬아치를 말했으나 명·청(明·淸) 때는 정4품이었다.

24 지제고(知制誥)는 당나라 초기에 저술을 맡은 벼슬이다.

25 찬선대부(贊善大夫)는 당나라 때 태자궁에서 시종(侍從)과 강의를 맡았던 대부이다. 대부
   (大夫)는 주대(周代)에는 경(卿)의 아래 사(士)의 위였고, 진(秦)·한(漢) 때는 자문을 맡았
   던 직책이다. 진·한 때는 20급으로 나눈 작위 중에 제5위였다. 송나라 때는 의관(醫官)품
   계의 하나였다.

26 송렴(宋濂)은 명나라 때 포강(浦江)출신으로 자(字)는 경렴(景濂)이고 호(號)는 잠계(潛溪)
   ·무상거(無相居)·용문자(龍門子)·선화생(仙華生)·백우생(白牛生)·남궁산리(南宮散
   吏)·남산초자(南山樵者)·현정둔수(玄貞遁叟)·금림산리(禁林散吏) 등이고, 추시(追諡)
   는 문헌(文憲)이다. 동명산(東明山)에 10여 년간 은거하면서 책을 저술하다가 명초(明初)
   에 강남유학제거(江南儒學提擧)에 임명되어 태자에게 경(經)을 가르치면서 원사(元史)를
   찬수(纂修)하였다. 벼슬은 한림학사승지(翰林學士承旨)·지제고(知制誥)였고, 명나라 때의
   예악(禮樂)과 제도를 재정(裁定)하였다.

27 저어(齟齬)는 위 아랫니가 어긋남이나 들쭉날쭉한 것을 말한다.

28 고비(枯骴)는 살이 다 썩지 않은 시체를 말하고, 폭로(暴露)는 비바람 맞음을 뜻한다.

29 비모(俾母)는 비무(俾毋)의 잘못이다.

성무괴어유도사문자의로다

洪武七年秋九月九日홍무칠년추구월구일[30]

翰林侍講學士한림시강학사 中順大夫知制誥중순대부지제고 同修國史동수국
사 兼太子贊善大夫겸태자찬선대부

金華금화 宋濂 撰송렴 찬

---

30 홍무7년(洪武七年)은 명(明)나라 태조(太祖) 7년으로 1374년이다.

호법론 원서

護法論 元序

『순자(荀子)』에 이르되, 하늘 아래에 두 개의 도(道)가 없고, 성인(聖人)은 한결같아서 딴 마음이 없다고 했다.[1] 대체로 도(道)는 천지보다 먼저 생겼고,[2] 예나 지금에 걸쳐 항상 존재한다. 성인은 도에서 얻은 진리로 몸을 다스리고, 그 나머지 찌꺼기들로 천하나 국가를 다스린다고 하였으니, 도가 어찌 위대하다고 하지 않겠는가?

天下천하에 無二道무이도 하고 聖人성인은 無兩心무양심이니라 蓋道者개도자는 先天地生선천지생 하고 亘古今而常存긍고금이상존 하니 聖人성인은 得道之

---

1 『순자(荀子)』(漢文大系 15) 15 「해폐편(解蔽篇)」, 天下無二道 聖人無兩心 今諸侯異政 百家 異說則必或是或非或治或亂 亂國之君 難家之人 此其誠心莫不求正而以自爲也.

2 『노자(老子)』제25, '혼돈하면서도 이루어지는 무엇인가가 천지보다도 먼저 있었다. 그것은 소리가 없어 들을 수도 없고, 형태가 없어 볼 수도 없으나 홀로 우뚝 서 있으며 언제까지나 변하지 않고 두루 어디에나 번져 나가며 절대로 멈추는 일이 없어 천하 만물의 모체라 할 수가 있다. 나는 그 이름을 알지 못하겠다. 억지로 자호를 지어 도라 부르고 억지로 이름을 지어 대(大)라 할 뿐이다. 그것은 크므로 어디에나 번져나가고, 어디에나 번져 나가므로 안 가는 곳 없이 멀리 가고, 멀리 가므로 결국 되돌아오게 마련이다.'[有物混成 先天地生 寂兮 寥兮 獨立而不改 周行而不殆 可以爲天下母 吾不知其名 强字之曰道 强爲之名曰大 大曰逝 逝曰遠 遠曰返](張基槿 · 李錫浩 譯, 『老子 · 莊子』, 三省出版社, 1982, 84쪽.)

眞득도지진으로 以治身이치신 하고 其緒餘土苴기서여차자로[3] 以治天下國家이
치천하국가라 하니[4] 豈不大哉기부대재리오

그러므로 성인은 때로는 중국에서 태어나기도 하고, 때로는 서방에서
태어나기도 하며, 때로는 동쪽이나 서쪽 변두리 땅에서 태어나기도 한
다. 비록 태어나는 땅은 다르지만 도를 얻은 진리는 부절(符節)이[5] 들어
맞듯이 차이가 없다.

　故고로 聖人성인은 或生於中國혹생어중국 하고 或生於西方혹생어서방 하며
或生於東夷혹생어동이이나 西夷서이 하니 生雖殊方생수수방이나 其得道之眞
기득도지진은 若合符契약합부계 하야 未始殊也미시수야니라[6]

부처님은 서방에서 태어나 도(道)에서 얻은 진리로 몸을 다스렸고, 열반
(涅槃)으로 즐거움을 삼은 분이요, 묘유(妙有)와 진공(眞空)에서[7] 원명광대

3　서여(緒餘)는 실을 뽑고 난 뒤 누에고치에 남은 실인데 전의되어 남은 부분이나 나머지를
　뜻하고, 차자(土苴)는 찌꺼기 또는 쓰레기, 보잘것없는 물건이나 천시함의 비유. ※土가
　'쓰레기, 찌꺼기'라는 뜻일 때는 음이 '차'이고, 苴가 '썩은 흙이나 찌끼'란 뜻일 때는 음이
　'자'이다.
4　『장자(莊子)』「양왕편(讓王篇)」, '참된 도로써 몸을 기르고, 그 나머지로써 국가를 다스리고,
　또 남은 찌꺼기로써 천하를 다스린다'[道之眞以治身 其緒餘 以爲國家 其土且苴以治天下]
　고 했다.(張基槿·李錫浩 譯,『老子·莊子』, 三省出版社, 1982, 460쪽.)
5　부절(符節)은 금속이나 옥, 또는 대나무 따위로 만들어 신표로 삼는 물건인데, 그 위에 문자
　를 새기고 둘로 나누어 한 쪽씩 가지고 있다가 사용할 때는 이를 맞추어 증빙하였다.
6　미시(未始): '일찍이…하지 않다. 없다'로 해석한다.
7　『경덕전등록(景德傳燈錄)』제30:〈51-458하〉 하택대사(河澤大師)『현종기(顯宗記)』에 '무념
　(無念)이 근본이요 무작(無作)이 바탕이다. 진공(眞空)이 본체이고 묘유(妙有)가 작용이다.
　진여(眞如)는 무념(無念)이니 상념(想念)으로 알 수 없고, 실상(實相)은 생멸이 없으니 어떻
　게 분별하는 마음으로 볼 수 있으랴. 무념으로 생각하는 것이 바로 진여(眞如)를 생각하는
　것이요, 생멸에 집착 없이 생멸하는 것이 곧 실상(實相)을 일으킴이다.…잠연상적(湛然常
　寂)하니 응용하지만 정해진 방향이 없고, 쓰면서도 항상 텅 비었고, 텅 비었으면서도 언제

(圓明廣大) 하고 불가사의(不可思議)한 도리를 스스로 깨달으셨으므로 공자께서도 부처님을 서방의 성인이라 불렀다.

佛者불자는 生於西方생어서방 하야 得道之眞득도지진으로 以治身이치신 하고 以寂滅이적멸로 爲樂者也위락자야이니 自得於妙有眞空자득어묘유진공이 圓明원명 하고 廣大광대 하야 不可思議불가사의 하니라[8] 孔子공자가 以謂이위 하되 佛爲西方聖人불위서방성인이니라

공자 역시 성인이요 만세(萬世)의 스승이신데 어찌 빈말을 했겠는가? 공자가 부처님을 존경함이 이와 같았으니 공부하는 이들은 공자를 본받아야 할 것이다. 공자의 말씀을 불신(不信)하고 도리어 비방하고 물리치는 것은 공자를 물리치는 것과 무엇이 다르겠는가. 이런 자들은 모두 공자를 배우는 우리의 동아리가 아니다.

孔子공자는 聖人也성인야요 爲萬世之師위만세지사거니 豈虛語哉기허어재리오 其尊敬기존경이 如此여차 하니 學者학자는 學孔子者也학공자자야니라 孔子之言공자지언을 不信불신 하고 反生謗斥반생방척은 與斥孔子여척공자나 何異하이리오 此차는 皆非吾徒也개비오도야니라

나 쓴다. 활용하면서도 있지 않으니 그게 바로 진공(眞空)이요, 텅 비었으면서도 아무 것도 없는 것만은 아니니 문득 묘유(妙有)가 된다. 묘유는 바로 위대한 지혜이고, 진공은 청정한 열반이니, 반야는 열반의 근원이요 열반은 반야의 결과이다.[無念爲宗 無作爲本 眞空爲體 妙有爲用 夫眞如無念非想念而能知 實相無生豈色心而能見 無念念者卽念眞如 無生生者卽生實相… 湛然常寂應用無方 用而常空 空而常用 用而不有卽是眞空 空而不無 便成妙有 妙有卽摩訶般若 眞空卽淸淨涅槃 般若是涅槃之因 涅槃是般若之果].

8 불가사의(不可思議)는 보통의 생각으로는 짐작조차 할 수 없을 정도로 이상야릇함을 말한다. 불사의(不思議)라고도 한다. 사(思)는 사색하고 생각을 떠올리는 것을 의미하고, 의(議)는 옳고 그름을 따져서 말하는 것을 뜻한다.

무진거사(無盡居士)는 깊이 대도의 근원으로 나아가 유교와 불교가 다르지 않다는 것을 꿰뚫어 살피고 세속의 학자들이 우매하여 자신의 참된 성품을 깨닫는 것을 얕잡아 보고 일상생활에서 그릇되고 허망한 생각으로 깨달음의 문에 들어가지 못함을 애석하게 생각했다.

無盡居士무진거사는 深造大道之淵源심조대도지연원 하야 洞鑒儒釋之不二통감유석지불이 하고 痛통 하도다 夫俗學之蔽蒙부속학지폐몽 하야 下悟自己之眞性하오자기지진성 하고 在日用之間재일용지 간에 顚倒妄想전도망상으로 不得其門而入부득기문이입을 深懷憤嫉심회분질 하니라

온갖 말재주로 오로지 부처님을 배척하는 것을 잘하는 것으로 여기며 자신을 맹자가 양주(楊朱)와[9] 묵적(墨翟)을[10] 적대시(敵對視)한 일에 견주어 후세 사람들이 성인의 무리로 칭찬하기를 바라니,[11] 귀먹고 눈 먼 학자

9 양주(楊朱)는 전국(戰國) 때 위(魏)나라 사람으로 자(字)는 자거(子居)로 양생(楊生)·양자(楊子)·양자거(楊子居)라고도 한다. 묵자(墨子)보다는 뒤이고 맹자(孟子)보다는 앞선 시대에 살면서 위아설(爲我說)을 주장하여 당시 유가(儒家)에 의해 이단(異端)으로 배척되었다.

10 묵적(墨翟)은 전국시대 노(魯)나라의 사상가. 송(宋) 또는 초(楚)나라 사람이라고도 한다. 묵가(墨家) 학파의 시조로 난세(亂世)의 원인은 사람에게 사랑이 결여된 때문이라 하여 겸애상동(兼愛尙同)의 설을 제창하고, 실행방법으로 근검과 간소한 생활을 권하였다. 생존 시기는 공자 이후 맹자 이전으로 추정된다. 유가(儒家)의 번례(繁禮)와 후장(厚葬)을 반대하여 박장(薄葬)과 비악(非樂)을 제창하였다.

11 『맹자(孟子)』「등문공장(滕文公章)」하, 맹자가 말하기를, 성인이 나오지 않고 제후는 방자해져 가고 학자들이 불온한 의론을 내세우며 양주(陽朱)와 묵주(墨朱)의 이론이 천하에 가득 차서 천하의 언론이 양주(陽朱)의 이론을 찬성 않으면 곧 묵적(墨翟)을 찬성하는데 돌아갔다. 양씨(陽氏)는 위아(爲我)를 말했으니, 그것은 임금을 무시하는 것이고 묵씨(墨氏)는 겸애(兼愛)를 내세웠으니 자기 아비를 무시하는 것이다. 자기 아비를 무시하고 그 임금을 무시하는 것은 새나 짐승이 하는 짓이다. 공명의(公明儀)는 '푸주에 살찐 고기가 있고, 마굿간에 살찐 말이 있는데 백성들은 주린 기색이 드러나 있고 들에 굶어죽은 시체가 있다. 이것은 짐승을 몰아서 사람을 잡아먹게 한 것과 같다'고 하였다. 양주(陽朱), 묵적(墨翟)의 도(道)가 없어지지 않으면 공자(孔子)의 도(道)는 드러나지 않게 되니 그것은 사설(邪說)이 백성을 속이고 인의(仁義)의 길을 막아 버리기 때문이다. 인의(仁義)의 길을 막는 것은 곧

들이 어찌 마음을 속이지 않겠는가? 자신의 마음을 속이게 되면 마침내
는 하늘을 속이게 되는 터라 부득이『호법론(護法論)』을 쓰게 되었다.

搖脣鼓舌요진고설로[12] 專以斥佛爲能전이척불위능 하고 自比孟子拒楊墨之
功자비맹자거양묵지공 하야[13] 俾後世稱之以爲聖人之徒비후세칭지이위성인지도
하니[14] 聾瞽學者농고학자가 豈不欺心乎기불기심호리오 欺心기심 하면 乃欺天
也내기천야라 則護法之論즉호법지론을 豈得已哉기득이재이니라

논(論)의 옳고 그름을 따지는 것을 살펴보니, 엄격하고 공명(公明)함을 의

짐승을 몰아다가 사람을 잡아먹게 하고 장차는 사람들 서로가 잡아먹게까지 하는 것이 된
다. 나는 이것 때문에 두려워서 옛 성인의 도(道)를 지키고 양주(陽朱)와 묵적(墨翟)의 이론
을 배격하여 방자스런 언사를 내몰아 사설(邪說)을 내세우는 자가 나오지 못하게 할 것이
다. 만일 사설(邪說)이 그 마음에 작용하면 하는 일을 해롭게 하고, 그 일에 작용하면 정치
에 해가 되게 한다. 옛 성인이 다시 태어난다 해도 내 말은 고치지 않을 것이다. 옛날에 우
(禹)가 홍수를 막았기에 천하가 평온했고, 주공(周公)이 이적(夷狄)을 정복하고 맹수를 몰
아내니 백성이 편안했으며, 공자(孔子)가『춘추(春秋)』를 완성했기에 난신적자(亂臣賊子)가
두려워하게 되었다.『시(詩)』에 이르기를 '융적(戎狄)을 치고 형서(荊舒)를 징계하니 아무도
우리에게 감히 대항하지 못했다'고 했으니 자기 아비를 무시하고 임금을 무시하는 자는 곧
주공(周公)의 정벌 대상이었다. 나도 역시 사람들의 마음을 바로잡기 위해 사설(邪說)을 없
이하여 치우친 행동을 막고 방자스런 말을 내몰아 세 분의 성자(聖者)를 계승하려고 한다.
이 어찌 내가 논변(論辯)을 좋아하는 것이겠는가? 어쩔 수 없어서 그러는 것이다. 언론으로
양주(陽朱), 묵자(墨子)를 막아 낼 수 있는 사람이 성인의 무리인 것이다.[聖王不作 諸侯放
恣 處士橫議 陽朱墨翟之言 盈天下 天下之言 不歸陽則歸墨 陽氏爲我 是無君也 墨氏兼愛 是
無父也 無父無君 是禽獸也 公明儀曰 庖有肥肉 廐有肥馬 民有飢色 野有餓莩 此率獸而食人
也 陽墨之道不息 孔子之道不著 是邪說誣民 充塞仁義也 仁義充塞則率獸食人 人將相食 吾
爲此懼 閑先聖之道 距陽墨 放淫辭 邪說者不得作 作於其心 害於其事 作於其事 害於其政 聖
人復起 不易吾言矣 昔者 禹抑洪水而天下平 周公兼夷狄驅猛獸而百姓寧 孔子成春秋而亂臣
賊子懼 詩云 戎狄是膺 荊舒是懲 則莫我敢承 無父無君 是周公之所膺也 我亦欲正人心 息邪
說 距詖行 放淫辭 以承三聖者 豈好辯哉 予不得已也 能言距陽墨者 聖人之徒也](蔡羲順 譯
解,『孟子』, 韓國協同出版公社, 1983, 181~184쪽.)
12 요진고설(搖脣鼓舌)은 입술과 혀를 움직임으로 말재주로 선동하거나 유세함을 비유한다.
13 자비(自比):자신을…에게 견줌, 스스로…에 비유함.
14 이위(以爲):① …라고 여김, …라고 말함. ② …으로 삼음 ③ …을 만듦 ④ 이미…이 됨.

지하였고, 증거를 대는데 성실하였으며, 빠진 것이 없이 갖추어 상세히 서술하였으니 분명하기가 밝은 태양과 같았고, 네 계절과 같이 믿을 만했다.[15] 마음에서 세속을 벗어나고 도에 이르는 요점을 꿰뚫어 통하지 않았다면 어찌 이런 경지에 이르렀겠는가. 그래서 천하의 의심을 풀어냈고 천하의 비방을 잠재웠으니 실로 뒷날 배움의 표준이라 할만하다.

觀其議論勁正관기의론경정 하니[16] 取與嚴明취여엄명 하고 引證인증이 誠實성실하며 鋪陳詳備포진상비가[17] 明如皎日명여교일 하야 信如四時신여사시이니라 非胸中超脫비흉중초탈 하고 該貫至道之要妙해관지도지요묘라면[18] 何以臻此하이진차리오 故고로 能釋天下之疑능석천하지의 하고 息天下之謗식천하지방 하니 實後學之標準也실후학지표준야니라

맹자가 '마음을 다하면 자기의 성품을 알고, 자기의 성품을 알면 하늘을 알게 된다'고 말했는데,[19] 이것은 불교에서 '직지인심(直指人心) 견성성불(見性成佛)'이라 말한 것과 다를 것이 없다.

부처님은 계(戒)·정(定)·혜(慧)로 대도(大道)의 핵심을 삼았으니 우리 유교에서 말하는 분노를 억제하고 사욕(私慾)을 막는다는 것이 계(戒)요,

---

15 사시(四時)와 같다는 것은 춘하추동 네 계절이 이유여하를 막론하고 제 때에 오기 때문에 믿을만하다는 뜻이다.

16 경정(勁正):굳세고 바름.

17 포진(鋪陳)는 상세하게 설술하는 것을 말하고, 상비(詳備)는 빠짐없이 갖춤을 말한다.

18 해관(該貫):아는 것이 많음. 꿰뚫어 통함.

19 『맹자(孟子)』「진심장(盡心章)」상, '자기의 마음을 다하면 자기의 성(性)을 알고, 자기의 성(性)을 알면 천(天)을 알게 되는 것이다. 자기의 몸을 보존하여 자기의 성(性)을 기르는 것은 천(天)을 섬기는 방법이다. 요절(夭折)과 장수(長壽)에 의심을 두지 않고 자신의 덕을 닦아서 천명(天命)을 기다리는 것이 천명에 따르는 방법이다.'[孟子曰 盡其心者 知其性也 知其性則知天矣 存其心 養其性 所以事天也 夭壽不貳 修身以俟之 所以立命也](蔡義順 譯解, 『孟子』, 韓國協同出版公社, 1983, 346쪽.)

마음이 고요하고 한가로워 흔들리지 않는다는 것이 정(定)이며, 감동하여 마침내 온 세상에 통한다는 것이 혜(慧)이다. 이 세 가지는 유교와 불교에서 어찌 서로 같지 않겠는가.

대개 책에 쓰여 있는 문자는 모두 옛날 사람들이 먹다가 남긴 찌꺼기에 지나지 않는다.[20] 만약 이 찌꺼기나 외우면서 성인들의 가르침을 알지 못한다면 담벼락을 마주하고 있는 것과 무엇이 다르겠는가.

孟子맹자가 曰왈하되 盡其心者진기심자는 知其性지기성이오 知其性지기성 하면 則知其天즉지기천이라 하니[21] 與佛所謂여불소위 하되 直指人心직지인심 하야 見性成佛견성성불과 無以異矣무이이의이니라

佛불은 以戒定慧이계정혜로 爲大道之大要위대도지대요 하고 吾儒所謂오유소위 하되 懲忿징분 하고 窒慾질욕이 則戒也즉계야요 寂然不動적연부동이 則定也즉정야며 感而遂通天下之故감이수통천하지고가 則慧也즉혜야니라 三者삼자는 儒유와 釋석이 豈不相同기불상동이리오

蓋方冊所載개방책소재는 皆古人之糟粕개고인지조박이니[22] 若誦糟粕약송조

---

20 『장자(莊子)』「천도편(天道篇)」, 제환공(齊桓公)이 대청 위에서 책을 읽고 있을 때, 윤편(輪扁)이란 사람이 대청 아래에서 수레바퀴를 깎고 있다가 망치와 끌을 놓고서 제환공에게 '대왕께서 읽으시는 것은 무슨 책입니까?'라고 물었다. 환공이 '성인의 말씀이시니라'고 하니, 윤편이 다시 묻기를, '그 성인은 지금 살아 계십니까?'라고 물었고, 환공이 '이미 돌아가셨다'고 하자 윤편이 말하기를, '그렇다면 대왕께서 읽으시는 것은 옛 사람의 찌꺼기 입니다'라고 말했다[桓公讀書於堂上 輪扁斲輪於堂下 釋椎鑿而上 問桓公曰 敢問公之所讀者 何言邪 公曰 聖人之言也 曰 聖人在乎 公曰 已死矣 曰 然則 君之所讀者 古人之糟魄已夫]. (張基槿·李錫浩 譯, 『老子·莊子』 三省出版社, 1982, 306~307쪽.)

※조박(糟魄)은 조박(糟粕)과 같은 말이다.

21 『맹자(孟子)』「진심장(盡心章)」상에 '자기의 마음을 다하면 자기의 성(性)을 알고 자기의 성(性)을 알면 천(天)을 알게 되는 것이다. 자기의 마음을 보존하여 자기의 성(性)을 기르는 것은 천(天)을 섬기는 방법이다.'[盡其心者 知其性也 知其性則知天矣 存其心 養其性 所以事天也](蔡義順 譯解, 『孟子』, 韓國協同出版公社, 1983, 346쪽.)

22 방책(方冊)은 서적을 말하고, 조박(糟粕)은 술지게미이니, 폐물이나 나쁜 음식을 비유한다.

박 하며 而不識聖人之旨要이불식성인지지요이면 與面牆者여면장자와 何異哉하이재리오

공자의 가르침을 배운 3천 명 중에 공자의 도를 깨달은 자는 안자(顔子) 한 사람 뿐인데, 아직 틈 하나만한 사이를 도달하지 못하고 있다. 영산회상(靈山會上)의 백만 대중 가운데 심오하고 현묘한 도리를 깨달은 이는 가섭(迦葉) 한 사람뿐이거늘 하물며 부처님과 수천 년 사이를 바라보는 이들이 풍문이나 듣고 책이나 읽으면서 모두가 성인의 경지에 오르려 하니 그 또한 어렵지 않겠는가? 거의가 그릇된 말로 제멋대로 시비논쟁이나 일으키니『호법론』으로도 분명 구출할 수 없겠다.

1171년 6월 보름날
무애거사 남간 정홍덕과 쓰다

杏壇三千之衆행단삼천지중에[23] 得夫子之道者득부자지도자는 晏子一人而已안자일인이이나 尚未達一間상미달일간 하고[24] 靈山百萬徒衆영산백만도중에 悟玄機者오현기자는 迦葉一人而已가섭일인이이거늘 況望聖人數千載之間황망성인수천재지간 하고 聞其風문기풍 하고 讀其書독기서 하며 咸欲造聖人之域함욕조성인지역 하니 不亦難乎불역난호아 宜其邪說橫議興焉의기사설횡의흥언 하니 則護法之論즉호법지론도 確乎不可拔也확호불가발야니라

---

23 행단(杏壇)은 공자가 뭇 제자에게 글을 가르친 곳으로 원래 지명(地名)이었으나 공자의 후손들이 그곳에 단(壇)을 만들어 살구나무를 심고 비석을 세웠다고 한다. 훗날에는 학문을 가르치는 곳의 범칭으로 쓴다.
24 상미(尚未):아직…하지 아니하다.

乾道건도辛卯신묘六月유월望日망일[25]

無礙居士무애거사[26]南澗남간[27] 鄭興德與撰정흥덕여찬

25 건도(建道)는 남송(南宋) 제2대 왕 효종(孝宗) 때의 연호이고, 신묘년(辛卯年)은 건도 7년
   이니 서기 1171년이고 효종 10년이다.
26 무애거사(無礙居士)는 송(宋)나라 때 오현(吳縣) 출신인 이미대(李彌大)의 호(號)이다. 이
   미대의 자(字)는 사구(似矩)이고 숭녕연간(崇寧年間:1102~1105)에 진사(進士)하여 벼슬
   은 호부상서 겸 시독(戶部尙書 兼 侍讀)·공부상서(工部尙書)에 이르렀다.
27 남간(南澗)은 송(宋)나라 때 개봉(開封) 옹구(雍丘) 출신 한원길(韓元吉)의 호(號)이다. 한
   원길의 자(字)는 무구(無垢)이고, 벼슬은 건안지부사(建安知府事)·이부상서(吏部尙書)였
   고, 봉호는 영천군공(潁川郡公), 여조겸(呂祖謙)과 함께 덕청(德淸)의 자상사(慈相寺)에서
   강독하였다.

호법론의 저자 장상영(張商英)

『호법론(護法論)』을 쓴 장상영(張商英)은 원래 조광윤(趙匡胤:927~976)이 후주(後周)의 선위(禪位)를 받아 세운 송(宋)나라 때의 유학자(儒學者)였다.[1] 상영은 인종(仁宗) 21년인 경역(慶曆) 2년, 즉 1042년에 지금의 사천성(四川省) 중부의 신진(新津)에서 태어났다. 그는 어려서 하루에 만(萬) 자(字)를 기억할 정도로 신동이었다고 한다.

상영의 자(字)는 천각(天覺)이고, 호(號)는 무진거사(無盡居士)이며, 시호(諡號)는 문충(文忠)이다. 또한 임제종(臨濟宗) 황룡파(黃龍派)로 임제의 9세 법손(九世法孫)인 도솔종열선사(兜率從悅禪師)의 수제자(首弟子)이기도 하다.[2]

---

[1] 중국 역사에는 몇 개의 송나라가 있었다.

　① 춘추십이열국(春秋十二列國)의 하나로 미자계(微子啓)가 세운 나라. 전국(戰國)시대 즉 B.C. 268년에 제(齊)에 멸망 당했다.

　② 남조(南朝)의 하나로 유유(劉裕:356~422)가 진(晉)의 선양(禪讓)을 받아 건강(建康)에 세웠던 나라로 흔히 유송(劉宋:420~479)이라 한다. 남조 제(南朝 齊)에 멸망 당했다.

　③ 수(隋)나라 말기 보공석(輔公祏)이 단양(丹楊)에 세웠던 나라. 624년 당(唐)나라에 멸망 당했다.

　④ 조광윤(趙匡胤:927~976)이 후주(後周)의 선위(禪位)를 받아 변량(卞梁)에 세운 나라로 금군(金軍)의 침입으로 멸망하니 이를 흔히 북송(北宋:960~1127)이라 하고, 1127년 송 고종(宋高宗)인 조구(趙構)가 금(金)을 피해 강남(江南)의 임안(臨安)으로 천도하여 원(元)나라에 멸망당하니, 이를 남송(南宋:1127~1279)이라 한다. 북송과 남송을 조송(趙宋)이라 부른다.

　⑤원(元)나라 말기 홍건적 유복통(劉福通) 등이 박주(亳州)에 세운 나라. 1366년에 멸망 당했다.

[2] 임제 선사에서 장상영까지의 법맥(法脈)을 살펴보면, 임제의현(臨濟義玄:?~866)→홍화존장(興化存奬:830~888)→보응혜옹(寶應慧顒:860~930)→풍혈연소(風穴延沼:887~973)→수산성념(首山省念:926~993)→분양선소(汾陽善昭:947~1024)→석상초원(石霜楚圓:989~1040)→황룡혜남(黃龍慧南:1002~1069)→보봉극문(寶峰克文:1025~1102)→도솔종열(兜率從悅:1044~1091)→장상영(張商英:1042~1122)으로 이어진다.

상영은 19살 때 급제(及第)하고, 처음 주부(主簿)로[3] 임명을 받았을 때, 절에 놀러갔다가 불경(佛經)이 비단 위에 금은(金銀)으로 화려하게 장식된 것을 보고 우리 공자님의 글이 오랑캐의 가르침에도 미치지 못한다는 것에 비분강개(悲憤慷慨)하여 집에 돌아와 서재에서 새벽 삼경이 되도록 잠을 이루지 못했다.

부인 상씨(向氏)가 밤이 늦도록 잠을 이루지 못하는 까닭을 물으니 자기가 왜 비분강개하는지를 말하고 무불론(無佛論)을 써야겠다고 했다. 그러자 부인 상씨가 말하기를, 부처님이 없으면 그만이지, 부처님이 없다는 글은 써서 무엇 하느냐며, 부처님이 있다는 것을 밝히고 나서 글을 쓰는 것이 옳지 않느냐고 했다. 상영은 그 말을 예사롭지 않다고 여기고 무불론을 쓰는 것을 멈추었다.

후에 한 동료의 집을 방문하였더니 불감(佛龕) 앞에 몇 권의 경전이 있는 것을 보게 되었다. 상영이 저것이 무슨 책이냐고 물었더니 동료가 말하기를 『유마힐소설경(維摩詰所說經)』이라고 했다. 상영이 손이 가는대로 책을 뒤적여 보았는데,「문수사리문질품」에 이르러[4] 오랑캐의 가르침도

---

3 주부(主簿)는 문서와 장부를 관리하고, 관청의 물건을 출납하며, 문서를 삭제 · 기록하는 사무를 담당하는 하급관리이다.

4 『유마힐소설경(維摩詰所說經)』 권중 「문수사리문질품(文殊師利問疾品)」 제5 〈14-544하〉의 다음과 같은 대화내용이다.
  文殊師利言 居士所疾 爲何等相 維摩詰言 我病無形不可見 又問 此病身合耶 心合耶 答曰 非身合 身相離故 亦非心合 心如幻故 又問 地大水大火大風大 於此四大 何大之病 答曰 是病非地大 亦不離地大 水火風大亦復如是 而衆生病從四大起 以其有病是故我病
  [문수사리: 거사가 앓고 있는 병은 어떤 모습입니까?
  유마힐: 내 병은 형체가 없어서 볼 수가 없습니다.
  문수사리: 이 병은 몸의 병입니까? 마음의 병입니까?
  유마힐: 몸의 병이 아닙니다. 몸이란 관념을 벗어났기 때문입니다. 또한 마음의 병도 아닙니다. 마음이란 허깨비 같은 것이기 때문입니다.
  문수사리: 지대(地大) · 수대(水大) · 화대(火大) · 풍대(風大) 이 네 가지 근본 원소[大]에서

이럴 수가 있느냐고 감탄하며, 책을 빌려 집에 돌아가 자세히 보는데, 부인 상씨가 무슨 책을 보느냐고 물었다. 상영이 『유마힐소설경』을 본다고 했더니, 부인이 그 경을 숙독(熟讀)하시고 난 뒤에 무불론(無佛論)을 쓰라고 했다. 예사롭지 않은 부인의 말에 송구스러워하며 이로부터 부처님의 말씀을 깊이 믿게 되었고 당시 선승들의 가르침에도 마음을 두게 되었다.

신종(神宗)이 발탁한 왕안석(王安石:1021～1086)이[5] 1069년 2월에 참지정사(參知政事)가 되어 4월에 신법(新法)을 실시하여 개혁정책을 추진할 때 상영 또한 개혁에 뜻을 같이 하기도 했다.

보수파들의 적극적인 반대로 왕안석의 개혁정책이 실패로 돌아간 뒤인 원우 연간(元祐年間:1086～1093)에는 오대산에 들어가 문수상(文殊像)을 소성(塑成)하고 다음과 같은 발원문(發願文)을 짓기도 했다.

이 세상 오탁(五濁)의 혼란한 마음을 생각하니,

정관(正觀)의 힘도 없고, 요인(了因)의 힘도 없이

타고난 순수한 마음뿐이라 깨달아 통달할 수 없네.

석가모니 부처님의 말씀을 삼가 받들어

어느 원소의 병입니까?
유마힐: 이 병은 지대의 병이 아닙니다. 그렇지만 지대를 벗어난 병도 아닙니다. 수대 · 화대 · 풍대도 마찬가지입니다. 중생의 병은 사대(四大)를 따라 일어납니다. 그것에 근거하여 병(病)이 있기 때문에 내 병도 있습니다.]
5 왕안석은 자는 개보(介甫)이고, 호는 반산(半山)이며, 시호는 문(文)이다. 신종(神宗) 때 발탁되어 청묘(靑苗) · 수리(水利) · 균수(均輸) · 보갑(保甲) · 모역(募役) · 시역(市易) · 보마(保馬) · 방전(方田) · 균세(均稅) 등의 신법(新法)을 실시하여 개혁 정책을 추진하였다. 사마광(司馬光) · 문언박(文彦博) · 구양수 등 구법당(舊法黨)의 반대에 부딪쳐 개혁은 좌절되고 왕안석도 파직되었다. 당송 팔대가의 한 사람이다.

오로지 아미타불(阿彌陀佛)을 염불하고

저 세존의 원력(願力)에 섭수(攝受)를 구하며

과보가 차서 극락에 가서 태어나기를 기다림이

마치 순조로운 물에 배를 타면 힘들이지 않고 도달하는 것 같네[6]

충직(忠直)한 신하로 이름이 났던 장상영은 대관(大觀) 4년인 1110년 그의 나이 68세 때에 상서성(尚書省) 우복야(右僕射)로 승상(丞相)이 되었으며, 선화(宣和) 4년인 휘종(徽宗) 23년, 즉 1122년 11월 어느 날 새벽에[7] 아들에게 다음과 같은 임종게를 받아쓰게 하고 81세(歲)로 세상을 떠났다.

幻質朝章八十一환질조장팔십일

허망한 몸에 관복을 입기를 81년

漚生漚滅無人識구생구멸무인식

거품처럼 태어나 거품처럼 꺼지니 알아주는 사람도 없다.

撞破虛空歸去來당파허공귀거래

텅 빈 하늘 깨버리고 되돌아가니

鐵牛入海無消息철우입해무소식[8]

---

6 『왕생집(往生集)』제2:〈51-141중〉思此世界 五濁亂心 無正觀力 無了因力 自性唯心 不能悟達 謹遵釋迦世尊金口之敎 專念阿彌陀佛 求彼世尊願力攝受 待報滿時往生極樂 如順水乘舟 不勞自力而至矣.

7 『오등전서(五燈全書)』권40:〈卍續藏經:140-912하〉'徽宗宣和辛丑十一月二十二日黎明'[1121년 11월22일 새벽]이라고 했다. 『지월록(指月錄)』권29:〈卍續藏經:143-633하〉에는 宣和四年十一月黎明[1122년11월]이라고 했다.

8 철우(鐵牛):하(夏)의 우왕(禹王)이 황하(黃河)의 범람을 치수(治水)할 때 쇠로 소를 만들어서 진압(鎭壓)했다고 하며, 그 소의 머리는 하남(河南)에 있고, 꼬리는 하북(河北)에 있다고

쇠로 만든 소가 바다에 들어간 뒤 소식이 없도다.

하며, 성(城)밖에 철우(鐵牛)의 묘(廟)가 있다. 선가(禪家)에서는 정식(情識)을 벗어난 초월의 경지를 의미하는 뜻으로 쓴다.

호법론
護法論

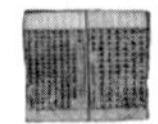

1

◆ 공자(孔子)께서 '아침에 도(道)를 듣는다면 저녁에 죽어도 좋다'고 했는데,[1] 인(仁)·의(義)·충(忠)·신(信)을 가지고 도(道)라고 한 것인가?[2] 공자의 가르침에는 본래 인·의·충·신이 있을 뿐이었으니, '오래 사는

1　『논어(論語)』「이인편(里仁篇)」: 子曰 朝聞道 夕死可矣.

2　『논어(論語)』「술이편(述而篇)」: 子以四教 文行忠信 [공자께서는 문(文)·행(行)·충(忠)·신(信), 네 가지를 가르치셨다.] 문(文)은 학문(學問)을 말하고, 행(行)은 덕행(德行)을 말하며, 충(忠)은 충성(忠誠)을 말하고, 신(信)은 신의(信義)를 말한다. 학문을 배우고 덕행을 닦는 것은 충성과 신의를 달성하기 위한 것이니, 학문과 덕행은 개인적인 수양이고, 충성과 신의는 사회적인 미덕이다.(禹玄民 譯解,『論語』, 韓國協同出版公社, 1983, 156쪽.)

『주역(周易)』건위천(乾爲天)「문언전(文言傳)」九三:君子進德修業 忠信所以進德也 修辭立其誠 所以居業也, [군자는 덕을 기르고 업을 닦기 위하여 노력한다. 군자가 忠과 信에 노력하는 것은 德을 기르기 위함이요, 말을 바르게 하고 마음을 정성되게 가짐은 義를 닦기 위함이다.](徐相潤 譯解,『周易』, 韓國協同出版公社, 1983, 44쪽.)

『맹자(孟子)』「양혜왕장(梁惠王章)」상:孟子見梁惠王 王曰 叟不遠千里而來 亦將有以利吾國乎 孟子對曰 王何必曰利 亦有仁義而已矣〈맹자께서 양(梁) 혜왕(惠王)을 만나시니 왕이 물었다. '노인(老人)께서 천리(千里)를 멀게 여기지 않고, 찾아오셨으니 역시 장차 우리나라에 이익(利益)을 주시려는 것입니까?' 맹자께서 대답하여 말씀하셨다. '왕께선 하필이면 왜 이익을 말씀하십니까. 오직 인의(仁義)가 있을 뿐입니다.](蔡義順 譯解,『孟子』, 韓國協同出版公社, 1983, 33~34쪽.)

것'[長生久視]을 가지고 도라 한 것인가?³

공자께서 '저녁에 죽더라도 좋다'고 말한 이것은 과연 어떤 도를 듣기를 바란 것일까? 아마도 부처님께서 '마음을 알아 성품을 보신 것'이 어찌 무상보리(無上菩提)의 도(道)가 아니었겠는가? ⁴

孔子공자가 曰왈 하되 朝聞道조문도 하면 夕死석사라도 可矣가의라 하니 以仁義忠信이인의충신으로⁵ 爲道耶위도야아 則孔子즉공자는 固有仁義忠信矣고유인의충신의이니라 以長生久視이장생구시로 爲道耶위도야아

則曰즉왈 하되 夕死석사라도 可矣가의라 하니 是시는 果求聞何道哉과구문하도재오 豈非大覺慈尊기비대각자존이⁶ 識心식심 하야 見性견성함이 無上菩提之道也무상보리지도야리오

2

◆ 그렇지 않다면 어찌하여 열자(列子)⁷가 이르기를, '공자께서 "내 들으

---

3 『도덕경(道德經)』제59, '백성을 다스리고 하늘을 섬기는 데는 수렴(收斂)하는 것이 제일이다. 오직 수렴해야 빨리 도에 복귀 순복할 수가 있고, 빨리 도에 순종하는 것을 덕을 많이 쌓는 것이라 하고, 덕을 많이 쌓으면 이기지 못할 것이 없고, 이기지 못할 것이 없으면 끝을 알지 못하게 뻗어나간다. 끝없이 뻗어나가므로 나라를 가질 수 있고, 나라의 근본 도리를 지키면 오래 살 수가 있으니, 이것이 바로 뿌리가 깊고 굳은 것이며 또한 오래 살 수 있는 도리인 것이다.[治人事天 莫若嗇 夫唯嗇 是謂早服 早服 謂之重積德 重積德則無不克 無不克則莫知其極 莫知其極 可以有國 有國之母 可以長久 是謂深根固蔕 長生久視之道](張基槿 · 李錫浩 譯,『老子 · 莊子』三省出版社, 1982, 147~148쪽.)

4 『경덕전등록(景德傳燈錄)』제4:〈51-234하〉: 마음을 알아 성품을 보는 것을 떠나 그 밖에서 다시 어떤 법문이 있어 위없는 보리를 깨닫는다면 옳지 못하다[離識心見性外 更有法門證無上菩提者 無有是處]

5 이(以)는 '…을 가지고서, …으로써'의 뜻이다.

6 기비(豈非)의 기(豈)는 부사로서 어기(語氣)의 공손함을 나타내는데, 상황에 대한 추측을 할 뿐 함부로 긍정하지 않음을 나타내며 '아마도', '혹' '대개'라고 해석한다.

7 열자(列子)는 전국시대(戰國時代) 정(鄭)나라의 사상가 열어구(列禦寇)를 말하며, 황노(黃老)의 학문을 기본으로 하였으며,『열자(列子)』여덟 권을 지었다. 열어구가 죽은 뒤의 일이

니 서방에 큰 성인이 있어 다스리지 않아도 혼란하지 않고, 말하지 않아도 스스로 믿으며, 교화하지 않아도 저절로 행하니 끝없이 넓고 커서 백성들은 무어라 이름을 짓지 못하였다"고하더라'고 하였겠는가.[8]

不然불연 하면 則列子즉열자가 何以謂하이위 하야 子曰자왈 하되 丘구가 聞문하니 西方서방에 有大聖人유대성인 하야 不治而不亂불치이불란 하고 不言而自信불언이자신 하며 不化而自行불화이자행 하니 蕩蕩乎탕탕호 하야 民민이 無能

기록되어 있다하여 위작(僞作)이라고 보는 이들도 많다. 황노(黃老)는 도가(道家)의 시조로 추앙받는 사람으로 황제(黃帝)와 노자(老子)를 말한다. 황제는 소전(少典)의 아들이요 성은 공손(公孫)이라 하는데 헌원(軒轅)의 언덕에 살았으므로 헌원씨(軒轅氏)라고도 하고, 희수(姬水)에 거주하여 성을 희(姬)로 고쳤으며 유웅(有熊)에 나라를 세워 유웅씨(有熊氏)라고도 하는 전설상의 임금이다.

8 『열자(列子)』권4「중니(仲尼)」, 상(商)의 태재(太宰) 비(嚭)와 공자(孔子)의 다음과 같은 대화가 있다.〈상(商)은 춘추시대 송(宋)나라의 별칭이고, 태재(太宰)는 벼슬이름으로 송(宋)나라에서는 좌복야(左僕射)를 태재라 하고, 우복야(右僕射)를 소재(少宰)라고 하였다.〉
태재: 당신은 성인이십니까?
공자: 성인이라니요. 제가 어찌 감히 성인이라 하겠습니까? 하지만 널리 배워서 많이 알고 있을 뿐입니다.
태재: 삼왕(三王)은 성인입니까?
공자: 삼왕은 지혜[智]와 용기[勇]를 잘 사용하였으나 성인인지 저는 모르겠습니다.
태재: 오제(五帝)가 성인입니까?
공자: 오제는 어짊[仁]과 신의[義]를 잘 사용하였으나 성인인지는 모르겠습니다.
태재: 삼황(三皇)은 성인입니까?
공자: 삼황은 인시(因時)를 잘 사용하였으나 성인인지는 모르겠습니다.
태재: 그러면 누가 성인입니까?
공자: 서방에 성인이 있다고 합니다. 다스리지 않아도 어지럽지 않고, 말하지 않아도 스스로 믿으며, 교화하지 않아도 스스로 행하니 끝없이 넓고 커서 백성들은 무어라 이름을 짓지 못 하였다고 합니다.
商太宰見孔子曰 丘盛者歟 孔子曰 聖則丘何敢 然則丘博學多識者也 商太宰曰 三王聖者歟 孔子曰 三王善任智勇者聖則丘不知 曰 五帝聖者歟 孔子曰 五帝善任仁義者聖則丘弗知 曰 三皇聖者歟 孔子曰 三皇善任因時者聖則丘弗知 商太宰大駭曰然則孰者爲聖 孔子動容有閒 曰西方之人 有聖者焉 不治而不亂 不言而自信 不化而自行 蕩蕩乎民無能名焉 [『한문대계(漢文大系)』제13冊]

名焉무능명언이니라[9]

3

◆ 열자(列子)는 공자의 가르침을 받는 사람인데, 이 이야기를 쓰면서 전혀 의심하지 않아 없애지 않았다. 공자는 성인이요 더구나 도(道)를 높이 받들었다. 그런데 오늘날 공자의 가르침을 받는 이들이 미처 많은 책을 읽지도 않고 먼저 부처님을 배척하는 것을 급선무로 여기는 것은 어째서일까?[10] 어찌 공자만 도(道)를 떠받들었으랴! 천지신명(天地神明)에 이르기까지 도(道)를 높이 받들지 않음이 없는데, 한낱 오늘의 범부들이 오히려 제멋대로 헐뜯고 배척하여 자기의 정신을 스스로 어둡게 하고 있으니 어찌 슬퍼할 일이 아닌가?

列子열자는 學孔子者也학공자자야어늘 而邊述此說이거술차설에 信不誣矣신불무의니라 孔子공자는 聖人也성인야라 尙尊其道상존기도어늘 而今之學孔子

---

9 『맹자(孟子)』「등문공장(滕文公章)」상, 공자가 이르되, '위대하다! 요임금의 임금됨이여! 오직 하늘만이 위대할 수 있는 것인데 요임금의 덕만이 그것을 본받을 수 있었다. 끝없이 넓다! 그 덕이여! 백성들은 그것을 무엇이라고 능히 이름을 짓지 못하였다. 임금답다! 순임금의 높고 또 높은 그 덕이여! 천하를 차지하고서 자기가 직접 그것에 관여하지 아니 했다[孔子曰 大哉 堯之爲君 惟天爲大 惟堯則之 蕩蕩乎 民無能名焉 君哉 舜也 巍巍乎有天下而不與焉]. (蔡義順 譯解, 『孟子』, 韓國協同出版公社, 1983, 156, 159쪽.)

10 대전선사가 한유에게 '당신은 불서(佛書)를 읽어보고 선왕(先王)이 말씀하신 것과 다르다고 의심하는 것이오?'라고 물으니, 한유가 대답하기를, '내 어찌 한가롭게 그런 책을 읽겠소'라고 하였다. 이때 대전선사가 이렇게 말했다. '당신은 아직 불서를 읽어보지도 않고 선왕의 법언(法言)을 말하지 않았다는 것을 어찌 안다는 말이오? 아마도 공자의 책을 읽어보지도 않고 그의 잘못을 의심하는 것은 아닌가요? 어쩌면 남들이 그릇되었다고 하는 말을 듣고서 그것이 잘못이라 하는가요? 만약에 공자의 책을 읽었기 때문에 부처님이 잘못이라고 의심한다면 그것은 순임금의 개라 할 것이외다. 옛날 순임금이 개를 길렀는데, 하루는 요임금이 지나가니까 마구 짖어댔답니다. 그것은 순임금을 좋아하고 요임금이 미워서가 아니라 늘 보아온 것은 순임금이고 요임금은 보지 못했기 때문이지요.'『석씨계고략(釋氏稽古略)』제3:〈49-834하〉

者이금지학공자자가 未讀百十卷之書미독백십권지서 하고[11] 先以排佛爲急務者선이배불위급무자는 何也하야오 豈獨孔子尊其道哉기독공자존기도재리오[12] 至於上下神祇지어상하신기가[13] 無不宗奉무부종봉이어늘 矧玆凡夫신자범부가 輒恣毁斥첩자훼척 하니 自昧己靈자매이령이거늘 可不哀歟가불애여인저[14]

4

◆ 한유(韓愈)는 역사를 쓰는 자는 사람으로부터의 재난이 없으면 하늘로부터의 형벌이 있으니 어찌 두려워하지 않고 가볍게 쓰겠는가라고 말했다.[15]

대개 역사는 인간의 실질적인 발자취를 주워 모으는 것이라 오히려 형벌이나 재난이 있는 것이거늘 하물며 까닭도 없이 큰 성인을 경솔하게 깔보아 더욱 더 헐뜯겠는가?

더군다나 큰 성인을 비방하는 사람들은 한량없는 세월에 걸쳐 육도윤회(六道輪廻)의 길에 깊이 빠져 헤매다가 작은 선행을 지은 결과로 지금 이 몸을 받기는 하였으나 장수할 것인지 요절할 것인지는 아직 정해

---

11 백십(百十): 여기서 말하는 百十은 정확히 110이란 수를 말하는 것이 아니라 대강으로 친 많은 수를 의미한다.

12 기독(豈獨):어찌…뿐이겠는가.

13 신기(神祇)에서 신(神)은 하늘의 신이고, 기(祇)는 땅의 신이다.『논어(論語)』「술이편(述而篇)」에 공자의 병이 위독하거늘 자로(子路)가 기도하기를 청했다. 공자께서 물으셨다. '선례(先例)가 있느냐' 자로가 '있습니다. 뇌(誄)라 하는 문헌(文獻)에 이르되 "너를 도와 달라고 천신(天神)·지신(地神)에게 빌었느니라" 하였습니다.' 이에 공자께서 말씀하셨다. '내가 기도함이 이미 오래 되었거늘 새삼스럽게 시작하랴'
[子疾病 子路請禱 子曰 有諸 子路對曰 有之 誄曰 禱爾于上下神祇 子曰 丘之禱久矣](禹玄民 譯解,『論語』, 韓國協同出版公社, 1983, 163쪽.)

14 가불애여(可不哀歟)에서 가불(可不)은 '어찌…하지 않은가? 어찌…이 아닌가?'

15 한유가 사관수찬(史館修撰)에 임명된 것은 그의 나이 46세 되던 814년 3월이고, 6월에는 『답유수재론사서(答劉秀才論史書)』에 '역사를 쓰는 자는 사람으로부터의 재난이 없으면 하늘로부터의 형벌이 있으니 어찌 두려워하지 않고 가볍게 쓰겠는가'라고 했다.

지지 않았으며, 설사 예순이나 일흔 살을 살더라도 그 또한 잠시 인간의
몸을 빌린 것일 뿐이다.

韓愈한유가 曰왈 하되 夫爲史者부위사자는 不有人禍불유인화면 則有天刑즉
유천형이라 하니 豈可不畏懼기가불외구 하야 而輕爲之哉이경위지재리오

蓋爲史者개위사자는 採摭人之實迹채척인지실적이라 尙有刑禍상유형화어늘[16]
況無故황무고로 輕薄경박하야 以毀大聖人哉이훼대성인재리오

且玆人也차자인야는 無量劫來무량겁래에 沈淪諸趣침륜제취 하다가[17] 乘少善
力승소선력 하야 而得此身이득차신이나 壽夭수요는 特未定也특미정야니라 縱及
耳順從心之年종급이순종심지년이나[18] 亦暫寄人間耳역잠기인간이로다

---

16 형화(刑禍)에서 형(刑)은 본보기를 삼아 따르는 것이고, 화(禍)는 재난을 당하는 것을 의미
한다.

17 제취(諸趣): 취(趣)는 범어 가띠(gati)의 번역인데, 중생이 자신이 지은 행위인 업에 의해서
이끌려가는 삶의 형태를 말한다. 여기에는 오취(五趣)나 육취(六趣)가 있고, 내용에 따라 선
취(善趣)와 악취(惡趣)가 있다. 오취(五趣)는 5도(五道)라고도 하며, 지옥·아귀·축생·인
간·천상을 말하며, 육취(六趣)는 육도(六道)라고 말하기도 하며, 오취에 아수라를 더한다.
오취에서는 아수라가 천상에 포함된다. 천상·인간·아수라는 선업(善業)에 의한 결과이
므로 삼선취(三善趣)나 삼선도(三善道)라 하고, 지옥·아귀·축생은 악업(惡業)에 의해 태
어나는 곳이므로 삼악취(三惡趣)나 삼악도(三惡道)라고 한다. 삼악취에 아수라를 보태어
사악취(四惡趣)라고 한다. 삼악취를 삼도(三途)나 삼도(三塗)라고 말하는 것은 도(途)는 도
(道)의 뜻이고 도(塗)는 진흙탕에 빠지고 불에 떨어진 듯이 몹시 곤란한 지경에 빠진다는
뜻의 도탄(塗炭)을 의미한다. 삼도(三塗)는 화도(火塗)·도도(刀塗)·혈도(血塗)를 의미한
다. 이들 세상을 취(趣)라고 말하는 것은 그쪽에서 나를 끌어당기는 것이 아니라 내 쪽에서
그쪽을 향해 찾아간다는 의미를 내포하고 있다.

18 『논어(論語)』「위정편(爲政篇)」,'공자께서 말씀하시되, 나는 열다섯 살에 학문에 뜻을 두고,
서른 살에 독립했고, 마흔 살에는 남의 유혹에 속아 넘어가지 않았고, 쉰 살에는 천명(天命)
을 알게 되었고, 예순 살에는 남의 말을 순순히 듣게 되었고, 일흔 살에는 내 마음대로 행동
하여도 법도를 넘어서지 않게 되었다'라고 하였다.
[子曰 吾十有五而志于學 三十而立 四十而不惑 五十而知天命 六十而耳順 七十而從心所欲
不踰矩](禹玄民 譯解,『論語』, 韓國協同出版公社, 1983, 38쪽.)

한유(768~824)는 당나라 등주(鄧州) 남양(南陽)출신으로 자(字)는 퇴지(退之)이고, 시호(諡號)는 문(文)·한문공(韓文公)·한창려(韓昌黎)이며 당송팔대가(唐宋八大家)의 한 사람이다. 벼슬은 국자박사(國子博士)[19]·중서사인(中書舍人)[20]·형부시랑(刑部侍郎)[21]·이부시랑(吏部侍郎) 등을 지냈다.

육경(六經)과[22] 제자백가(諸子百家)에 두루 통달하였으며, 특히 시문에 일가를 이루어, 유종원(柳宗元)과 함께 변려문(駢儷文)을 반대하고 고문부흥(古文復興)을 주창하여 당송팔대가(唐宋八大家) 중에 으뜸으로 꼽힌다.

변려문은 대구(對句)로 지은 화려한 문장을 말하며 한(漢)나라와 위(魏)나라 때 기틀이 잡히고 남북조(南北朝)때[23] 성행한 문체이다. 대구(對句)와 운율(韻律)을 중시하고 암송하기 쉽게 하였는데, 당나라 이후에는 4자구(四字句)와 6자구(六字句)를 섞어 쓰는 일이 많았기 때문에 사륙문(四六文)이라고도 한다.

---

19 국자박사는 수대(隋代)에서 청대(淸代)까지 국가교육을 총괄하던 기관 및 그 최고학부였던 국자감(國子監)의 교수를 말한다.

20 중서사인은 국가의 기무(機務)·조명(詔命)·비기(秘記) 등을 관장하는 최고 관서의 하나인 중서성의 속관으로 조칙(詔勅)에 관한 일을 맡은 벼슬

21 시랑은 수나라나 당나라 이후에 중서(中書)·문하(門下)·상서(尙書) 등 삼성(三省)의 장관 다음 지위였다. 그러니까 오늘날의 차관(次官)에 해당한다. 형부는 육부(六部:吏部·戶部·禮部·兵部·刑部·工部)의 하나로 형벌과 옥송(獄訟)의 일을 관장하는 관서이고, 이부(吏部)는 문관의 임면(任免)과 훈계(勳階) 등을 맡아보던 관서이다.

22 육경은 여섯 가지 유학 경서로 주역(周易)·시경(詩經)·서경(書經)·춘추(春秋)·예기(禮記)·악기(樂記)를 말한다.

23 남북조는 남조(南朝)의 송무제(宋武帝)가 건국한 영초원년(永初元年), 즉 420년부터 수문제(隋文帝)가 통일한 개황(開皇) 9년 즉 589년까지의 170년간에 걸쳐 한인(漢人)이 남쪽의 건강(建康)에 세운 송(宋)·제(齊)·양(梁)·진(陳)의 네 나라인 남조(南朝)와 선비족(鮮卑族)이 강북(江北)에 세운 북위(北魏)·동위(東魏)·서위(西魏)·북제(北齊)·북주(北周)의 다섯 나라 등 북조(北朝)가 대립하였던 시대를 말한다.

한유의 나이 28세 때에 쓴 『상재상서(上宰相書)』에 '읽은 것은 모두 성인의 책이고, 양주·묵자·석가·노자의 학문은 마음에 들어오지도 않았다'[讀皆聖人之書 楊墨釋老之學 無所入於其心]고 하더니, 38살 때는 유안(劉安)이 쓴 『회남자(淮南子)』의[24] 「원도훈(原道訓)」이란 글을 본떠서 그의 사상을 엿볼 수 있는 대표적인 글 「원도(原道)」〈부록 1〉를 썼다. 원(原)이란 '근원을 캐다. 근본을 밝혀내다'라는 뜻으로 원도란 '도의 근본을 밝힌다'는 뜻이다.

한유는 한(漢)나라 때부터 도가(道家)와 불교(佛敎)의 이단사상에 의해 유가(儒家)의 정치원리나 사회도덕인 도(道)가 어지러워졌다고 생각하였다. 그리하여 그는 본원(本源)의 도에 의하여 인의(仁義)를 내용으로 하는 유교적인 사회 정치사상을 명확하게 하려고 하였다. 그 논지는 도덕 인의의 정의(定義)에서 시작하여, 도가의 무정부적인 원시생활의 동경이라든가, 불교의 출세간적(出世間的)인 태도를 다 같이 봉건사회의 군주신민(君主臣民)이나 부자(父子)의 신분과 사회질서를 파괴하는 것이라고 비판하였다.

한마디로 한유의 사상을 대표하는 글인 「원도」를 통해 불교와 도교를 오랑캐의 이단(異端)이라고 강하게 비판하고 중국 정통사상인 유교를 부흥시키자고 주장하였다. 한유는 자신이 말하는 도덕이라는 것은 인(仁)과 의(義)를 합친 것이라 했다[凡吾所謂道德云者 合仁與義 言之也:《원도》] 또한 한유(韓愈)는 자신이 쓴 시(詩)에서 '평생 인의(仁義)를 바라며 배운 것은 모두 공자(孔子)와 주공(周公)'[生平企仁義 所學皆孔周]이라고 하

---

24 『회남자(淮南子)』는 한(漢)나라 고조(高祖)의 손자 유안(劉安: B.C.179~B.C.122)이 쓴 책으로 21권이 있다. 원래의 이름은 회남홍열(淮南鴻烈)이다. 본래 내외(內外) 2편(篇)이나 지금 전하는 21권은 내편(內篇)이고 외편은 33권이 있었으나 전하지 않고 있다. 유안은 문학과 신선술(神仙術)을 좋아하여 빈객 수천 명을 초빙하여 도가사상(道家思想)을 근간으로 『회남자』를 완성하였다고 한다.

였듯이[25] 한유가 말하는 인의(仁義)는 공자의 가르침임을 분명히 밝히고 있다.

그의 나이 52세가 되던 해 1월 헌종(憲宗)황제를 비롯한 조정 백관이 법문사(法門寺)에 모셔져 있던 불사리(佛舍利)를 궁궐로 모시고 3일간 성대하게 공양을 올리고 장안(長安)의 여러 절을 돌며 공양 올리게 되었는데, 한유가 사리공양의 폐단을 극단적인 말로「논불골표(論佛骨表)」〈부록 2〉를 올려 결국 헌종황제(憲宗皇帝)의 분노를 사게 되었다. 배도(裴度)와[26] 최군(崔羣)의[27] 간청으로 겨우 죽음을 면한 채, 궁궐에서 8천리나 떨어진 지금의 광동성(廣東省)에 있는 조주자사(潮州刺史)로 좌천되었다. 조주는 광동성(廣東省) 동단과 복건성(福建省)의 경계에 가까운 해안고을이다. 조주자사로 가는 도중에 열두 살 된 넷째 딸 나(挐)가 죽어 상남산(商南山) 아래에 묻었다. 후에 당시 수도인 장안시장인 경조윤(京兆尹)이 되어 귀경할 때 딸의 유골을 하양한씨(河陽韓氏)의 묘에 옮겼다.

「조주자사사상표(潮州刺史謝上表)」에 '신이 분별이 없고 우직(愚直)하여 예의를 알지 못하고 불골에 대한 표를 올렸던 바, 말이 불경에 이르렀습니다. 정해진 죄의 명분을 바로 잡으면 만 번 죽어도 오히려 가볍습니다.[臣某言 臣以狂妄戇愚 不識禮度 上表陳佛骨事 言涉不敬 正名定罪 萬死猶輕]'라고 하

---

25 부강릉도중기증삼학사시(赴江陵途中寄贈三學士詩).
26 배도(裴度)는 당(唐)나라 때 하동(河東) 문희(聞喜) 출신으로 자(字)는 중립(中立)이고 봉호(封號)는 진국공(晉國公)이며 시호(諡號)는 문충(文忠)이다. 정원연간(貞元年間:627~649)에 진사(進士)하여 벼슬이 산남동도절도사(山南東道節度使)·중서령(中書令)에 이르렀고, 원화연간(元和年間:806~820)에 번진(藩鎭) 세력을 평정하는데 주력하여 채(蔡)를 토벌하고 오원제(吳元濟)를 생포하여 하북(河北)의 번진들을 조정에 귀순케 하였다. 문종(文宗) 때 동도(東都)에서 백거이(白居易)·유우석(劉禹錫) 등과 교유하였다.
27 최군(崔羣)은 당(唐)나라 때 무성(武城) 출신으로 자(字)는 돈시(敦詩)이고 진사(進士)하여 벼슬이 무령형남절도사(武寧荊南節度使)·이부상서(吏部尚書)에 이르렀다.

였으나 이것은 체면치레에 지나지 않는 말일 뿐 조주자사에서 풀려나 원주자사(袁州刺史)로 자리를 옮기며 친구인 공부상서(工部尚書) 맹간(孟簡)에게 보낸「여맹상서서(與孟尚書書)」에 쓰기를 '어떤 사람이 한유가 요근래에 불교를 신봉한다고 전한 것 같은데, 거짓말이다.…

불교와 도교의 피해가 양자나 묵자보다 심하고 한유의 어짊이 맹자에게 미치지 못한다. 맹자도 생전에 바로잡을 수 없었거늘 한유가 이미 기울어진 뒤에 온전하게 하려고 하니 슬프다. 그 역시 능력을 헤아리지 못함이요 또한 몸뚱이의 위태함을 보아도 죽음으로서 바로잡지 못함이로다. 하지만 성인의 도가 나 한유로부터 대략이나 전해진다면 비로 죽는 한이 있더라도 결코 후회하지 않을 것'[有人傳 愈近少 信奉釋氏 此傳之者 妄也…

釋老之害 過於楊墨 韓愈之賢 不及孟子 孟子 不能救之於未亡之前 而韓愈 乃欲全之於已壞之後 嗚呼 其亦不量其力 且見其身之危 莫之救以死也 雖然 使其道由愈而粗傳 雖滅死 萬萬無恨]이라고 말한 것으로 보아 한유가 말년에 불교에 귀의했다고 보는 것은 오해임에 틀림없다고 하겠다.

5

◆ 선근(善根)이 미미하고 보잘 것 없어서 도의 궁극적인 경지를 친히 가르침을 받을 수도 없는데다 어느 결에 늘그막에 이르면 일생을 허황되고 보람 없이 보내다가 끝내는 아무것도 성취한 것이 없는 사람이 되고 말뿐이니 몹시 슬프고 가슴 아픈 일이라고 생각한다.

어찌 한가롭게 무명(無明)을[28] 따라서 업식(業識)의[29] 실마리를 만들고,

---

28 무명(無明)이란 중생의 고통스런 삶의 원초적인 동기가 되는 이기적이고 맹목적인 욕망을 의미한다. 그러나 이 욕망은 선악판단 이전의 문제이다. 이 욕망을 조절하여 잘 이용하면 선의 방향으로 나아가지만 조절하지 못하고 정도에 지나치면 악의 방향으로 나아가게 된다.

후세의 천제(闡提)의[30] 무리를 꾀어 깨달음을 등지고 번뇌와 하나가 되게 하며,[31] 함께 악도에 들어가 죄를 모으다가 몸뚱이를 넘어뜨리게 되니, 어찌 근심하지 않으랴!

以善根이선근이 微劣미열 하야 不能親炙究竟其道불능친자구경기도로다[32] 須

예를 들어 배가 고플 때 먹고 싶은 욕망 그 자체를 나쁘다거나 좋다고 말할 수는 없다. 적당히 먹으면 건강을 유지할 수 있지만 정도에 지나치게 먹게 되면 병이 생기는 것과 같다.

29 업식(業識)이란 이기적이고 맹목적인 욕망에 뿌리를 두고 있는 행동을 통해 사물을 분별하고 인식하는 것을 의미한다. 사실 인간은 자기가 대하는 사물을 있는 그대로 인식하는 것이 아니라 자기가 이제까지 살아온 경험을 통해서 그것을 인식하고 분별하게 된다. 예를 들어 수석(壽石)을 수집하는 사람과 그렇지 않은 사람이 냇가의 돌을 보는 시각은 전혀 다르고, 묘자리를 보아주는 지관(地官)과 일반인은 땅을 보는 입장이 전혀 다른 것과 같다고 하겠다.

30 천제(闡提): 일천제(一闡提), 즉 범어 잇찬띠까(Icchantika)의 음역을 줄인 말로 믿음이 없고 선근(善根)도 없는 중생이라 성불할 수 없다고 한다.

31 『대불정여래밀인수증요의제보살만행수능엄경(大佛頂如來密因修證了義諸菩薩萬行首楞儼經)』제4:〈19-121상〉衆生迷悶 背覺合塵 故發塵勞 有世間相〈중생이 어리석고 미련하여 깨달음을 등지고 보고 듣는 대상과 어울리므로 번뇌가 일어나서 세간의 모습이 있느니라〉『기신론소필삭기(起信論疏筆削記)』제1:〈44-300상〉迷則背覺合塵 悟則背塵合覺 然其迷悟 各具因緣 迷中以無明爲因 境界爲緣 悟中以本覺內熏爲因 師敎外熏爲緣 若隨從迷中因緣 卽沈於生死 則一切有漏染法起 一切無漏淨法滅 若隨從悟中因緣 卽升於覺路 則一切無漏淨法起 一切有漏染法滅〈어리석으면 깨달음을 등지고 보고 듣는 대상과 어울리고, 깨달으면 보고 듣는 대상을 등지고 깨달음과 어울린다. 그러나 어리석음과 깨달음은 각기 인연(因緣)을 가지고 있어 어리석음에 있어서는 무명을 원인[因]으로 하고 보고 듣는 등의 대상을 조건[緣]으로 한다. 또한 깨달음에 있어서는 내면적으로 본래 깨달음의 자질[本覺內熏]을 원인으로 하고, 밖으로 스승의 가르침을 조건으로 한다. 만약 어리석음의 인연을 따르면 나고 죽음이라는 온갖 번뇌에 빠져들어 번뇌가 없는 청정한 법을 없애버리게 된다〉

32 친자(親炙):제자가 직접 스승에게서 가르침을 받음.『맹자(孟子)』「진심장(盡心章)」하, '성인(聖人)은 백세(百世)의 스승이다. 백이(伯夷)와 유하혜(柳下惠)가 바로 그렇다. 그래서 백이의 유풍(遺風)을 들은 사람은 탐욕하다가도 청렴하여지고, 나약한 사람도 뜻을 굳게 세우게 된다. 유하혜의 유풍을 들은 사람은 박(薄)한 사람도 후(厚)해지고 마음이 좁은 사람도 너그러워진다. 백세(百世) 전에 분발하였는데, 백세 뒤에 듣는 사람들이 감동하여 분발하지 않는 이가 없으니, 성인(聖人)이 아니고서야 그와 같이 만들 수가 있겠는가. 그러니 하물며 성인에게 가까이 접촉한 경우에 있어서랴.
[孟子曰 聖人百世之師也 伯夷柳下惠是也 聞伯夷之風者 頑夫廉 儒夫有立志 聞柳下惠之風者 薄夫敦 鄙夫寬 奮乎百世之上 百世之下 聞者莫不興起也 非聖人而能若是乎 而況於親炙

臾수유에 老之將至노지장지 하야 爲虛生浪死之人위허생랑사지인 하니 自可悲痛자가비통인저[33]

何暇更縱無明하가경종무명 하야 業識업식을 造端倡始조단창시 하고[34] 誘引後世闡提之黨유인후세천제지당 하야 背覺合塵배각합진 하고 同入惡道동입악도 하야 罪萃厥身죄췌궐신 하니 可不愼哉가불신재리오.

6

◆ 부처님은 어찌하여 이 세상을 찾으셨는가? 부처님은 자비(慈悲)가 광대(廣大)하고 원력(願力)이 심중(深重)하시기 때문에 모든 중생들이 육도(六道)를 윤회하면서 온갖 고통을 받는 것이 그칠 날이 없다는 것을 불쌍하게 여기시고, 도솔천궁(兜率天宮)에서[35] 정반왕가(淨飯王家)에 몸을 나타내 보이신 것이다. 첫째 태자가 되니 도덕(道德)과 문무(文武)가 단정하고 엄숙하여 남들보다 특별히 다르니 일찍이 성인(聖人) 가운데 그런 이가 없었다. 스무 살 전후에 왕의 자리를 포기하고 출가하여[36] 도를 닦아 등

之者乎](蔡義順 譯解, 『孟子』, 韓國協同出版公社, 1983, 393쪽.)

33 자가비통(自可悲痛)에서 자(自)는 부사로 당연한 이치를 나타내고, 가(可)는 '…라고 생각한다'는 뜻의 동사이다.

34 조단창시(造端倡始): 맨 먼저 주장하거나 앞장서서 이끌어감. 조단탁시(造端託始)도 같은 말이다.

35 도솔천궁(兜率天宮)은 도솔천에 있는 궁전이다. 옛날 인도인들은 수미산(須彌山) 중턱 사방에 사왕천(四王天)이 있고, 수미산 꼭대기에 도리천(忉利天)이 있고, 그 위에 차례로 야마천(夜摩天), 도솔천(兜率天), 화락천(化樂天), 타화자재천(他化自在天)이 있는데, 이 여섯 개의 세계는 아직 욕망의 지배를 받는다고 하여 욕계육천(欲界六天)이라 한다. 수미산 꼭대기로부터 12만 유순(由旬:yojana) 위에 있는 이 하늘에는 일곱 가지 보물로 만든 궁전이 있고, 수 없이 많은 하늘의 신들이 산다고 한다. 도솔천에 내원(內院)과 외원(外院)이 있는데, 외원은 보통의 하늘의 신들이 기쁨을 한껏 누리며 사는 곳이고, 내원은 미륵보살이 사는 곳이라고 한다.

36 옛날에는 19살에 출가하였다고 보았으나 오늘날에는 29살에 출가한 것으로 보는 것이 정

정각(等正覺)을[37] 이루었다. 천상과 인간의 스승이 되어 상대의 그릇에 따라 삼승오교(三乘五敎)를[38] 연설(演說)하시고 마지막에는 정법안장(正法眼藏)과[39] 열반묘심(涅槃妙心)을[40] 마하가섭(摩訶迦葉)에게[41] 부탁하고 맡기셨다.[42] 교외별전(敎外別傳)을[43] 하기 위해 특히 스승과 제자가 직접 서로 전

설이다. 자세한 것은 역주자의『고따마 붓다』제4장 1. 출가(도서출판 문화문고, 2008, 120~126쪽)를 참고 바람.

37 등정각(等正覺)을 이루었다[成等正覺]는 뜻은 부처님의 깨달음이 보편[等] 타당[正]하다는 것을 의미한다. 부처님을 정변지(正遍知)라고 말하기도 하는데, 이 또한 부처님의 앎이 보편타당하다는 것을 의미한다. 산스끄리뜨로 삼약삼보리(samyaksa bodhi)라고 한다.

38 삼승오교(三乘五敎):석가모니 부처님의 설법을 이해하는 능력과 실천하는 정도에 따라 성문(聲聞)·연각(緣覺)·보살(菩薩)의 가르침으로 나누는 것이 삼승(三乘)이고, 오교(五敎)는 부처님의 가르침을 내용적으로 다섯 가지로 분류한 소승교(小乘敎)·대승시교(大乘始敎)·대승종교(大乘終敎)·돈교(頓敎)·원교(圓敎)를 말한다.

39 정법안장(正法眼藏)은 부처님의 바른 법을 볼 수 있는 지혜의 눈[正法眼]으로 깨달은 비밀의 법[藏]이란 뜻이다.

40 열반묘심(涅槃妙心)이란 부처님이 깨달음을 통해 얻은 흔들리지 않고 고요하며 때 묻지 않은 순수한 마음을 말한다.

41 마하가섭(摩訶迦葉)은 부처님의 십대제자(十大弟子) 가운데 두타제일(頭陀第一)의 제자이자 부처님이 돌아가시자 부처님의 설법을 정리하여 묶는데 앞장섰던 마하깟사빠(Maha Kassapa)를 말한다. 역주자의『고따마 붓다』(도서출판 문화문고, 2008) 250쪽을 참고하기 바람.

42 부처님께서 마하가섭에게 정법안장 열반묘심을 전하셨다는 이야기는『대범천왕문불결의경(大梵天王問佛決疑經)』〈卍續藏經:88-977하〉에 爾時 世尊 著坐其座 廓然拈華 時衆會中 百萬人天 及諸比丘 悉皆默然 時於會中 唯有尊者 摩訶迦葉 卽見其示 破顔微笑 從座而起 合掌正立 有氣無言 爾時佛告 摩訶迦葉言 吾有正法眼藏 涅槃妙心 實相無相微妙法 不立文字 敎外別傳 有智無智 得因緣證 今日付囑 摩訶迦葉이라 한 것을 말한다. 부처님이 꽃을 들으시니 다른 사람은 무슨 뜻이지 몰라 입을 다물고 있는데 오직 마하가섭만이 미소를 지었다는 염화미소(拈華微笑) 이심전심(以心傳心)의 이야기는 중국 송(宋)나라 때 이후 선종(禪宗)에서 많이 쓰는 말로 초기 경전 어디에도 없다. 오직『대범천왕문불결의경(大梵天王問佛決疑經)』에만 있는데, 이 경은 선종의 정통성을 강조하기 위하여 중국에서 제작된 것으로 보고 있다. 당(唐)나라 때 지승(智昇)이 개원(開元) 18년, 즉 서기 730년에 중국에 처음 불교가 들어온 서기 67년부터 730년까지 176명의 삼장(三藏)이 번역한 불교관계 전적의 목록을 정리한『개원석교록(開元釋敎錄)』이나 정원(貞元) 16년, 즉 서기 800년에 원조(圓照)가 중국에 불교가 전래된 이후 정원(貞元)16년까지 734년 동안에 번역된 경(經)과 논(論)의 목록을 정리한『정원신정석교목록(貞元新定釋敎目錄)』에도『대범천왕문불결의경』이 수록되어 있지 않기 때문이다.

해 주니 그릇이 큰 무리가 계승하였다.

且佛차불이 何求於世하구어세아 但以慈悲단이자비가 廣大광대하고 願力원력이 深重심중 하야 哀見一切衆生애견일체중생 하고 往來六道왕래육도 하며 受種種苦수종종고가 無有已時무유이시라 故고로 從兜率天宮종도솔천궁 하야 示現淨飯國王之家시현정반국왕지가 하야[44] 爲第一太子위제일태자 하니 道德文武도덕문무가 端嚴殊特단엄수특 하시니 於聖人中어성인 중에 而所未有이소미유니라 於弱冠之年어약관지년에[45] 棄金輪寶位기금륜보위 하고 出家修道출가수도 하야 成等正覺성등정각 하야 爲天人師위천인사 하시어 隨機演說수기연설 하사 三乘五敎삼승오교 하고 末後말후에 以正法眼藏이정법안장과 涅槃妙心열반묘심을 付囑摩訶迦葉부촉마하가섭 하시니 爲敎外別傳위교외별전이라 更相傳授갱상전수 하니 接上根輩접상근배니라

---

43 교외별전(敎外別傳)이란 문자와 언어에 의하여 가르치는 것이 아니라 바로 마음과 마음으로 부처님이 깨달으신 경지를 직접적으로 전달하는 것을 말한다. 이러한 방법은 선종(禪宗)에서 주장하는 교육방식이다.

44 시현(示現): 불보살이 어떤 기회를 통해 맺어진 인연을 따라 여러 모습으로 몸을 나타내는 일

45 『예기(禮記)』「곡례(曲禮)」상, 사람이 태어나서 열 살이 되면 어린아이[幼]라 하여 배워야 한다. 스무 살이 되면 약(弱)이라 하여 성인식을 한다. 서른 살이 되면 장(壯)이라 하여 아내를 맞이한다. 마흔 살이 되면 강(强)이라 하여 벼슬에 나아간다. 쉰 살이 되면 애(艾)라 하여 정치에 참여한다. 예순 살이 되면 기(耆)라 하여 사람에게 지시하여 일을 한다. 일흔 살이 되면 노(老)라 하여 가사를 자식에게 물려준다. 여든 살 아흔 살이 되면 모(耄)라 하고, 일곱 살이 되면 도(悼)라 하는데 도(悼)와 모(耄)는 비록 죄를 짓더라도 형벌을 가하지 않는다. 백 살이 되면 기(期)라 하여 부양을 받는다[人生十年曰幼學 二十曰弱冠 三十曰壯有室 四十曰强而仕 五十曰艾服官政 六十曰耆指使 七十曰老而傳 八十九十曰耄 七年曰悼 悼與耄 雖有罪 不可刑焉 百年曰期頤] (金瑩洙 譯解, 『禮記』(上), 韓國協同出版公社, 1983, 21~22쪽.)

7

◆ 그래서 우리 송나라의[46] 태종황제(太宗皇帝)께서[47]『금강반야(金剛般若)』
의 서문에 이렇게 쓰셨다.

　　故고로 我本朝아본조의 太宗皇帝之序金剛般若也태종황제지서금강반야야에
則曰즉왈 하시되

　　탄식할지로다. 수행하지 않은 업보의 넓고 넓음이여,

　　애석할 일이로다. 어리석고 미혹함을 굳세게 고집함이여,

　　하등(下等)의 인사가 알 수 있는 것이 아니거늘

　　어떻게 얕은 식견으로 능히 통하겠는가.

　　훌륭하도다. 성인의 말씀이여.

　　깊이 믿고 복종할 지로다.

　　歎탄이로다 不修之業溥불수지업박이여

　　傷상이로다 强執之愚迷강집지우매여

　　非下士之所知비하사지소지어늘

46 여기서 송나라는 '아본조'(我本朝)라는 말을 번역한 것인데,『호법론』을 쓴 장상영이 아본
　　조라고 한 것이므로 후주(後周)의 절도사(節度使)인 조광윤(趙匡胤)이 선위(禪位)를 받아
　　960년에 변량(汴梁:河南省 開封市)을 도읍으로 세운 왕조로 흔히 조송(趙宋)이라 한다. 금
　　군(金軍)이 변량을 침략하여 망하니 이를 북송(北宋)이라 하고, 1127년에 조구(趙構)가 임
　　안(臨安:浙江省 杭州市)에 도읍을 하니 이를 남송(南宋)이라 한다. 남북송을 합쳐 18황제
　　320년에 원(元)에 멸망하였다. 송왕조(宋王朝)는 조송(趙宋) 이외에 남조(南朝)의 첫 번째
　　왕조인 유송(劉宋)이 있으니, 유유(劉裕)가 진(晉)을 이어 420년에 건강(建康:강소성 남경
　　시)을 도읍으로 세운 왕조로 8황제 60년 만에 남조(南朝) 제(齊)에 멸망당했다.
47 태종황제(太宗皇帝:939~999)는 북송(北宋) 제2대 황제로 재위기간은 976~997년이다.
　　태종황제의 처음 이름은 광의(光義)였으나 즉위한 뒤에 경(炅)으로 고쳤다. 당말(唐末) 오
　　대(五代)의 무인정치를 일소한 뒤 문치주의(文治主義)의 중앙집권적 관료정치를 수립하였
　　으나 말년에 거란(契丹)과의 전쟁에서 패하였다.

豈淺識之能究기천식지능구리오

大哉대재라 聖人之言성인지언이여

深可信服심가신복이로다

8

◆ 한 번 불법이 중국에 씨를 뿌린 뒤에 불교가 있지 않은 곳이 없기 때문에 내 일찍이 생각하기를, 불교를 배척하려면 불교관계 책을 모조리 읽고 그 이치를 깊이 탐구하여 우리 유교와 불교를 배우는 견해가 일치하지 않는 것을 모으고 의심되는 것을 대조하여 애매한 부분을 구분한 뒤에야 배척할 수 있을 것이라 생각하였다.

그러나 지금 그 이치를 통달하지도 못했으면서 함부로 불교를 배척하니 그것은 늪에 사는 작은 메추라기가 창공을 나는 붕새를 비웃는 격이요, 이른 아침에 피어났다가 저녁 무렵에 스러지는 버섯이 수백 년을 사는 소나무를 깔보는 격이다.[48]

一從佛法東播之後일종불법동파지후에 大藏教乘대장교승이 無處不有무처불유하니 故고로 余嘗謂여상위 하되 欲排其教욕배기교이면 則當盡讀其書즉당진독기서 하고 深求其理심구기리 하야 摭其不合吾儒者척기불합오유자가 與學佛之見여학불지견을 折疑절의 하고 辨惑변혹한 而後이후에 排之배지가 可也가야니

---

48 『장자(莊子)』「소요유편(逍遙遊篇)」, 붕(鵬)이란 새는 등은 태산 같고, 날개는 하늘에 드리운 구름과 같고, 회오리바람을 타고 9만 리를 솟아올라 구름을 벗어나고 푸른 하늘을 등진 후에야 남쪽으로 날아가는데, 종달새가 이 새를 보고 비웃으며, '저들은 바야흐로 어디로 가는 것일까? 우리는 뛰어올라 두어 길도 못가서 도로 내려와 쑥대밭 속에서 펄떡거리는데.'라고 말했다고 하며, '아침나절에만 사는 버섯은 그믐과 초승을 알지 못하고, 쓰르라미는 봄과 가을을 알지 못한다'[朝菌不知晦朔 蟪蛄不知春秋]고 했다.(張基槿·李錫浩 譯『老子·莊子』三省出版社, 1982, 190쪽.)

라 今不通其理금불통기리 하고 而妄排之이망배지는 則是斥鷃즉시척안이 笑鵬
鵬소곤붕이오 朝菌조균이 輕松柏耳경송백이로다.

9

◆ 구양수(歐陽脩)는 불교는 참된 지 그렇지 않은 지를 검사할 수도 없고, 실제와 부합되지 않는 일만을 교묘하게 가르친다고 했는데, 그 또한 아직은 마음 쓸 일은 아니다. 일찍이 사람이 허망을 만드는 근본을 캐보면 어쩌면 마음일지도 모른다. 사실상 굶주림과 추위에 시달리는 위급한 재난을 도와서 구원하는 것은 잠시 근심과 재난을 벗어날 뿐이다. 부처님이 고귀한 신분과 물질적으로 아주 넉넉함을 버리고 도(道)를 위해 몸을 버린 것은 춥고 배고픔의 다급함 때문이 아니요 벗어나야 할 근심과 재난이 있어서도 아니었다. 그런데 허망함을 가르쳐서 무엇을 얻으려했겠는가? 만약 허망을 만들어서 너그러움을 베푼다면 그런 무리는 범부라도 반드시 알았을 것이다. 나 자신을 살피지 못하면 뒷일을 걱정해도 소용없다는 것을 부처님이 어찌 알지 못하였겠는가? 옛날이나 지금이나 세상 사람들은 눈곱만큼이라도 속이는 기세만 있으면 보통 사람들도 틀림없이 멀리하게 되거늘 하물며 지혜로운 현자들이겠는가? 만약 부처님이 털끝만큼이라도 허망한 마음을 가지고 있었다면 어찌 부처님의 가르침을 따랐겠는가.

歐陽脩구양수가 曰왈 하되 佛者불자는 善施無驗不實之事선시무험불실지사라 하니 蓋亦未之思耳개역미지사이니라 嘗原人之造妄者상원인지조망자면[49] 豈

---

49 상(嘗): 동사 앞에 쓰여 '일찍이…한 적이 있다'

其心哉기기심재리오[50] 誠以賙急饑寒성이주급기한은[51] 苟免患難而已구면환난이이니라[52] 佛者불자가 捨其至貴極富사기지귀극부 하고 爲道忘身위도망신은 非饑寒之急비기한지급이오 無患難可免무환난가면이어늘 其施妄也기시망야 하야 何所圖哉하소도재리오 若以造妄약이조망 하야 垂裕수유 하면 其徒凡夫기도범부도尙知상지어늘 我躬不閱아궁불열 하면 遑恤我後황휼아후를[53] 而佛이불이 豈不知耶기부지야아 古今世人고금세인이 有稍挾欺紿者유초협기태자이면 必爲衆人所棄필위중인소기어늘 況有識之賢者乎황유식지현자호아 若使佛有纖毫妄心약사불유섬호망심이라면 則安能俾其佛敎즉안능비기불교리오

구양수(歐陽脩)

구양수(1007~1072)는 송(宋)의 길주(吉州) 여릉(廬陵) 사람으로 자(字)는 영숙(永叔)이고, 호는 취옹(醉翁) · 화방재(畵舫齋) · 육일거사(六一居士)이며, 시호(諡號)는 문충(文忠)이다.

어려서 아버지를 여의고 집이 가난하여 어머니 정씨(鄭氏)에게 글을 배웠다. 천성연간(天聖年間:1023~1031)에 진사(進士)하여 경역연간(慶歷年

---

50 기기심재(豈其心哉)에서 기(豈)는 부사로서 추측과 희망, 의문의 어기(語氣)를 나타내며, '어쩌면 …일지도 모른다', '혹시…할지도 모른다' 또는 '아마도'라고 해석한다.

51 주급(賙急)은 위급한 재난을 도와서 구원함.

52 구면환난이이(苟免患難而已)에서 구(苟)는 부사로서 짧은 시간을 나타내며 동사 앞에 쓰이며, '잠시', '잠깐'이라고 해석한다.

53 『시경(詩經)』「패풍(邶風)」「곡풍(谷風)」에 '…경수 때문에 위수 흐린대도 파랗게 맑은 물 있거늘 그이는 새 사람에 반하여 쳐다보려 안하네. 내가 놓은 어살에 가지 말고 내가 놓은 통발 들추지 마오. 하기는 쫓겨난 이 몸 뒷일 걱정한들 그 무슨 소용'[… 涇以渭濁 湜湜其沚 宴爾新婚昏 不我屑以 毋逝我梁 毋發我笱 我躬不閱 遑恤我後…] 이라 했다.(尹永春 譯解,『詩經』 韓國協同出版公社, 1983, 181쪽.)

間:1041~1048)에 우정언(右正言)·지제고(知制誥)·한림학사(翰林學士)를
역임하고, 가우연간(嘉祐年間:1056~1063)에 지공거(知貢擧)를 지내며 고문
(古文)을 창도하고 태학체(太學體)를 배격하여 문풍(文風)을 일신하였다.

추밀부사(樞密副使)·참지정사(參知政事)를 지내고, 신종 즉위(神宗卽
位:1067) 후에 외직(外職)으로 나갔다가 왕안석(王安石)의 신법(新法)에 반
대하여 은퇴하였다.

시(詩)·문(文)·사(詞)의 각 체에 능하였고, 당시 고문운동(古文運動)의
영수였으며, 후대에 당송팔대가(唐宋八大家)의 한 사람으로 일컬어진다.
사학(史學)에도 조예가 깊어 송기(宋祁) 등과 함께『신당서(新唐書)』를 편수
하고, 직접『신오대사(新五代史)』를 찬술하였다.

그가 육일거사(六一居士)라고 한 것은 자신이 가지고 있는 것 중에 일
(一) 자(字)가 붙는 것이 여섯 개라는 뜻에서 육일이라 했다. 그 여섯은 장
서(藏書) 일만 권(一萬卷), 집고록(集古錄) 일천 권(一千卷), 금(琴) 일 장(一張),
기(碁) 일 국(一局), 주(酒) 일 호(一壺), 그리고 자신을 가리키는 일 노(一老)
를 말한다.

소식(蘇軾:1036~1101)이 '그의 학문은 한유(韓愈)와 맹자(孟子)를 높이 받
들어 공자에 이르렀고, 예(禮) 악(樂) 인(仁) 의(義)의 본질을 드러내어 위
대한 도에 일치시켰다'[其學推韓愈孟子以達於孔氏 著禮樂仁義之實以合於大道]고
하였듯이 구양수의 생각 밑바탕에는 2백여 년 전 유교중심주의적(儒敎中
心主義的) 고문운동(古文運動)을 펼쳤던 한유가 있었다.

한유의「원도(原道)」나「논불골표(論佛骨表)」가 구양수의 배불사상에 깊
이 영향을 미쳤다는 것은 분명하다. 다만 구양수는 한유만큼 철저하지
않았을 뿐이다. 구양수는 당나라 때 한유가 쓴 척불(斥佛)의 글을 흠모한
나머지「본론(本論)」〈부록 3〉이라는 척불(斥佛)의 글을 썼다. 그중에 '오늘

날의 불법은 간사(姦邪)하다고 말할 수 있다'[今佛之法可謂姦邪]고 까지 힐난
하고 있지만 만년에는 영상(潁上)에[54] 살며 술과 안주를 멀리하다가 임종
에『화엄경』을 빌려다 8권까지 읽고 죽었다고 한다.[55]

　구양수는『신당서(新唐書)』를 편찬하면서『구당서(舊唐書)』에 전하던 불
교나 고승들에 관계되는 일에 대하여 천여 가지를 삭제하였다고 한다.
이에 대하여 개암거사(鎧菴居士) 오극기(吳克己)는 '역사는 그 당시의 잃고
얻는 자취의 기록이므로 임금을 시해하는 악한 일도 반드시 기록해야
하고, 부모를 삶아 죽이는 추악한 일도 반드시 기록이 돼야 하는 것이지
어찌 추악하다고 해서 기록하지 않겠느냐? 그러므로 역사를 편찬하는
사람은 당시의 선(善)하고 악(惡)한 일에 미혹되지 않아야 믿음직한 역사
[信史]가 될 수 있다는 것을 알라'고 하면서,[56] 또 이르기를『당서(唐書)』는
당나라 왕실의 정사(正史)이지 구양수의 개인적인 기록[私書]이 아닌데도
어찌 개인적으로 좋아하지 않는다고 해서 삭제할 수 있느냐며 통식(通
識)이 없는 사람은 역사를 편찬하는 임무를 맡는 것이 합당하지 못하다
고 했다.[57] 따라서 구양수가 편찬한 역사서들은 믿을 수 없는 왜곡된 역
사[穢史]라 할 것이다.

<hr>

54　영상(潁上)은 수대(隋代)에 두었던 현(縣)으로 소재지는 안휘성(安徽省) 영상현(潁上縣)에
　　있었다. 영수(潁水)는 하남성(河南省) 등봉현(登封縣) 숭산(嵩山) 남서쪽에서 발원하여 안
　　휘성(安徽省) 수현(壽縣)의 정양관(正陽關)을 거쳐 회수(淮水)로 흘러들어가는 물을 말한
　　다.
55　『불조통기(佛祖統紀)』54:〈49-473중〉 歐陽修居潁上 屛酒殽 臨終借華嚴經 讀之八卷而化
　　〈구양수가 영상(潁上)에 살며 술과 안주를 멀리했다. 임종에『화엄경』을 빌려다가 8권까지
　　읽고 죽었다.〉
56　『불조통기(佛祖統紀)』39:〈49-363하〉 史者所以記當時失得之迹 以故惡如弑君必書 醜如蒸
　　母必書 豈以其醜惡而不之記耶 是知修史者不沒當時善惡之事 斯可爲信史也.
57　『불조통기(佛祖統紀)』제39:〈49-364상〉 夫唐書唐家之正史 非歐陽之私書也 豈當以己所不
　　好而悉刪之耶 是知無通識者 不足以當修史之任也.

『정무론(正誣論)』에 '불교를 비난하는 이는 잘못된 궤변을 그럴듯 하게 꾸며 남들이 잘못을 지적하는 말을 애써 거부하지만 말에 절도가 없고 내용에는 이치가 없다. 아 슬프다! 북리(北里)의[58] 음란한 소리가 우아한 음악을 어지럽히고 초록색이 노란색을 압도하는 것을 어찌하겠느냐'고[59] 했다.

10

◆ 불교는 오랜 세월에 걸쳐 이어졌고, 온 세상에 널리 퍼져 하늘의 용이나 귀신들도 마음을 기울이지 않음이 없었고, 보살이나 아라한도 더욱 더 서로 널리 교화했다. 잠시 이 점을 말하겠다. 사특하고 허망한 마음이 있는 사람은 비천하고 어리석은 이들에게도 믿음을 얻을 수 없거늘 하물며 신통을 갖춘 성인들을 받아들이게 하고 굴복시킬 수 있었겠는가? 『금강경』에 이르되, 여래는 진실을 말하는 사람이요 사실을 말하는 사람이며, 사실 그대로 말하는 사람이요 거짓을 말하지 않는 사람이요 다르게 말하지 않는 사람이라 했고, 또 이르기를, 모든 부처님들은 허튼소리가 없다고 했다. 이 말씀은 밝은 태양처럼 분명하고 확실하다.

綿亘千古면궁천고 하고 周匝十方주잡시방 하니 天龍神鬼천룡신귀가 無不傾心무불경심 하고 菩薩羅漢보살나한도 更相弘化갱상홍화니라 試此論之시차론지

---

58 북리(北里)는 은(殷)나라 주왕(紂王) 때의 음란한 무악(舞樂) 이름으로 음란하고 저속한 음악 또는 당나라 때 창기촌인 평강리(平康里)가 도성 북쪽에 있었던 데서 비롯되어 창기(娼妓)가 집단으로 거쳐하는 곳을 말하기도 한다.

59 『홍명집(弘明集)』제1:〈52-8하〉難者苟欲騁飾非之辯 立距諫之强 言無節奏義無宮商 嗟夫北里之亂雅 惡綠之奪黃也 ※오(惡)라 읽고, '어찌, 어떻게' 의문을 나타낸다. 『논어(論語)』「양화편(陽貨篇)」에 '잡색인 자주 빛이 원색인 붉은 빛을 가려 없애는 것을 미워하고, 정나라의 음란한 음악이 바른 아악(雅樂)을 문란하게 하는 것을 미워한다'[惡紫之奪朱也 惡鄭聲之亂雅樂也]고 하였다.

리라 有詐妄心者유사망심자는 求信於卑凡下愚구신어비범하우하여도 尙不可得
상불가득이어늘 況能攝伏於具神通之聖人哉황능섭복어구신통지성인재리오 經경
에 云운 하되[60] 如來여래는 是眞語者시진어자요 實語者실어자요 如語者여어자이
며 不誑語者불광어자이며 不異語者불이어자라 하시고 又云우운 하되 諸佛如來
제불여래는 無妄語者무망어자라 하시니[61] 信哉신재라 斯言사언이 明如皎日명여
교일이니라

11

◆ 맹자(孟子)는[62] 요(堯)임금의 말씀을 외우고, 요임금의 행동을 행하는
것은 요임금뿐이라 했다. 나는 부처님의 말씀을 외우고, 부처님의 행동
을 행하는 것은 부처님뿐이라 말할 수 있으니, 어찌 마음에 흐뭇하지 아
니하랴?

孟子맹자가 曰왈 하되 誦堯之言송요지언 하고 行堯之行행요지행은 是堯而已
矣시요이이의라 하시니[63] 余여가 則曰즉왈 하되 誦佛之言송불지언 하고 行佛之

---

60 구마라집(鳩摩羅什) 역『금강반야바라밀경(金剛般若波羅蜜經)』〈8-750중〉.
61 보리유지(菩提流支) 역『금강반야바라밀경(金剛般若波羅密經)』〈8-754하〉 須菩提 如來是
眞語者實語者如語者不異語者 須菩提 如來所得法所說法 無實無虛妄(수보리야. 여래는 진
어자(眞語者)요 실어자(實語者)며 여어자(如語者)며, 불이어자(不異語者)니라. 수보리야, 여
래가 얻고 설하신 법은 실체도 없지만 허망하지도 않느니라)『대살차니건자소설경(大薩遮
尼乾子所說經)』제10:〈9-363하〉一心攝諸根 聽我說妙法 如來無妄語 諸佛不虛說.[일심으로
눈이나 귀 등을 잘 거두고 내가 설하는 미묘한 법을 들어라. 여래는 거짓이 없느니라. 모든
부처는 거짓을 말하지 않느니라.]
62 맹자(孟子:B.C.372~B.C.289):전국(戰國) 때의 대표적인 사상가 · 정치가 · 교육자였다. 노
(魯)의 추(鄒) 땅 사람이다. 이름은 가(軻)이고 자(字)는 자여(子輿) · 자거(子居) 또는 자거
(子車)이고, 제(齊)와 양(梁)을 오가면서 왕도(王道)와 인정(仁政)을 설교하였으나 뜻을 이
루지 못하고『맹자(孟子)』7편을 지어서 공자의 사상을 계승 발전시켰으며 성선설(性善說)
을 주장하였다. 공자에 다음간다고 하여 아성(亞聖)으로 존숭 받았다.
63 이이의(而已矣)는 이이(而已)는 한정을 나타내며, 의(矣)는 어기를 강화시키는 작용을 한
다. '…할 뿐이다'라고 해석한다.

行행불지행은 是佛而已矣시불이이의거늘 何慊乎哉하겸호재리오

12

◆ 부처님이나 조사의 수행은 깨달음에 들어가는 지름길이요 이것을 따라 깨달음에 질러가는데 사람들은 도리어 어렵게 여기고 있으니 깊이 우려하고 슬퍼할 일이다. 수행의 핵심을 간추리면 계(戒)·정(定)·혜(慧) 세 가지 뿐이다. 만약 계(戒)를 지킬 수 있다면 결코 삼악도(三惡塗)에는 떨어지지 않을 것이요, 선정(禪定)을 닦은 힘의 결정적인 효과는 여섯 가지 욕심을[64] 초월하는 것이며, 만약 선정[定]과 지혜[慧]가 완벽하게 밝아져서 부처님이 알고 보는 경지에 도달한다면 대승(大乘)의 자리에 들어가는데 무슨 어려움이 있겠는가.[65]『시경(詩經)』에 이르기를, 덕(德)의 가벼움이 털과 같으나 그것을 드는 백성은 극히 드물다고 하였는데[66] 그것이 바로 그것을 이른다고 하겠다.

佛祖불조의 修行수행은 入道蹊徑입도혜경이라 其捷如此기첩여차거늘 而人이인이 反以爲難반이위난 하니 深可閔悼심가민도이니라 撮其樞要촬기추요 하면 戒定慧而已계정혜이이니 若能持戒약능지계 하면 決定不落三塗결정불락삼도 하

64　육욕(六欲):① 수(隋)의 천태지의(天台智顗)는『석선바라밀차제법문(釋禪波羅蜜次第法門)』〈46-536하〉에서 一者色欲(색욕) 二形貌欲(형모욕) 三威儀姿態欲(위의자태욕) 四言語音聲欲(언어음성욕) 五細滑欲(세활욕) 六人相欲(인상욕)이라 했다. ② 눈[眼] 귀[耳] 코[鼻] 혀[舌] 피부[身] 마음[意] 등 여섯 가지 감각기관에서 일어나는 온갖 욕망.

65　대승위(大乘位)란 자기 자신의 깨달음만을 추구하는 것이 아니라 중생을 위해 헌신하여 부처님과 같은 대각(大覺)의 경지로 나아가고자 하는 위치를 말한다.

66　『시경(詩經)』「대아(大雅)」증민(烝民)에 …人亦有言 德輶如毛 民鮮克擧之 我儀圖之 維仲山甫擧之 愛莫助之 袞職有闕 維仲山甫補之…[세상에 떠도는 말이 덕의 가벼움 털과 같으나 드는 이 아무도 없다고 그러나 내가 보기엔 드는 이 있으니 중산보라. 애석킨 돕는 이 없는 것 천자에 결(缺)한 덕 있다면 중산보 반드시 도우리. [尹永春 譯解,『詩經』, 韓國協同出版公社, 1983, 439쪽.]

고 若能定力약능정력 하면 決定功超六欲결정공초육욕 하며 若能定慧圓明약능
정혜원명 하면 則達佛知見즉달불지견 하야 入大乘位矣입대승위의거늘 何難之
有哉하난지유재리오 詩시에 云운 하되 德덕이 輶如毛유여모이나 民민이 鮮克擧
之선극거지라 하니 其是之謂乎기시지위호인저.

13

◆ 한유(韓愈)와 대전(大顚)이[67] 토론하면서 수천 마디의 말을 주고받았는
데, 드디어 대전이 한 가지 질문하기를, '공(公) 자신이 학문이나 지식을
헤아릴 때 능히 진(晉)의[68] 불도징(佛圖澄)과 같고,[69] 요진(姚秦)의[70] 구마라
집(鳩摩羅什)과 같으며,[71] 소량(蕭梁)의[72] 지공(誌公)과 같느냐'고 묻자[73] 한

---

67 대전(大顚)은『경덕전등록』제14〈51-312하〉에 전하는 석두희천(石頭希遷)의 법제자 조주
대전(潮州大顚)을 말한다. 대전보통(大顚寶通)이라고도 한다. 성(姓)은 양(楊) 씨이고, 저서
로『금강경석의(金剛經釋義)』가 있다. 조주(潮州)는 수(隋)의 개황연간(開皇年間:581~600)
에 설치한 주(州)로 지금의 광동성(廣東省) 조주시(潮州市)에 있었다. 한유(韓愈)의『여맹상
서서(與孟尙書書)』에 '조주에 이때 호(號)를 대전(大顚)이라고 하는 한 노승이 있었는데 꽤
나 총명하여 도리를 알았다'(潮州時有一老僧 號大顚 頗聰明識道理)고 했다.

68 진(晉:265~420)은 사마염(司馬炎)이 세운 왕조(265~420)로 건국 당시의 서진(西
晉:265~317)과 난징(南京)으로 천도한 이후의 동진(東晉:317~420)으로 나뉜다.

69 불도징(佛圖澄:232~348)은 구자국(龜玆國:Kuccha) 사람으로 속성(俗性)은 백(帛)이다.
310년(永嘉 4)에 중국 낙양에 왔다. 후조(後趙)의 석륵(石勒)이 그에게 귀의하고 아들을 그
에게 보내 양육케 했다. 333년(建平4)에 석륵이 죽자 석호(石虎)가 임금이 되어 불도징을
여전히 스승으로 섬겼다. 그의 제자가 1만여 명이나 되었다고 한다.

70 요진(姚秦)은 중국 오호십육국(五胡十六國)의 하나(384~417)로 강족(羌族)의 추장인 요
장(姚萇)이 전진(前秦)으로부터 독립하며 세운 나라이다. 3대에 동진(東晉)의 무장인 유유
(劉裕)에게 멸망하였다. 수도는 장안(長安)이었다.

71 구마라집(鳩摩羅什:343~413)은 구자국(龜玆國) 출신으로 383년(前秦 建元19) 진왕(秦王)
부견(符堅)이 여광(呂光)을 시켜 구자국을 쳐서 여광은 구마라집을 데리고 양주(涼州)로
왔으나 부견이 패했다는 소식을 듣고 여광 자신이 임금이 되었으나, 그 뒤 후진(後秦)의 요
흥(姚興)이 양주를 쳐서 401년(東晉 隆安 5)에 라집을 장안(長安)으로 데리고 와서 국빈으
로 예우하고 서명각(西明閣)과 소요원(逍遙園)에서 경전을 번역하게 하였다.『성실론(成實
論)』『십송율(十誦律)』『대품반야경(大品般若經)』『묘법연화경(妙法蓮華經)』『아미타경(阿

유가 대답하기를, '나는 그 사람들보다 못하다'고 하자 대전이 다시 말하기를, '그대가 그분들처럼 총명하지 못하다면 그분들을 섬기고 따르는 자라 할 수 있거늘 그대가 헐뜯는 것은 어째서인가'라고 묻자 한유(韓愈)가 더 이상 대답할 수 없었다. 그것은 천하가 다 아는 말이다.

韓愈與大顚한유여대전이 論議논의 하야 往復數千言왕복수천언이거늘 卒爲大顚졸위대전이 一問일문 하야 曰왈 하되 公공이 自揣量學問知識자췌량학문지식이[74] 能如晉之佛圖澄乎능여진지불도징호아 能如姚秦之羅什乎능여요진지라집호아 能如蕭梁之寶誌乎능여소량지보지호아 하니 愈유가 曰왈 하되 吾於斯人오어사인에 則不如矣즉불여의로다 하니 大顚대전이 曰왈 하되 公공이 不如彼明矣불여피명의이면 而彼之所從事者이피지소종사자거늘 子자는 以爲非何也이위비하야오 愈유가 不能加答불능가답 하니 其기는 天下之公言乎천하지공언호인저.[75]

彌陀經)』『중론(中論)』『십주비파사론(十住毘婆沙論)』등 경율론 74부(部) 380여 권을 번역하였다. 특히『삼론(三論)』『중관(中觀)』을 널리 포교하여 삼론종(三論宗)의 조사(祖師)라고 하며, 제자 3천여 명 가운데 도생(道生), 승조(僧肇), 도융(道融), 승예(僧叡)를 집문(什門)의 사철(四哲)이라 부른다. 후진(後秦) 홍시(弘始) 15년(412) 장안의 대사(大寺)에서 입적하였다.

74 소량(蕭梁)은 남조(南朝) 양(梁)의 별칭이다. 황실의 성씨가 소(蕭) 씨이기 때문이다. 소위 불심천자(佛心天子)로 일컫는 양무제(梁武帝)의 성씨는 소(蕭)이고 이름은 연(衍)이며, 자(字)는 숙달(叔達)이다.

73 지공(誌公)은 보지(寶誌:425~514)를 말하며「양승전(梁僧傳)」에는 보지(保誌)라 했다. 승검(僧儉)에게 선(禪)을 배웠고, 송(宋)나라 때와 양(梁)나라 때에 신통한 일을 많이 나타냈고, 예언을 하였다.『대승찬(大乘讚)』을 썼다.

74 췌량(揣量):헤아림, 가늠함.

75 공언(公言): 일반인들이 시인(是認)하는 논의, 공식적인 발언(發言). 공개적으로 말함.

14

◆ 부처님이 어찌 사람들의 세상살이를 해롭게 하겠는가?

『금강경』에는 '그래서 부처님이 말씀하신 일체법이 모두 다 불법'이라고 했고,[76] 『유마경』의 게송에는 '경서(經書)나 금주술(禁呪術)이며, 교묘한 모든 기예[工巧諸伎藝] 등 이런 것들 행함을 모두 나타내어 모든 중생을 이익 되게 한다'고 하였으며,[77] 『법화경』에는 '중생을 이롭게 하는 사업이면 모두 정법을 따른다'고 했다.[78]

佛불이 豈妨人世務哉기방인세무재아 金剛般若금강반야에 云운 하되 是故시고로 如來說一切法여래설일체법이 皆是佛法개시불법이라 하시고 維摩經偈유마경게에 云운 하되 經書경서나 呪禁術주금술이며 工巧諸伎藝공교제기예가 盡現行此事진현행차사 하야 饒益諸群生요익제군생이라 하시고 法華經법화경에 云운 하되 資生業等자생업 등이 皆順正法개순정법이라 하시니라.

◆ 부대사(傅大士)나[79] 방거사(龐居士)가[80] 어찌 처자식이 없었겠나. 만약

---

76 구마라집(鳩摩羅什) 역『금강반야바라밀경(金剛般若波羅蜜經)』〈8-751중〉.

77 구마라집(鳩摩羅什) 역『유마힐소설경(維摩詰所說經)』권중「불도품(佛道品)」제8:〈14-550상〉經書禁呪術 工巧諸伎藝 盡現行此事 饒益諸群生.

78 『묘법연화경(妙法蓮華經)』〈姚秦 鳩摩羅什譯:9-50상〉과『첨품묘법연화경(添品妙法蓮華經)』,〈수(隋) 사나굴다 급다역(闍那崛多共笈多譯):9-184중〉에 '만약 속세의 경서나 세상을 다스리는 언어나 학설, 생활하는 방법을 설할지라도 다 정법에 따른다[若說俗間經書 治世言語 資生業等 皆順正法]고 했다.

79 부대사(傅大士: 497~569)는 중국 양(梁)나라 때의 부흡(傅翕) 거사(居士)로 호(號)를 선혜(善慧)라 했다. 16살 때 유씨(劉氏) 집안의 묘광(妙光)을 아내로 맞아 보건(普建)과 보성(普成)이란 두 아들을 낳았다. 24살 때 기수(沂水)에서 고기를 잡다가 인도승 숭두타(嵩頭陀)를 만나 불도(佛道)에 뜻을 두고 송산(松山) 쌍주수(雙擣樹) 아래에 암자를 짓고 자칭 '쌍림수하당래해탈선혜대사(雙林樹下當來解脫善慧大士)라고 했다. 자(字)는 현풍(玄風)이고, 동양대사(東陽大士)나 오상대사(烏傷大士)라고 부르기도 한다. 부대사의 저술로『심왕명(心

몸뚱이는 세속의 잡다한 일에 파묻혀 있더라도 마음만은 항상 맑고 깨
끗하면 분별하는 마음을 바꾸어 지혜를 이룸이 마치 흙덩이를 움켜쥐면
금덩이가 되게 하는 것 같아 일체 번뇌가 모두 깨달음이요 일체 세속의
일들이 불법(佛法) 아닌 것이 없다. 만약 이렇게 할 수 있다면 재가보살
(在家菩薩)이요 일을 마친 범부[了事凡夫]가 되었다고 하겠거늘 어찌 위대
하지 않으리오.

傅大士부대사나 龐道元방도원이 豈無妻子哉기무처자재리오 若也身處塵勞
약야신처진로라도 心심이 常淸淨상청정 하면 則便能轉識爲智즉편능전식위지가
猶如握土成金유여악토성금 하야 一切煩惱일체번뇌가 皆是菩提개시보리요 一
切世法일체세법이 無非佛去무비불거니라[81] 若能如是약능여시면 則爲在家菩薩
즉위재가보살이 了事凡夫矣요사범부의어늘 豈不偉哉기불위재리오.

16

◆ 구양수(歐陽脩)는 '불교는 중국에 큰 근심거리'라고 말했으니,[82] 무슨

王銘)』이 있고,『선혜대사어록』4권이 있는데, 다음과 같은 유명한 게송이 있다. 밤이면
밤마다 부처를 안고 자고 아침이면 아침마다 부처와 함께 일어난다. 가거나 머물거나
항상 서로 따르고 앉거나 눕거나 늘 함께 머문다. 털끝만큼도 서로 떨어지지 않으니 마
치 몸뚱이에 그림자가 따르는 것 같다. 부처가 있는 곳을 알고 싶은가. 다만 말소리가
바로 그것이라네.[夜夜抱佛眠 朝朝還共起 行住鎭相隨 坐臥同居止 分毫不相離 如身影
相似 欲知佛何在 只這語聲是] ※ 대사(大士)는 마하살(摩訶薩)이라 음역하는 마하-삿뜨
와(mahāsattva)의 번역어로 개사(開士)라고도 한다.

80 방거사(龐居士)의 이름은 온(蘊)이고 자(字)는 도현(道玄)으로 세속적인 탐욕을 없애고자
모든 가산을 동정호(洞庭湖)에 빠뜨리고 대나무그릇[竹器]을 팔아 생활했다고 한다. 석두
(石頭:700~790)에게 선(禪)을 배우고, 다시 마조도일(馬祖道一:709~788)의 인가를 받아
제자가 되었다.『방거사어록(龐居士語錄)』세 권이 전한다.

81 원문(原文)〈51-638하〉에 무비불거(無非佛去)라 했으나 무비불법(無非佛法)이라야 맞을
듯하다.

82 송(宋) 인종(仁宗) 20년, 즉 1041년 간의대부(諫議大夫)인 구양수(歐陽修)가 '불법은 천여

말이 그리 심한가? 어찌 그렇지 않다고 생각하는가? 대개 사람을 해롭게 하는 자가 있는데, 어찌 사람들이 싫어하는 것을 하늘이 벌을 주지 않고, 어떻게 천하에 뿌리를 깊게 박고 끄떡 않게 하는가?

하(夏) 나라의 걸왕(桀王)이나[83] 은(殷)나라의 주왕(紂王)은[84] 중국의 제왕(帝王)이었지만 백성을 해롭게 한 자취가 모조리 드러나자 천하의 후세 사람들이 함께 그를 원망하였거늘 하물며 부처는 먼 남의 나라의 아주 옛날 사람이었지 않는가?

단지 시비, 선악을 따질 뿐 당세(當世)에 쓰이지 않는 텅 빈 말을 가져다가 이 땅에 전하여 사람과 천상을 귀순하고 복종케 하기를 바람에 쓰러지는 풀과 같이했다고 하는데 참으로 큰 선행, 큰 지혜, 큰 이익, 큰 인연이 아니었더라면 이처럼 사람과 천상의 마음을 감동시킬 수 있었겠는가?

歐陽脩구양수가 曰왈 하되 佛爲中國大患불위중국대환이라 하니 何言之甚歟하언지심여인저 豈不爾思기불이사리오 凡有害於人者범유해어인자를 奚不爲人所厭해불위인소염 하야[85] 而天誅哉이천주재아 安能深根固蒂於天下也안능심근고체어천하야인저[86]

<hr>

년에 걸쳐 중국의 걱정이다. 미혹하지 않았으면서 세력이 있는 세상의 뛰어난 이들이 불법의 버리고자 하지 않으면 안 된다[佛法爲中國患千餘歲 世之卓然不惑而有力者 莫不欲去之:부록 3. 本論]고 하였다.

83 걸왕(桀王)은 하(夏)의 마지막 임금이고 폭군으로 유명하다. 걸견폐요(桀犬吠堯)는 폭군인 걸(桀)임금의 개가 성군(聖君)인 요(堯)임금을 보고 짖는다는 뜻인데, 간악한 자의 부하가 어진 사람을 공격하는 것을 비유한다.

84 주왕(紂王)은 은(殷)나라의 마지막 임금으로 이름은 제신(帝辛)이고 시호(諡號)가 주(紂)이다. 지혜와 체력이 뛰어났으나 포학한 정치를 하여 인심을 잃어 주 무왕(周 武王)에게 살해되었다.

85 해불(奚不) 어찌…하지 않는가?

86 심근고체(深根固蒂):근본을 튼튼히 굳힘. 심근고저(深根固柢)나 심근고본(深根固本)도 같

桀紂걸주는 爲中國天子위중국천자나[87] 害跡해적이 一彰일창 하니 而天下後世이천하후세가 共怨之공원지거늘 況佛황불은 遠方원방의 上古之人也상고지인야인저

但載空言단재공언을[88] 傳於此土전어차토 하야 人天向化인천향화가 若偃風之草약언풍지초라 하니 苟非大善大慧구비대선대혜와 大利益대이익과 大因緣대인연이면 以感格人天之心者이감격인천지심자가[89] 疇克爾耶주극이야리오

17

◆ 일체의 무거운 죄는 다 참회할 수 있으나 불법(佛法)을 비방하는 죄는 참회할 수 없다고 하였는데,[90] 참으로 옳은 말이다. 불법을 비방하는 것은 도리어 자기 마음을 어둡게 하는 것이다. 마음을 스스로 어둡게 하는 것은 마치 깨진 기와가 완전하게 회복되지 않고, 재가 다시 나무가 다시 되지도 않는 것과 같거늘 참회가 가능하겠는가?

은 의미이다. 『도덕경(道德經)』제59, 有國之母 可以長久 是謂深根固蔕 長生久視之道.〈나라의 근본도리를 지키면 오래 갈 수가 있으니, 이것이 바로 뿌리가 깊고 굳은 것이며 또한 오래 갈 수 있는 도리인 것이다.〕(張基槿 · 李錫浩 譯,『老子 · 莊子』三省出版社, 1982, 148쪽.)

87 걸(桀)은 하(夏)의 마지막 임금. 주(紂)는 은(殷)의 마지막 임금으로 세금을 가혹하게 거두고 형벌을 엄격하게 하여 백성들의 원망을 사다가 목야(牧野)의 전투에서 주 무왕(周武王)에게 패하여 녹대(鹿臺)에서 자살하였다.

88 공언(空言): 시비 · 선악을 따질 뿐 당세(當世)에 쓰이지 않는 말이나 주장. 실제에 적절하지 않은 말.

89 감격(感格): 감동이 전해짐.

90 『묘법성념처경(妙法聖念處經)』제3:〈17-426중〉毁謗正法 諸佛冤賊 世世愚昧 恒墮暗黑地獄之中 備受衆苦而無窮盡…謗法之罪 獲報無量 說不能盡.〈정법을 헐뜯고 비방하면 모든 부처의 원수이니 태어날 때마다 어리석게 되고 언제나 어두운 지옥에 떨어져 끝없이 온갖 고통을 받게 되느니라. 법을 비방한 죄의 과보는 한량이 없어 다 말할 수조차 없느니라.〉『대반열반경(大般涅槃經)』제1:〈12-607상〉若有誹謗佛正法者 當斷其舌.〈만약 부처님의 정법을 비방하는 자가 있다면 그 혀가 끊어지고 말 것이다.〉

부처님이 말씀하시기를 오직 불법을 유통시키는 것만이 부처님의 은혜를 보답하는 것이라 했다.[91]

一切重罪일체중죄는 皆可懺悔개가참회나 謗佛法罪방불법죄는 不可懺悔불가참회라 하니 誠哉성재오 是言也시언야니라 謗佛法방불법은 則是自昧其心耳즉시자매기심이니 其心自昧기심자매는 則猶破瓦不復完즉유파와불부완이오 灰不重木矣회부중목의 하니 可懺悔哉가참회재아

佛불이 言언 하되 唯有流通佛法유유유통불법이라야 是報佛恩시보불은이니라

18

◆ 지금 승려는 비록 백 명, 천 명 가운데 옛날 사람과 비슷하기라도 한 사람이 한 사람도 없으나 그것이 어찌 불법(佛法)의 죄라 하겠는가? 그것은 사람의 죄이다.

비록 그렇다고는 하지만 공경하는 뜻은 비단이나 옥과 같은 재물이 아니면 드러내지 못하고, 즐거움은 종과 북을 치는 음악이 아니면 전하지 못하듯이[92] 법을 지키는데 승려들을 의탁하지 않으면 불법은 장차 망하고 끊어져서 들을 수조차 없을 것이다.

91 자선(子璿:965~1038)의 『수능엄의소주경(首楞嚴義疏注經)』〈39-873상〉에 假使頂戴經塵劫 身爲床座遍三千 若不傳法度衆生 畢竟無能報恩者〈설령 경전을 머리에 이고 억겁을 지내고 몸뚱이를 앉는 자리로 삼아 온 세상에 두루 채우더라도 만약 법을 전해서 중생을 제도하지 않는다면 결국은 부처님의 은혜에 보답할 수 없다〉라 했다. 이 게송은 당(唐)나라 때 징관(澄觀:738~839)이 『대방광불화엄경소』〈35-617상〉에 경운(經云) 또는 유게운(有偈云)〈華嚴經行願品疏〉이라 인용하면서 『대론(大論)』이나 『지론(智論)』이라고 하면서 자주 인용되었지만 정확한 출처를 알 수가 없다.
92 『논어(論語)』 제17 「양화편(陽貨篇)」, 공자께서 말하기를 '예를 말하고 예를 들먹이나 옥이나 비단만을 예라 하겠는냐 또 음악을 말하고 음악을 들먹이나 종이나 북만을 음악이라 하겠느냐?'[禮云禮云 玉帛云乎哉 樂云樂云 鐘鼓云乎哉]고 했다.

今之浮圖금지부도는[93] 雖千百中수천 백 중에 無一能髣髴古人者무일능방불고인자 하니 豈佛法之罪也기불법지죄야리오 其기는 人之罪인지죄이니라

　雖然如是수연여시나 禮예는 非玉帛而不表비옥백이불표 하고 樂악은 非鍾鼓而不傳비종고이부전이니[94] 非藉其徒비자기도 하야 以守其法이수기법 하면 則佛法즉불법은 殆將泯絶태장민절 하야[95] 無聞矣무문의리라

19

◆ 부처님의 수명을 계속해서 이어가려면 무엇에 의지해야 되겠는가? 출가의 모습과 복색을 법도에 어긋나게 하는 자는 다스려서 스스로 지혜로운 정신을 갖추게 하고, 깨우쳐서 스스로 과보를 나타내게 하고, 두렵게 하여 스스로 형벌을 돕고, 따르게 하여 스스로 표준을 갖추게 해야 한다.

　하지만 우리들이 어떻게 관여하겠는가? 나는 여기에 두 가지 주장이 있다는 결론에 이르렀다.

　續佛壽命속불수명이면 何賴焉하뢰언가 濫其形服者남기형복자는 誅之주지 하야 自有鬼神矣자유귀신의 하고[96] 警之경지 하야 自有果報矣자유과보의 하며 威之위지 하야 自有刑憲矣자유형헌의 하고 律之율지 하야 自有規矩矣자유규구의리라

　吾輩오배가 何與焉하여언고 然연이나 則是言也즉시언야에[97] 余여는 至於此지

93　부도(浮圖)는 범어 붓다(Buddha)의 음역으로 ①부처, 불타(佛陀) ②불교 ③승려 ④탑을 의미하는데, 여기서는 ③의 승려들을 의미한다.

94　종고(鍾鼓)는 종과 북이지만 전의하여 음악을 이른다.

95　태장(殆將):장차…하리라.

96　여기서 귀신(鬼神)이라는 말은 흔히 말하는 귀신이 아니라 귀(鬼)는 '영리하다'는 뜻이고, 신(神)은 정신이나 마음을 의미한다.

97　연즉(然則):대명사와 접속사를 합한 것으로, 연(然)은 먼저 전제한 것을 확정하고, 즉(則)은 추론을 나타내며, '그래서, 이렇게 예를 든다면, 그러면'이라 해석한다.

어차에 卒存二說졸존이설이니라

20

◆ 소자첨(蘇子瞻)이[98] 일찍이 나에게 말하기를, 불교도들은 이런 저런 가르침에 얽매여 있어 일반인들의 풍습으로 대우할 수가 없다고 했다. 때로는 어떤 사건이 발생하여 관청까지 이르게 되면 우리들은 유통(流通)을 부촉 받은 것으로 생각하기 때문에 그것을 너그럽게 용서해 주어야 한다고 말한다는 것이다.

蘇子瞻소자첨이 嘗謂余상위여 하야 曰왈 하되 釋氏之徒석씨지도는 諸佛敎法所繫제불교법소계라 不可以庶俗待之불가이서속대지이니라 或有事혹유사 하야 至庭下지정하 하면 則吾徒즉오도는 當以付囑流通爲念당이부촉유통위념이니 與之闊略여지활략이[99] 可也가야라 하니라

21

◆ 또 증봉원(曾逢原)이[100] 군수로 있을 때, 불교도가 송사가 있으면 그 죄

---

98 소자첨(蘇子瞻)은 송(宋) 나라 미주(眉州) 미산(眉山) 출신인 소식(蘇軾:1036~1101)을 말한다. 소식의 자(字)가 자첨(子瞻) 또는 화중(和仲)이고, 호(號)는 동파거사(東坡居士)이며 시호(諡號)는 문충(文忠)이다. 벼슬은 중서사인(中書舍人)·한림학사겸시독(翰林學士兼侍讀)·예부상서(禮部尙書)를 지냈다. 왕안석(王安石)의 신법(新法)에 반대한 대표적인 구법파(舊法派)로서 여러 차례 황주(黃州)·항주(抗州)·혜주(惠州) 등지로 좌천 및 귀양을 갔다. 당송팔대가(唐宋八大家)의 한 사람으로 시는 당대 최고로 평가되며, 글씨와 그림에도 뛰어났다. 저서에 『역전(易傳)』, 『서전(書傳)』, 『구지필기(仇池筆記)』, 『동파지림(東坡志林)』 등이 있다.

99 활략(闊略): 꼼꼼하지 못하고 데면데면함. 너그러이 용서함, 줄임.

100 증봉원(曾逢原)은 송(宋)의 진강(晉江) 사람으로 이름이 효서(孝序)이고, 자(字)가 봉원(逢原)이며, 시호(諡號)는 위민(威愍)이다. 벼슬은 환경로경략안무사(環慶路經略安撫使)·용도각직학사(龍圖閣直學士)·청주지주사(靑州知州事)였다. 정사 문제로 채경(蔡京)에 밉보여 귀양 갔고, 뒤에 남서 변방의 요족(猺族)을 평정하고 금군(金軍)을 방어하는데 힘을 쏟았으

의 사실을 확인하여 반드시 벌을 주고 용서하지 않았다고 하며, 혹시 죄를 벗어나는 사람이 있으면 이르되, 부처님이 법을 국왕대신에게 부탁하였는데 일벌백계(一罰百戒)하지 않으면 사악한 자가 더욱 많아질 것인데, 우리 시대에 와서 그것을 바르게 정비하고자 함에 나와 같은 관료신자가 아니면 누가 하겠느냐고 했다는 것이다.

又曾逢原우증봉원이 作郡時작군 시에 釋氏석씨에 有訟者유송자면 閱實其罪열실기죄 하야 必罰無赦필벌무사라 或有勉之者혹유면지자면 則曰즉왈 하되 佛法불법을 委在國王大臣위재국왕대신 하시니 若不罰一戒百약불벌일계백 하면 則惡者즉악자가 滋多자다 하니 當今之世당금지세에 欲整齊之욕정제지에 捨我輩사아배 하면 其誰乎기수호아라 하니라

22

◆ 내가 두 사람의 말을 견주어 보니 증봉원의 견해가 얻는 것이 많다고 본다. 착하지 못한 자가 있으면 정말로 미워해야 한다. 어찌하여 임금의 은혜와 도첩(度牒)을 생각하지 못하고, 조세(租稅)나 부역(負役)을 따르지 않게 하는 것이 임금의 은혜라고 어찌 생각하지 못하는가?

余考二公之言여고이공지언 하니 則逢原즉봉원의 所得소득이 多矣다의이니라 其有不善者기유불선자면 誠可惡也성가악야이니라 豈不念皇恩度牒기불념황은도첩 하며[101] 不與征役者불여정역자가 人主之惠哉인주지혜재를 豈不念기불념가

며, 지방관일 때는 선정(善政)을 베풀었다. 부하 왕정(王定)에게 살해되었다.
101 도첩(度牒): 새로 승려가 되어 계를 받았을 때 관에서 주는 허가증. 죽거나 환속하면 반납했다.

◆ 옛날 말에 있기를, 아들이 하나 출가하면 구족(九族)이[102] 하늘에 태어
난다고 했거늘[103] 부모를 버리고 세속을 버림은 마땅히 무엇을 위한 일
인지를 어찌 명심하지 않을 것이며, 세월은 쉽게 가버리고 도업(道業)은
성취하기 어렵다는 것을 어찌 명심하지 않을 것이며, 도안(道眼)을 밝히
지 못하면 네 가지 은혜를[104] 갚기가 어렵다는 것을 어찌 명심하지 않을
것이며, 행업(行業)을 닦지 않고 지나치게 공경을 받는다는 것을 어찌 명
심하지 않을 것이며, 도는 내가 닦지 않는다면 누가 나를 위해 닦겠는가
를 어찌 명심하지 못할 것이며, 장차 정법이 타락하면 마법(魔法)이 더욱

---

102 구족(九族)은 ❶ 자기를 중심으로 한 동성(同姓) 직계의 구족은 고조(高祖) · 증조(曾祖)
· 조부(祖父) · 부(父) · 자기 · 자(子) · 손(孫) · 증손(曾孫) · 현손(玄孫)을 말하는데, 이는
고문가(古文家)의 설이다. 고문가는 고문(古文)의 경학(經學)을 연구하는 학자를 말하며,
고문은 주로 진대(秦代) 이전의 문헌을 말한다. ❷ 이성(異姓)을 포함하는 구족은 금문가
(今文家)의 설로 세 가지가 있다. 금문가는 금문학(今文學)을 전승하는 학자를 말하는데, 금
문은 주로 한(漢)나라 때의 예서(隸書)를 말한다. ① 네 부족[父族: 오복(五服:고조부 · 증조
부 · 조부 · 부 · 본인)의 동족(同族), 고모(姑母)와 그 자녀, 자매(姊妹)와 그 자녀, 자기의 딸
과 그 자녀]과 세 모족[母族: 모(母)의 부족(父族), 모(母)의 모족(母族), 모(母)의 자매족(姊
妹族)]과 두 처족(妻族):처(妻)의 부족(父族), 처(妻)의 모족(母族) ② 네 부족[父族: 고모(姑
母)의 자녀, 자매(姊妹)의 자녀, 딸의 자녀, 자기의 동족(同族)]과 세 모족[母族: 외조부(外祖
父) 외조모(外祖母) 이모(姨母)의 자녀)]과 두 처족[妻族: 처(妻)의 부(父), 처(妻)의 모(母)]
③ 외조부(外祖父), 외조모(外祖母), 이모(姨母)의 자녀, 처부(妻父), 처모(妻母) 고모(姑母)
의 자녀, 자매(姊妹)의 자녀, 딸의 자녀, 자기의 동족(同族).
103 『균주동산오본선사어록(筠州洞山悟本禪師語錄)』〈47-516중〉에 '그러므로 경에 이르기
를, 한 아들이 출가하면 구족이 하늘에 태어난다고 하였다'[故經云 一子出家九族生天]고
하여 경전을 인용하는 것처럼 말했으나 사실은 동산양개(洞山良介)스님이 어머니에게 출
가를 허락해 주실 것을 간청하면서 경전의 말이라고 한 것이라 보는 것이 옳을 것 같다.
104 네 가지 은혜[四恩]는 ① 부모은(父母恩) · 중생은(衆生恩) · 국왕은(國王恩) · 삼보은(三寶
恩)『대승본생심지관경(大乘本生心地觀經)』제2 報恩品:〈3-297상〉 ② 모은(母恩) · 부은(父
恩) · 여래은(如來恩) · 설법법사은(說法法師恩)『정법염처경(正法念處經)』제61:〈17-359
중〉③부모은(父母恩) · 사장은(師長恩) · 국왕은(國王恩) · 시주은(施主恩)〈『석씨요람(釋氏
要覽)』卷中:〈54-289하〉.

치성할 것이라는 것을 어찌 명심하지 않겠는가?[105]

古語고어에 有유 하야 云운 하되 一子일자가 出家출가 하면 九族구족이 生天재생천재어늘 豈不念辭親棄俗기불념사친기속 하야 當爲何事哉당위하사재며 豈不念光陰易往기불념광음이왕 하야 而道業難成哉이도업난성재이며 豈不念道眼未明기불념도안미명 하면 而四恩難報哉이사은난보재이며 豈不念行業不修기불념행업불수 하면 而濫膺恭敬哉이람응공경재이며 豈不念道非我修기불념도비아수면 而誰修哉이수수재며 豈不念正法將墜기불념정법장추 하면 而魔法增熾哉이마법증치재리오

24

◆ 옛날 무착선사(無著禪師)가[106] 문수보살(文殊菩薩)를 만났을 때, '범부와 성인이 함께 머물고 용과 뱀이 한데 섞여 어수선하다'고 했는데[107] 하물며 지금 부처님이 세상을 떠나신지 더욱 멀어져 다른 것이 섞이지 않은 순수함을 찾는다는 것이 어찌 어렵지 않겠는가?

그러나 불법이 기대를 걸 수 있는 것을 생각하면 마치 모래를 헤쳐 금을 가리거나 돌을 가져다가 옥을 다듬는 것에 비유할 수 있으니 비록 백 섬의 모래에서 한 알갱이의 금을 얻고, 한 산의 돌에서 한 치의 옥을 얻

---

[105] 이 부분은 세 가지 불효 가운데 자식을 낳지 않아 대를 끊는 것이 가장 큰 불효라는 말과 부모가 살아 계실 때 자식들은 멀리 떠나지 않아야 하는데, 하물며 삭발을 하고 멀리 떠나는 것은 불효라고 비판하는 것에 대한 반론이라 하겠다.

[106] 무착선사(無着禪師:821∼900)는 당나라 때의 문희(文喜)의 호(號). 일곱 살에 출가하여 교학과 계율을 공부하고, 당나라 선종(宣宗) 때 오대산으로 가서 문수보살을 친견하러 갈 때 어떤 노인을 만나 '전삼삼(前三三) 후삼삼(後三三)'이란 말을 들었다고 한다. 862년에 앙산 혜적(仰山慧寂)을 만나 심요(心要)를 깨달았다고 한다.

[107] 『신승전(神僧傳)』제8:〈50-1007중〉『불조역대통재(佛祖歷代通載)』15:〈49-616하〉『불과원오선사벽암록(佛果圓悟禪師碧巖錄)』4:〈48-173하〉.

는다고 하더라도 오히려 세상의 보배가 될 만하다.

蓋昔개석에 無著무착이 遇文殊時우문수 시에 已有凡聖이유범성이 同居동거
하고 龍蛇용사가 混雜之說혼잡지설이라 하니 況今황금에 去聖逾遠거성유원 하니
求其純一也구기순일야가 不亦難乎불역난호아[108]

然연이나 念大法所寄염대법소기 하면 譬猶披沙揀金비유피사간금이요 哀石
攻玉부석공옥이라 縱於十斛之沙종어십곡지사 하야 得粒金득립금 하고[109] 一山
之石일산지석에 得寸玉득촌옥이라도 尙可以爲世珍寶也상가이위세진보야니라

25

◆ 불교를 배우는 이들만 단지 그런 것이 아니라 공자시대에 이미 군자
다운 선비와 소인에 지나지 않는 선비를 구분하였었다. 하물며 지금이
나 후세에 선비의 옷을 입은 이들이라고 해서 어떻게 모두 공자나 맹자,
안회(顔回)나[110] 민손(閔損)이라[111] 하겠는가. 비록 배우는 이들이 군자가
되고자 하지만 어찌 모두가 군자가 된다고 보증하겠는가?

非特學佛之徒爲然비특학불지도위연이요[112] 孔子之時공자지 시에 已分君子

---

108 불역(不亦)은 어찌…이 아니겠는가?

109 곡(斛)은 곡식을 되는 단위로 1곡은 옛날에는 10말[斗]이었으나 남송(南宋:1127~1279)말
　　이후부터는 5말로 고쳐졌다. 이 글을 쓴 장상영은 남송 이전의 인물이니 10곡은 100말[斗]
　　이 된다.

110 안회(顔回:B.C.521-B.C.490)는 춘추시대 노(魯)나라 사람으로 무유(無繇)의 아들이고, 공
　　자의 수제자로 자는 자연(子淵) 가난을 편히 여기고 도를 즐기며 덕행이 뛰어났으나 젊은
　　나이에 공자보다 먼저 죽으니 공자가 통곡하였다고 한다. 자를 따라 안연(顔淵)이라 하고
　　안자(顔子)는 그의 경칭이다.

111 민손(閔損)은 춘추(春秋)때 노(魯)나라 사람으로 공자의 제자이고, 호(號)가 자건(子騫)이
　　다. 어릴 때 계모 밑에서 자랐지만 효행으로 이름이 났다.

112 비특(非特):부사로서 어떤 범위에 제한되지 않음을 나타내고, 대개 명사절이나 구 앞에 쓰
　　이며, '…에 그치지 않는다.…뿐만 아니라'라고 해석한다.

儒이분군자유와 小人儒矣소인유의어늘 況玆後世황자후세에 服儒服者복유복자
가 豈皆孔孟顔閔者哉기개공맹안민자재리오 雖曰수왈 하되 學者학자는 求爲君
子구위군자라 하나 安能保其皆爲君子耶안능보기개위군자야리오

26

◆ 옛날부터 큰 도적·간신배·폭력으로 왕위를 찬탈하는 반역자·비
위를 맞추어가며 권력을 움켜쥐는 역적들을 하나하나 살펴보면 거의 대개
가 재주가 많고 배운 것도 많은 사람들이었다. 그런데 어찌 옛날 성군의 가
르침에 죄를 지었으며, 어찌 성자의 가르침과 역사에 나쁜 사람이 되었는
가?

이것으로 비추어 볼 때, 말법(末法)시대의 사이비 가르침을 따르는 중
들은 무리를 해치고 계율을 어기는 자들이라는 인상을 면할 수가 없
다.[113]

歷觀自古역관자고 하니 巨盜거도나 姦臣간신이나 强叛강반과 猾逆활역이 率
多高才博學之士솔다고재박학지사어늘 豈先王聖敎之罪歟기선왕성교지죄여며
豈經史之不善歟기경사지불선여리오

由此유차로 喩之유지컨대 末法말법에 像敎之僧상교지승은 敗群패군이요 不

113『맹자(孟子)』「진심장(盡心章)」 하, '공자께서 말하기를, 비슷하면서 같지 않은 것을 미워한
다. 강아지풀을 미워하는 것은 그것이 곡식의 싹을 어지럽힐까 걱정되어서고, 말재주가 뛰
어난 이를 미워하는 것은 그가 의(義)를 어지럽힐까 걱정되어서이고, 내용 없이 구변만 좋
은 자를 미워하는 것은 그가 믿음을 어지럽힐까 걱정되어서이고, 음란한 음악을 미워하는
것은 그것이 바른 음악을 어지럽힐까 걱정되어서이고, 자주 색깔을 미워하는 것은 그것이
붉은 색깔을 어지럽힐까 걱정되어서이고, 향원(鄕原)을 미워하는 것은 그가 덕을 어지럽
힐까 걱정되어서이다'[孔子曰 惡似而非者 惡莠 恐其亂苗也 惡佞 恐其亂義也 惡利口 恐其
亂信也 惡鄭聲 恐其亂樂也 惡紫 恐其亂朱也 惡鄕原 恐其亂德也]라고 하였다.(蔡義順 譯解,
『孟子』, 韓國協同出版公社, 1983, 409, 411쪽.)

律者불율자를 勢所未免也세소미면야리라.

27

◆ 한유(韓愈)가 「논불골표(論佛骨表)」에 말하되, '부처의 가르침은 오랑캐의 법으로서 후한(後漢)[114] 때 중국에 들어왔으며, 상고시대(上古時代)에는 아직 없었다.

그때에는 황제 이하 문무(文武) 이상이 거의 대부분이 백 살 아래로 내려가지 않았는데, 그 뒤에 부처님을 섬김이 점점 공경스러워지면서 사람들의 나이와 왕조의 수명이 한 층 더 짧아졌다'고 했다. 그런데 한유(韓愈)는 비겁하게도 자기 자신을 속이고 있다.

맹자께서 '순(舜)임금은[115] 저풍(諸馮)에서[116] 태어나서 부하(負夏)에[117] 옮겼다가 명조(鳴條)에서[118] 돌아가셨으니 동쪽 오랑캐이고, 문왕

---

114 후한(後漢)은 중국 왕조의 하나로 왕망(王莽)에게 빼앗긴 한(漢)나라를 광무제(光武帝)가 다시 찾아 낙양(洛陽)을 도읍으로 정하여 25년에 세운 나라이다. 220년에 위(魏)의 조비(曹丕)에게 망하였다.

115 순(舜)임금은 요(堯) 임금에게 선양(禪讓)을 받은 성군(聖君)으로 오제(五帝)의 한 분이다. 오제는 전설상의 다섯 임금으로 ① 황제(黃帝)·전욱(顓頊)·제곡(帝嚳)·요(堯)·순(舜) ② 소호(少昊)·전욱(顓頊)·고신(高辛)·요(堯)·순(舜)를 말한다.

116 저풍(諸馮)에서 제(諸)가 읍 이름 일 때는 '저'로 읽는다. 지금의 산동성(山東省) 하택현(菏澤縣) 남방 50리에 있던 지명으로 순(舜)임금이 태어났다는 옛날 지명인데, 일설에는 산서성(山西省)에 있었다고 말한다.

117 부하(負夏)는 춘추시대 위(衛)나라의 읍(邑) 이름으로 하남성(河南省) 복양현(濮陽縣) 남동쪽에 있었다고 한다.

118 명조(鳴條)는 산서성(山西省) 운성현(運城縣) 안읍진(安邑鎮) 북쪽에 있던 옛 땅 이름으로 은(殷)의 탕왕(湯王)이 하(夏)의 걸왕(桀王)을 친 곳이라 전해 온다. 흔히 명조지사(鳴條之事)라고 하면 이윤(伊尹)이 탕왕(湯王)을 도와서 명조의 들판에서 걸왕(桀王)을 쳐서 이긴 일을 말한다.

(文王)은[119] 기주(岐周)에서[120] 태어나서 필영(畢郢)에서[121] 돌아가셨으니 서쪽 오랑캐'라고 말했는데[122] 어찌 한유가 그것을 알지 못했겠는가.

순임금과 문왕은 모두 성인이시고 천하 후세에게 법을 시행하였거늘 사람이 오랑캐라 하여 어찌 그 법마저 폐지해야 되겠는가. 더군다나 부처님은 정반국(淨飯國)의 왕에다가 정반국은 남섬부주의 중앙이니 오랑캐는 아니다.[123]

韓愈한유가 曰왈 하되 佛者불자는 夷狄之一法耳이적지일법이라 自後漢時자후한 시에 流入中國유입중국 하니 上古상고에 未曾有也미증유야니라

自皇帝已下자황제이하와 文武已上문무이상이 擧皆不下百歲거개불하백세어늘 後世후세에 事佛漸謹사불점근 하더니 年代연대가 尤促우촉이라 하니 陋哉누재아 愈之自欺也유지자기야라

愈유는 豈不聞기불문가 孟子맹자가 曰왈 하되 舜순이 生於諸馮생어저풍 하고

119 문왕(文王)은 주(周)나라 왕조의 기틀을 세운 임금으로 성은 희(姬)이고 이름은 창(昌)으로 태왕(太王)의 손자이다. 은(殷)나라 주왕(紂王) 때 서백(西伯:서방 제후의 우두머리)이 되어 선(善)을 쌓고 인(仁)을 베풀어 정치와 교화가 크게 떨치자 많은 제후와 인재가 스스로 와서 복종하였다. 그후 숭후호(崇侯虎)의 참소를 받아 유리(羑里)에 유폐되었다가 풀려난 후 더욱 선정을 베풀어 천하의 2/3를 차지하였다. 아들 무왕(武王)이 주왕(紂王)을 멸하고 나라를 세운 뒤 문왕(文王)으로 추존되었다.
120 기주(岐周)는 섬서성(陝西省) 기산현(岐山縣)에 있는 기산(岐山) 아래에 있던 주대(周代)의 옛 도읍인데, 주(周)가 이곳에서 건국하였다고 한다. 다시 말해 서주(西周)를 이른다.
121 필영(畢郢)은 섬서성(陝西省) 서안시(西安市) 남서쪽에 있었던 옛 땅 이름으로 문왕(文王)이 죽은 곳으로 문왕(文王)의 무덤이 있다.
122 『맹자(孟子)』「이루장(離婁章)」하에 맹자께서 말씀하셨다. '순(舜)임금은 저풍(諸馮)에서 태어나서 부하(負夏)에 옮겼다가 명조(鳴條)에서 돌아가셨으니 동쪽 변비(邊鄙)의 사람이다. 문왕(文王)은 기주(岐周)에서 나서 필영(畢郢)에서 돌아가셨으니 서쪽 변비(邊鄙)의 사람이다[孟子曰舜生於諸馮 遷於負夏 卒於鳴條 東夷之人也 文王生於岐周 卒於畢郢 西夷之人也: 蔡義順 譯解,『孟子』, 韓國協同出版公社, 1983, 214~215쪽.].
123 『삼교평심론(三敎平心論)』권상:〈52-782중〉釋迦下生於天竺 乃南洲之正中也〈석가모니는 천축(天竺)에 내려와 태어났으니 남섬부주의 정중앙이다.〉

遷於負夏천어부하 하야 卒於鳴條졸어명조 하니 東夷之人也동이지인야요 文王
문왕은 生於岐周생어기주 하야 卒於畢郢졸어필영 하니 西夷之人也서이지인야

　舜與文王순여문왕은 皆聖人也개성인야라 爲法於天下後世위법어천하후세어
늘 安可夷其人안가이기인라 하야 廢其法乎폐기법호아 況佛황불은 以淨飯國王
이정반국왕이니 爲南贍部洲之中위남섬부주지중이라 而非夷也이비이야니라

28

◆ 만약 아주 옛날에 아직 있지 않았다고 하여 행할 수 없다고 한다면
치우(蚩尤)나[124] 고수(瞽瞍)는[125] 오랜 옛날에 태어났고, 주공(周公)이나[126]
중니(仲尼)는 후세에 태어났으면서 어찌하여 쇠퇴하는 주(周)시대의 성
현을 버리고 오랜 옛날 흉악하고 모진 오랑캐를 맞아들였을까?

　더구나 아주 오랜 옛날에는 들판의 굴에서 살며 새나 짐승들을 날로
먹으며 위에 마룻대를 올리고 아래에는 서까래를 놓아 집을 짓고[127] 계

---

124 치우(蚩尤)는 고대 구려족(九黎族)의 우두머리로 황제(黃帝)에게 패하여 피살되었다고 하
는데, 전설상의 인물로 여러 가지 설이 있다. ①염제(炎帝)의 신하 ②황제(黃帝)의 신하 ③
구려(九黎)의 임금 ④고대의 천자(天子) ⑤고대의 서인(庶人).

125 고수(瞽瞍)는 순(舜)임금의 아버지이다. 보이지 않는 것이 고(瞽)이고, 눈알이 없는 것이
수(瞍)인데, 순 임금의 아버지가 너무 어리석어 선악을 판단하지 못했기 때문에 붙여진 이
름이라고 한다.

126 주공(周公)은 주 문왕(周文王)의 아들이며 무왕(武王)의 동생으로 형인 무왕을 도와 은(殷)
의 주왕(紂王)을 쳐서 주(周) 왕조를 세우고 노(魯)에 봉해졌음. 무왕이 죽은 뒤 섭정하면서
관숙(管叔), 채숙(蔡叔)의 반란을 평정하여 황실의 기초를 다졌으며, 제도와 예악(禮樂)을
정하였다고 한다.

127 『주역(周易)』「계사하전(繫辭下傳)」제2장에 上古穴居而野處 後世聖人 易之以宮室 上棟下
宇 以待風雨…古之葬者 厚衣之以薪 葬之中野 下卦不樹 喪期無數 後世聖人 易之以棺槨…
[옛날에는 사람이 바위틈이나 구멍에서 살았고 들에서 거처하였다. 후에 성인(聖人)이 훌
륭한 궁실을 지어 옛날의 생활방식을 바꾸게 하니 위에는 마룻대를 세우고 아래에는 서까
래를 놓아 바람과 비에 대비하게 되었다.…옛날에 장사를 지낼 때 시체를 섶으로 두텁게 싸
서 들 한복판에 장사하고 봉분을 만들거나 묘에 나무를 심지도 않았으며, 상기(喪期)도 일

절을 따라 불을 바꾸었으니 후세를 일깨워 주는 데는 모두 적합하지 못하다.

만약 아주 옛날 사람들의 수명을 생각해 보고 후세에 부처님을 섬김이 점점 공경스러워지면서 나이와 왕조는 한층 더 짧아진다고 말하는 것은 귀를 막고 방울을 훔치는 격이다.

若以上古未嘗有약이상고미상유라 而不可行이불가행 하면 則蚩尤즉치우나 瞽瞍고수가 生於上古생어상고 하고 周公주공이나 仲尼중니가 生於後世생어후세어늘 豈可捨衰周之聖賢기가사쇠주지성현 하고 而取上古之凶頑哉이취상고지흉완재아

而又上古이우상고에는 野處穴居야처혈거 하며 茹毛飮血여모음혈 하고[128] 而上棟이상동 하고 下宇하우 하며 鑽燧찬수 하야 改火之法개화지법이거늘[129] 起於後世者기어후세자로 皆不足用也개부족용야이니라

若謂약위 하되 上古壽考상고수고 하고 而後世이후세에 事佛사불이 漸謹점근 하야 而年代이연대가 尤促者우촉자는 竊鈴掩耳之論也절령엄이지론야이니라

29

◆ 은(殷)나라의[130] 탕왕(湯王)이 죽자 태자인 태정(太丁)은[131] 왕위에 오르

정한 시일이 없었다. 후세의 성인이 섶 대신에 관을 쓰는 것으로 바꾸어 놓았다] (徐相潤 譯解, 『周易』 韓國協同出版公社, 1983, 324~325쪽.)

128 여모음혈(茹毛飮血)은 원시인이 새나 짐승 따위를 생식(生食)하는 것을 의미한다.

129 찬수개화(鑽燧改火): 철이 바뀔 때 마다 그 계절의 나무를 비벼대어 불을 얻음.

130 은(殷)나라는 성탕(成湯)이 하(夏)의 걸왕(桀王)을 쳐서 멸망시키고 세운 왕조인데, 처음에는 탕의 선조인 설(契)이 상(商) 땅에 봉해졌다가 탕에 이르러 천하를 소유하게 되자 국호를 상(商)이라 하였고, 그 후 17대 반경(盤庚) 때에 은(殷)으로 천도하였으므로 후세에 국호를 은(殷)이라 불렀는데, 상은(商殷)이나 은상(殷商)이라고도 부른다. 주(紂)에 이르러 주(周)의 무왕(武王)에게 멸망되었다.

131 태정(太丁)은 은(殷)나라 탕왕(湯王)의 아들로 즉위하지 못하고 죽어 아우 외병(外丙)이 왕

기 전에 죽었고, 외병(外丙)은 왕위에 오른 지 2년에 죽고, 뒤를 이어 중임(仲壬)이[132] 왕위에 올랐으나 4년 만에 죽은 사건을 한유가 어찌 몰랐겠는가? 공리(孔鯉)나[133] 안연(顔淵)이나 염백우(冉伯牛)가[134] 요절한 것을 어찌 한유가 알지 못했겠는가?

愈유는 豈不知기부지아 外丙二年외병이년 하고 仲壬四年之事乎중임사년지사호아[135] 豈不知기부지아 孔鯉공리나 顔淵안연이나 冉伯牛之夭乎염백우지요호아

30

◆ 또한『서경(書經)』[136]「무일편(無逸篇)」에 '그때 이후로 일찍 죽기도 하고 오래 살기도 하여 10년 혹 7, 8년, 혹 5, 6년, 혹 3, 4년도 산다'고 했는데, 이때 이곳 중국에는 불법이라는 이름도 아직 듣지 못했던 때였다.

위에 올랐다.

132 중임(仲壬)은 탕왕의 아들로 형 외병(外丙)의 뒤를 이어 왕위에 올랐다.『죽서기년(竹書紀年)』에는 재위(在位) 4년으로 되어 있으나『서경(書經)』「이훈(伊訓)」의 서(序)에는 성탕(成湯)이 죽은 뒤 태갑(太岬) 원년(元年)으로만 기록되었고, 외병과 중임의 일은 기술하지 않았다.

133 공리(孔鯉:B.C.532~B.C.483)는 공자의 아들로 자(字)는 백어(伯魚)이다. 50세의 나이로 아버지보다 먼저 죽었다.

134 염백우(冉伯牛)는 염경(冉耕)으로 공자의 제자 10철(哲)의 한 사람으로 덕행이 뛰어났다. '염경지질(冉耕之疾)'은 어진 사람이 나쁜 질병에 걸림을 비유하는 말이 되었다.

135 외병이년중임사년지사(外丙二年仲壬四年之事)는『맹자(孟子)』「만장장(萬章章)」상에 '은(殷)나라의 탕(湯)왕이 세상을 떠났으나 태자인 태정(太丁)은 왕위에 오르기도 전에 죽었고, 탕왕의 다른 아들 외병(外丙)은 왕위에 오른 지 2년에 죽고, 뒤를 이어 중임(仲壬)이 왕위에 올랐으나 4년 만에 죽었다[湯崩 太丁未立 外丙二年 仲壬四年]고 한 것을 말한다. (蔡義順 譯解,『孟子』, 韓國協同出版公社, 1983, 260쪽.)

136 『서경(書經)』은 유가 경전의 하나인데, 상고(上古)에는『서(書)』라고만 했으나 한대(漢代)에 이르러『상서(尙書)』라고 했고, 송대(宋代)에 와서『서경(書經)』이라 했다.『우서(虞書)』·『하서(夏書)』·『상서(商書)』·『주서(周書)』등 요순(堯舜)과 하(夏)·은(殷)·주(周) 등 세 왕조의 정치사·정교(政敎)를 적은 기록이다. 주로 하·은·주 삼대(三代)의 사관(史官)이 기록한 것을 주(周)나라 말기에 공자가 산정(刪定)하여 찬하였다고 한다.

한나라 명제(明帝) 때[137] 이 땅에 불교가 들어온[138] 이후 2조대사(二祖大師)는 107세를 살았고,[139] 안국사(安國師)는 128세를 살았으며,[140] 조주화상(趙州和尙)은 720갑자(甲子), 즉 120살을 사셨거늘[141] 사람이 단명(短命)하는 것을 어찌 불법의 허물이라 하겠는가?

又書無逸우서무일에 曰왈 하되 自時厥後자시궐후로 亦罔역망 하고 或克壽혹극수 하며 或十年혹 십년 하고 或七八年혹 칠팔 년 하며 或五六年혹 오륙 년 하고 或三四年혹 삼사 년이라 하니 彼時피시는 此方차방에 未聞佛法之名미문불법지명이니라

自漢明佛法자한명불법 하야 至此之後지차지후에 二祖大師이조대사는 百單七歲백단칠 세 하고 安國師안국사는 百二十八歲백 이십 팔 세 하며 趙州和尙조주화상은 七百二十甲子칠백 이십 갑자거늘 豈佛法之咎也기불법지구야리오.

***

137 후한(後漢) 명제(明帝)의 재위기간은 서기 57년부터 75년 8월까지이다.

138 『역대삼보기(歷代三寶記)』제12:〈49-104하〉에 後漢明帝永平十年 經法初來[후한 명제 영평 10년에 경과 법이 처음 전래되었다]라 하여 종래에는 서기 67년에 중국에 불교가 최초로 전래된 것으로 보았으나 오늘날 역사적 자료의 발견과 불교사 연구의 심화에 따라 중국에 불교가 최초로 전래된 것이 한 애제(漢哀帝) 원수원년(元壽元年), 즉 기원전 2년에 전래된 것으로 공인되고 있다. 중국불교계는 1998년에 불교전래 2000년 경축행사를 가졌다.[우더신지음/주호찬 옮김『한 권으로 읽는 불교』산책자, 2008, 23쪽]
『도선율사감통록(道宣律師感通錄)』:〈52-439상〉에 楊雄劉向尋於廟書 往往見有佛經 豈非秦前已有經塔(양웅과 유향이 묘당(廟堂)에서 책을 찾다가 이따금 불경이 있는 것을 보았으니 어찌 진(秦)나라 이전에 경(經)과 탑(塔)이 이미 있지 않았겠는가?)라고 하였으니 양웅(楊雄)의 생몰 연대는 B.C.53~A.D.18이고, 유향(劉向)의 생몰 연대는 B.C.77?~B.C.6이니 전한시대(前漢時代:B.C.206~A.D.25)에 이미 불교가 있었다는 것을 알 수 있다.

139 『경덕전등록(景德傳燈錄)』제3:〈51-221상〉時年一百七歲 即 隋文帝開皇十三年癸丑歲 三月十六日也.

140 안국사(安國師)는 제32조 홍인(弘忍)대사의 제1세 방출법사(旁出法嗣)로 숭악혜안국사(崇嶽慧安國師)를 말하는데 수(隋) 개황2년 임인(開皇二年壬寅:582년)에 태어나 당(唐) 경룡3년 기유(景龍三年 己酉:709년)에 죽었다고 하니 128세를 살았다.『경덕전등록(景德傳燈錄)』제4: 51-231하〉.

141 조주종심(趙州從諗)의 생몰년대는 서기 778년에서 897년이다.

31

◆ 또 한유가 말하기를, '만약 그대의 말을 믿고 따른다면 신(臣)의 가족이 모두 죽음에 이른다'고 하였으니, 이 또한 스스로 속임이 심하다고 하겠다.

부처님은 대자(大慈)·대비(大悲)·대희(大喜)·대사(大捨)로 나와 남을 차별하지 않고, 원수나 친한 이를 평등하게 보았으니, 마치 제바달다가 여러 가지로 부처님을 해치려고 하였지만[142] 끝내 그를 불쌍하게 여겨 부처가 된다는 약속을 주셨다.[143]

又曰우왈 하되 如彼言可憑여피언가빙 하면 則臣家族즉신가족은 合至灰滅합지회멸이라 하니 此亦自蔽之其也차역자폐지심야이니라

佛者불자는 大慈대자 하고 大悲대비 하며 大喜대희 하고 大捨대사 하야 自他자타가 無間무간 하야 冤親원친을 等觀등관 하니 如提婆達多여제바달다가 種種侵害於佛종종침해어불이나 而終憐之이종련지 하야 受記作佛수기작불 하시니라

◆ 후세 사람들이 희(喜)·노(怒)·화(禍)·복(福)이나 추구하면서 부처님을 신령스럽게 여긴다면 이는 제사(祭祀) 때의 시시한 귀신들로 맞이하는 것이지 어찌 대자대비(大慈大悲)한 어버이로 여긴다고 하겠는가?

---

142 제바달다(提婆達多:Devadatta)는 조달(調達)이라고도 한다. 부처님의 작은 아버지 숫꼬다나(Sukkodana:白飯)의 아들이니 부처님의 사촌이다. 제바달다가 부처님을 해치려한 사건은 역주자의 『고따마 붓다』제8장 2절 데와닷따의 도전(도서출판 문화문고, 2008, 349~364쪽.)을 참조.

143 『법화경(法華經)』제4:提婆達多品:〈9-35상〉告諸四衆 提婆達多 却後過無量劫 當得成佛 號曰天王如來.〈사부대중에게 이르시되, 제바달다는 훗날 무량겁이 지나 부처가 되어 천왕여래(天王如來)라고 할 것이다.〉

而後世이후세에 若求喜怒禍福약구희노화복 하야 以爲靈이위령이면 則是즉시는 邀祭祀之小小鬼神矣요제사지소소귀신의이거늘 安得謂之大慈悲之父乎안득위지대자비지부호아

33

◆ 세상에 마음이 너그러운 사람은 오히려 남을 대할 적에 너그러움이 있어서 때로는 잘못을 저질러도 바싹 죄이지만은 않는 법인데 하물며 하늘을 품고 있는 듯이 넓은 마음을 가진 부처님이겠는가? 믿고 믿지 않는 것은 어느 것이 이익이고 손해이겠는가?

世間세간의 度量之人도량지인도 尙能遇物有容상능우물유용 하야 犯而不校범이불교어늘 況心包太虛황심포태허 하야 量廓沙界之聖人哉양확사계지성인재아 信與不信신여불신은 何加損焉하가손이가

34

◆ 부처님은 훌륭한 의사와 같아서 법이란 약을 잘 처방해 주셨으니 병이 있는 사람이 믿고서 먹으면 그 병은 반드시 낫겠지만 믿지 못하는 사람이 약을 먹지 않는 것은 스스로 포기하는 것일 뿐 이를 어찌 의사의 허물이라 하겠는가?[144] 여름 벌레는 겨울의 얼음이나 서리를 말할 수 없고, 우물 안 개구리는 바다를 말할 수 없다고 했는데[145] 나는 한유의 견해

---

144 『불수반열반약설교계경(佛垂般涅槃略說敎誡經)』:〈12-1112상〉 我如良醫知病說藥 服與不服非醫咎也.〈나는 훌륭한 의사와 같아 병을 알아 약을 처방하노니, 그 약을 먹고 안 먹고는 환자의 문제이지 의사의 잘못은 아니다.〉
145 『장자(莊子)』「추수편(秋水篇)」, '우물 안 개구리는 바다를 말할 수 없으니 우물에 구속되어 있기 때문이요, 여름에만 사는 벌레가 얼음에 대하여 말할 수 없는 것은 자기가 사는 여름만 시절인줄 굳게 믿기 때문이며, 촌스런 선비가 도를 말할 수 없는 것은 속된 가르침에 속

도 그렇다고 본다.

佛者불자는 如大醫王여대의왕 하야 善施法藥선시법약 하니 有疾者유질자가 信而服之신이복지 하면 其疾기질이 必瘳필추이리나 其不信者기불신자가 蓋自棄耳개자기이어늘 豈醫王之咎哉기의왕지구재리오 夏蟲하충은 不可語氷霜불가어빙상 하고 井蛙정와는 不可語東海불가어동해니라 吾오는 於韓愈어한유를 見之矣견지의이니라

35

◆ 만약 부처님을 섬기는 것이 목숨을 재촉하는 것이라고 말한다면 부처님을 헐뜯는 사람은 당연히 목숨이 길어야만 할 것이다. 후세에 부처님을 배척하는 사람이 많았다. 사대부나 서민들은 말할 것도 없다. 당나라 무종(武宗)은 회창(會昌) 5년 8월 하순(下旬)에 불교를 폐지하고[146] 이듬해인 6년 3월초에 이르니, 겨우 반 년 남짓 이르렀음에도 무종(武宗)이 죽고 말았으니 이 또한 어찌된 것인가?

若謂약위 하되 事佛사불이 促壽촉수라면 則毁佛者즉훼불자는 合當永壽합당영수리라 後世之人후세지인에 排佛者배불자가 故多矣고다의로다 士庶사서는 不足道也부족도야니라

박되어 있기 때문이다.'
[井蛙不可以語於海者 拘於虛也 夏蟲不可以語於氷者 篤於時也 曲士不可以語於道者 束於教也] (張基槿·李錫浩 譯,『老子·莊子』三省出版社, 1982, 327쪽.)

146 당 무종 회창 5년(唐武宗會昌五年)은 을축년(乙丑年)으로 서기 845년이다. 무종의 집권기는 서기 840년부터 846년 3월까지이며, 회창파불(會昌破佛)에 의한 피해를『불조통기(佛祖統紀)』제42권:〈49-386상〉에는 다음과 같이 기록하고 있다. '사찰 4천 6백 개와 암자 4만 개를 헐어 그 목재로 관청을 수리하는데 썼고, 금이나 은으로 만든 불상은 국가재정을 관리하는 부서로 이관되었고, 철로 만든 불상은 녹여서 농기구를 만들었고, 동으로 만든 불상이나 종이나 경쇠[磬]는 녹여서 돈을 만들었다. 전답(田畓) 수천 만 경(頃)과 노비 15만 명을 몰수 했고, 승려 26만 5백 명이 강제로 환속되었다.'

如唐武宗여당무종이 會昌五年八月下旬회창오년팔월하순에 廢敎폐교하야 至
六年三月初지륙년삼월초 하니 纔及半年재급반년에 而崩者이붕자 하니 此차는
又何也우하야오

36

◆ 당나라의 이백(李白)이나[147] 두보(杜甫),[148] 노동(盧仝)이나[149] 이고(李翶)
와[150] 같은 이들은 한유(韓愈) 스스로가 그들에 미치지 못함을 알았지만
이들 모두는 전혀 불교를 배척하지 않았고 또한 유명한 이름도 잃지 않
았다.

如唐여당의 李白이백이나 杜甫두보나 盧仝노동이나 李翶之輩이고지배는 韓
愈한유가 亦自知其不及矣역자지기불급의나 然연이나 諸子제자는 亦未嘗排佛
역미상배불이요 亦不失高名也역불실고명야이니라

37

◆ 사람들의 마음이란 같은 뜻을 가진 사람을 좋아하고 견해가 다른
이를 미워하며,[151] 자신의 견해는 옳고 남들의 견해는 그르다고 하기가

---

147 이백(李白:701~762)은 성당(盛唐)때의 시인으로 자(字)는 태백(太白)이고 호(號)는 청련
　　거사(青蓮居士)이다.『이태백시(李太白詩)』30권이 있다.

148 두보(杜甫:712~770)는 성당(盛唐)때의 시인으로 자(字)는 자미(子美)이고 호(號)는 두릉
　　(杜陵) 또는 소릉(少陵)이다. 이백과 함께 당대(唐代) 시인으로 쌍벽을 이루었고, 저서에
　　『두공부집(杜工部集)』20권이 있다.

149 노동(盧仝)은 당나라 때 시인으로 호(號)는 옥천자(玉川子)이고 당시의 환관(宦官)을 풍자
　　한『옥천자집(玉川子集)』이 있다.

150 이고(李翶)는 당(唐)나라 때의 사람으로 자(字)는 습지(習之)이고 시호는 문(文)으로 벼슬
　　은 사관수찬(史館修撰)·중서사인(中書舍人)·산남동도절도사(山南東道節度使)였고, 석두
　　희천(石頭希遷)의 제자 약산유엄(藥山惟儼:751~834)의 속가(俗家) 제자이다.

151『장자(莊子)』「재유편(在宥篇)」,'세속 사람들은 남이 자기와 같아지기를 기뻐하고 남이 자기

쉽다.

또한 세상 사람들이 기뻐하는 것은 화려하고 마음에 맞는 일이지만 불교도들이 익히는 것은 질박(質朴)하고 조용하며 잡념을 떨어버리는 것이다. 이것이 세상 사람들과 불교도가 서로 다른 까닭이다.

衆人之情중인지정은 莫不好同而惡異막불호동이악이 하고 是此而非彼시차이비피니라

且世之所悅者차세지소열자는 紛華適意之事분화적의지사나 釋之所習者석지소습자는 簡靜息心之法간정식심지법이니 此차는 其所以相違於世也기소이상위어세야이니라

38

◆ 지혜가 있는 사람은 훌륭한 이치가 무엇인지, 도가 있는 곳이 어디인지를 살펴서 피차의 옳고 그름의 근원을 따질 수 있어야 할 것이다. 고요하고 아담한 곳에 사는 사람은 늘 좌선하여 마음을 한가롭고 평온하게하고 지키는 것이 법도인데, 이 모두가 부처님이나 조사들의 법도(法度)이다.

諸有智者제유지자는 當察其理之所勝당찰기리지소승과 道之所在도지소재 하야 又安可不原彼此之是非乎우안가불원피차지시비호이니라 林下之人임하지인은 食息禪燕식식선연 하야[152] 所守規模소수규모이니 皆佛祖法式개불조법식이

와 달라지는 것을 싫어한다. 자기와 같아지기를 바라고 자기와 달라지는 것을 바라지 않는 것은 여러 사람보다 뛰어나기를 마음먹기 때문[世俗之人 皆喜人之同乎己 而惡人之異於己也 同於己而欲之 異於己而不欲者 以出乎衆爲心也]이라고 했다. 『수능엄경(首楞嚴經)』제4: 〈19-120상〉에는 '견해가 다르면 미워하고 생각이 같으면 좋아하게 된다[異見成憎 同想成愛]고 하였다.

152 식식선연(食息禪燕)에서 식식(食息)은 '늘, 항상, 매 시각'이란 뜻이고, 선연(禪燕)은 선연(禪

니라

39

◆ 예나 지금이나 이 법도에 의지하여 실천하면 거의 모두 깨달음을 얻고 도(道)를 이루지만 빈번하게 세상 사람들의 비난을 당하는 것은 세속의 흐름과 서로 맞지 않기 때문이다.

부처님의 가르침은 매우 공적(公的)이고 지극이 넓거늘 어찌 물들인 옷을 입고 머리를 깎은 이들이 사사로이 할 수 있겠는가?

古今고금에 依而行之의이행지 하면 擧皆거개가 證聖成道증성성도나 每見譏於世者매견기어세자는 不合俗流故也불합속류고야이니라

佛之爲法불지위법은 甚公而至廣심공이지광이거늘 又豈止緇衣祝髮者우기지치의축발자가 得私爲哉득사위재아

40

◆ 그래서 예전 당나라 때 승상(丞相) 배휴(裴休)가[153] 『화엄법계관서(華嚴法界觀序)』에 이렇게 쓰고 있다.

세존께서 처음 정각을 이루시고 찬탄하시기를, '기특하도다. 일체 중생이 여래의 지혜와 덕상(德相)을 갖추고 있건만 다만 망상(妄想)과 집착

宴)과 같은 말로 좌선하여 마음이 한가롭게 평정을 얻는 것을 말한다. 『출요경(出曜經)』〈4-729중〉에 '좌선하여 마음이 한가롭고 평온하여 혼란하지 않게 정신을 단련하여 밝게 하면 영원히 번뇌를 없애고 네 가지 변재를 갖추게 된다[禪燕不亂練精神識 永無塵垢四辯具了]고 하였다.
153 배휴(裴休:797~870)는 당(唐)나라 맹주(孟州) 제원(濟源) 사람으로 자(字)는 공미(公美)이고, 벼슬은 동중서문하평장사(同中書門下平章事)·형남절도사(荊南節度使)였고, 신법(新法)을 만들어 조운(漕運)의 효율을 향상시켰다. 문장을 잘 지었고, 글씨를 잘 썼으며, 황벽희운선사(黃檗希運禪師:?~850)의 속가 제자였다.

(執著) 때문에 깨달음을 얻지 못하는구나'라고 했으니, 여기서 법계성(法界性)에 부합한다는 것은 일체중생으로 하여금 자신의 몸속에서 여래의 광대(廣大)한 지혜를 보고 법계를 깨닫게 한다는 화엄경의 이야기이다.[154]

부처님은 상대의 그릇 따라 이끄셨기 때문에 허락하고 금지하는 임기응변이 많았다. 따라서 어떤 하나만을 고집해서는 깨달음을 구(求)할 수가 없다.[155]

---

[154] 배공미(裴公美)의 「화엄법계관서(華嚴法界觀序)」는 『주화엄법계관문서(注華嚴法界觀門序)』〈45-683중〉를 말하며, 여기에는 '故世尊初成正覺 歎曰 奇哉我今普見一切衆生 具有如來智慧德相 但以妄想執著 而不證得 於是稱法界性 說華嚴經 令一切衆生 自於身中得見如來廣大智慧 而證法界也〈그래서 세존이 처음 정각을 이루고, 감탄하여 말씀하시되, 기특하도다.내가 지금보니, 일체중생이 여래의 지혜와 덕상을 갖추고 있건만 다만 망상과 집착으로 깨닫지 못하고 있구나. 이에 법계의 속성에 어울리는 화엄경을 설하여 일체중생으로 하여금 스스로 자기속의 여래의 광대한 지혜를 터득하여 법계를 증득하도록 할 것이다.〉라 하였고, 이 말은 실차난타가 번역한 『대방광불화엄경(大方廣佛華嚴經)』제51〈10-272하〉의 無一衆生而不具有如來智慧 但以妄想顚倒執著而不證得 若離妄想 一切智自然智無礙智則得現前…爾時如來 以無障礙 淸淨智眼 普觀法界一切衆生而作是言 奇哉奇哉 此諸衆生 云何具有如來智慧 愚癡迷惑 不知不見 我當敎以聖道 令其永離妄想執著 自於身中 得見如來廣大智慧 與佛無異 卽敎彼衆生 修習聖道 永離妄想 離妄想已 證得如來無量智慧 利益安樂一切衆生〈어느 한 중생도 여래의 지혜를 갖추지 않은 사람이 없건만 다만 망상과 전도와 집착으로 증득하지 못한다. 만약 망상을 떨쳐버린다면 일체지(一切智), 자연지(自然智), 무애지(無礙智)를 목전에서 얻을 것이다.… 이때에 여래께서 장애가 없는 청정한 지혜의 눈으로 널리 법계의 일체중생들을 살펴보시고 말씀하시되, 놀랍고도 기특하구나. 이 모든 중생들이 어찌하여 여래의 지혜를 갖추었건만 어리석고 미혹해서 알지도 못하고 보지도 못하니 내 마땅히 성도(聖道)를 가르쳐 길이 망상과 집착을 떨쳐 버리고 스스로 자기 몸속의 여래의 광대지혜(廣大智慧)를 터득하게 하여 부처인 나와 다름없게 하리라고 하셨다. 그리고 바로 중생들을 가르쳐 성도를 닦고 익혀서 길이 망상을 떨쳐버리고 나서 여래의 무량한 지혜를 증득하고 일체중생을 이익되고 편안하고 기쁘게 하였다.〉을 요약하여 인용한 것이다.

[155] 『맹자(孟子)』 「진심장(盡心章)」 상, '맹자 이르되, 양자는 나를 위하는 것에 집착하여 털 하나를 뽑아 천하를 이롭게 한다고 해도 그렇게 하지 않았으며, 묵자는 겸애를 주장하여 머리 꼭대기부터 발꿈치까지 다 닳아 없어지더라도 천하를 이롭게 하는 일이라면 한다. 자막(子莫)은 중간을 지키니, 중간을 지키는 것이 도에 가깝기는 하나 중간을 지키면서도 방편이 없으면 오히려 한 가지를 고집하는 것이 된다. 한 가지를 고집하는 것을 미워하는 것은 그렇게 하는 것이 도를 해치기 때문이요. 한 가지 일로 백 가지 일을 막아 버리기 때문이다.[孟子曰 楊子 取爲我 拔一毛而利天下 不爲也 墨子 兼愛 摩頂放踵 利天下爲之 子莫 執中

故고로 唐相당상인 裴公美배공미가 序華嚴法界觀서화엄법계관에 云운 하되 世尊세존이 初成正覺초성정각 하야 歎탄 하야 曰왈 하되 奇哉기재라 一切衆生일체중생이 具有如來智慧德相구유여래지혜덕상이건만 但以妄想執著단이망상집착으로 而不證得이부증득이라 하니라 於是어시에 稱法界性칭법계성은 說華嚴經설화엄경이니라

佛之隨機接引故불지수기접인고로 多開遮權變다개차권변 하니 不可執一求也불가집일구야이니라.

41

◆ 구양수(歐陽脩)는 '불교가 없었던 시대에는 백성들이 복을 받음이 책을 읽는 음악소리와 같았다'고 말했는데, 구양수가 사상이 같은 이를 좋아하고 다른 이를 미워하는 마음이 비록 그렇다고 할지라도 정치적 도리에 통달하지 못했고 생각이 원대(遠大)하지도 못했으니 어찌하여 그리 도량이 좁았던가?

歐陽永叔구양영숙이 曰왈 하되 無佛之世무불지세에는 詩書雅頌之聲시서아송지성이[156] 其民기민이 蒙福몽복이 如此여차라 하니 永叔영숙의 好同惡異之心호동오이지심이 是則是矣시즉시의이니라[157] 然연이나 不能通方遠慮불능통방원려 하니 何其隘哉하기애재리오

執中爲近之 執中無權 猶執一也 所惡執一者 爲其賊道也 擧一而廢百也](蔡義順 譯解, 『孟子』 韓國協同出版公社, 1983, 365쪽.)
156 시서(詩書)는 『시경(詩經)』과 『서경(書經)』이지만 서적(書籍)을 두루 이르는 말로 쓰인다.
157 시즉시(是則是):비록 그렇기는 하지만, 비록 이러할지라도.

42

◆ 새끼줄을 묶어 정치적 명령을 전달하던 시대의 낡은 방법을 시행하
는 것이 지금도 가능하겠는가?

若必以結繩之政약필이결승지정을[158] 施之시지가 於今어금에 可乎가호아[159]

43

◆ 물건이 희소(稀少)하면 소중하게 여기게 된다는 세상의 이치를 아직
도 알지 못하고 있는 것 같다.

만약 세상 사람들 거의 모두를 유학자가 되도록 한다면 누구도 영화
를 바라지 못하고 누구도 녹봉을 도모하지 못할 것이다. 바라고 도모
하는 이들이 많아지니 싸움이 다투어 일어날 것이고, 싸움이 다투어
일어나면 시기 질투가 생기고, 시기 질투가 생기면 칭찬하거나 비난하
는 일이 빈번할 것이고, 칭찬하거나 비난하는 일이 빈번해지면 원수를
갚고 한을 씻는 일이 일어날 것이고, 원수를 갚고 한을 씻는 일이 벌어
지면 악의(惡意)를 품고 남을 모함하는 일이 많아질 것이다. 악의를 품
고 모함하는 일이 많아지면 어질지 못한 마음이 이르지 못하는 곳이
없게 된다.

殊不知수부지로다 天下之理천하지리는 物希물희 하면 則貴즉귀임을

---

158 결승지정(結繩之政)에서 결승(結繩)은 고대 문자가 없었을 때 일을 기록하던 방법의 하나
로 새끼를 매듭지음을 말하고, 결승지정(結繩之政)은 결승을 정령(政令)의 부호로 삼던 상
고(上古) 때의 정치를 말한다.

159 『주역(周易)』 「계사하전(繫辭下傳)」 제2장에 上古結繩而治 後世聖人 易之以書契 百官以治
萬民以察〈옛날에는 노끈 마디를 맺어 의사를 표시함으로써 다스리던 것을 후세에 성인이
서계(書契)로 바꾸어 모든 관원과 만민이 그로 인하여 다스리고 알게 되었다〉(徐相潤 譯解,
『周易』 韓國協同出版公社, 1983, 325쪽.)

若使世人약사세인이 擧皆爲儒거개위유 하면 則孰不期榮즉숙불기영 하고 孰不謀祿숙불모록이니라 期謀者기모자가 衆중 하면 則爭즉쟁이 競起경기 하고 爭쟁이 競起경기 하면 則妬忌즉투기가 生생 하고 妬忌투기가 生생 하면 則褒貶즉포폄이 勝승 하고 褒貶포폄이 勝승 하면 則讎怨즉수원이 作작 하고 讎怨수원이 作작 하면 則擠陷즉제함이 多다 하고 擠陷제함이 多다 하면 則不肖之心즉불초지심이 無所不至矣무소부지의니라

44

◆ 어질지 못한 마음이 이르지 못하는 곳이 없다보면 유학자가 되는 것 역시 소중하게 여길 수 없게 된다. 유학자를 귀하게 여기지 않는 것으로 그치지 않을 뿐만 아니라 사대부의 기풍(氣風)이 이렇게 되면 세상을 다스리고 구한다는 것 역시 어렵게 된다.

不肖之心불초지심이 無所不至무소부지 하면 則爲儒亦不足爲貴矣즉위유역부족위귀의니라 非特儒者비특유자만 爲不足貴也위부족귀야라 士風사풍이 如此여차 하면 則求天下之治也즉구천하지치야도 亦難矣역난의리라

45

◆ 부처님이 법을 국왕대신(國王大臣)에게 부탁함으로써 감히 자신의 뜻대로 독단하여 처리하지 않도록 하였고, 훗날의 승려들로 하여금 위세(威勢)가 없이 스스로 존중케 하며 도와 덕을 높여 따르게 하며 작위와 봉록 없이 스스로의 힘으로 살도록 하며, 오직 가르침과 법에 의지하여 살아가도록 했다. 대중에게 걸식하여 교만한 마음을 꺾어 일체 중생에게 마음을 낮추도록 했다.

佛불이 以其法이기법을 付囑國王大臣부촉국왕대신 하되 不敢自專也불감자

전야이니 欲使其後世之徒욕사기후세지도로 無威勢무위세 하야 以自尊이자존 하고 隆道德융도덕으로 以爲尊이위준 하며 無爵祿무작록 하야 以自活이자활 하여 依敎法의교법 하야 以求活이구활 하시니 乞食於衆者걸식어중자는 使其折伏憍慢사기절복교만 하야 下心於一切衆生하심어일체중생이니라

부처님이 법을 국왕대신에게 부촉하였다는 말이 사실일까?

당나라 때 의정(義淨:635~713)이 번역하였다는『불위승광천자설왕법경(佛爲勝光天子說王法經)』에 '대왕이여! 언제나 한결같은 마음으로 삼보(三寶)를 공경하고 삿된 견해를 일으키지 마시오. 내 열반 후의 법을 국왕·대신·재상에게 부탁하니, 마땅히 옹호하고 쇠퇴하는 모습에 이르지 않도록 하여 정법의 횃불을 켜서 정법의 수레를 굴려 미래세가 다하도록 항상 단절되지 않도록 해야 한다.'고 하였으며,[160] 불공삼장(不空三藏:705~774)이 번역한『인왕호국반야바라밀다경(仁王護國般若波羅蜜多經)』에 '나는 이 경을 국왕에게 부탁하여 맡기고 비구·비구니·우바새·우바이에게 부탁하지 않는다. 왜냐하면 왕의 위세 있고 강력한 힘이 아니면 법을 세울 수가 없기 때문'[161]이라고 하였다는데, 이 두 경전은 꼬살라국의 빠세나디왕에게 한 말로 경전이 전하는데, 빠세나디는 부처님보다도 먼저 세상을 떠났고, 부처님과 그의 교우관계로 보거나[162] 부처님이 열반하셨

---

160 『불위승광천자설왕법경(佛爲勝光天子說王法經)』〈15-125하〉 大王 常當一心恭敬三寶 莫生邪見 我涅槃後法付國王大臣輔相 當爲擁護勿致衰相 然正法炬轉正法輪 盡未來際常令不絶.
161 『인왕호국반야파라밀다경(仁王護國般若波羅蜜多經)』卷下〈8-843상〉 我以是經付囑國王 不付比丘比丘尼優婆塞優婆夷 所以者何 無王威力 不能建立.
162 성열 지음『고따마 붓다』315쪽 빠세나디(도서출판 문화문고, 2008) 참조.

을 때 꼬살라국에서는 부처님사리조차 구하러오지 않았다는 점과 초기 경전에서 보여주는 부처님의 정치적 태도로 보아[163] 역사적 사실이라 믿기 어렵다. 위의 두 경전은 대승경전임을 밝혀둔다.

설봉의존(雪峰義存)의 법을 이은 장주(漳州) 보복원(保福院) 종전(從展)선사(禪師)가 '산승(山僧)이 구업을 아끼지 않고 너희를 향해 말하는 까닭이다. 무시겁 이래의 일이 오직 지금 목전에 있다는 것을 알겠는가. 그러나 불법을 국왕·대신·군수에게 부촉하였다. 옛날 부처님 회상에서와 같이 지금 또한 그러하다. 만약 복록이나 부귀영화라면 또 다시 논하지 않겠거니와 다만 당시(當時)에 부처님의 부촉을 받은 일을 기억하겠는가. 만약 안다면 천 성인과 어깨를 나란히 하거니와 혹시 알지 못한다면 이 일은 남에게서 얻는 것이 아니라는 것을 반드시 살피고 믿어야 한다'고 하였고,[164] 항주(杭州) 용화사(龍華寺) 언구실상(彦球實相) 득일대사(得一大師)는 개당(開堂)하는 날 대중에게 이르되, '예전부터 불법을 국왕대신 및 힘 있는 단월(檀越)에게 맡겼는데, 오늘 군수와 여러 관원들이 특별히 청해 주시니 고마움을 비길 곳 없다'고 하였다.[165]

종전선사(從展禪師)는 청원행사(靑原行思)의 6세 법손(法孫)이고, 득일대사(得一大師)는 청원행사의 7세 법손이니 이들 선사들 모두가 청원행사계(靑原行思系)의 고승들이다.

---

163 성열 엮음 『부처님 말씀』 제4장 제7편(현암사, 2002, 676~696쪽) 참고.

164 『경덕전등록(景德傳燈錄)』 제19:〈51-355상〉 山僧所以不惜口業 向汝道 塵劫來事 只在如今 還會麽 然佛法付囑國王大臣郡守 昔同佛會 今方如是 若是福祿榮貴則且不論 只如當時受佛 付囑底事 還記得麽 若識得便與千聖齊肩 儻未識得 直須諦信 此事不從人得.

165 『경덕전등록(景德傳燈錄)』 제21:〈51-374하〉 從前佛法付囑國王大臣及有力檀越 今日郡守 及諸官寮 特垂相請不勝荷愧.

당(唐)의 천태사문(天台沙門) 명광(明曠)이 산보(刪補)한[166]『천태보살계소』(天台菩薩戒疏)에 무근중죄방타계(無根重罪謗他戒)에서 '말대의 불법을 국왕·대신·관장·고귀하고 권세 있는 사람에게 부촉하셨으니 외호한 은혜를 항상 정수리에 멜 필요가 있다'고 하였다.[167] 송(宋)의 지반(志磐)이 찬(撰)한『불조통기(佛祖統紀)』에는『열반경(涅槃經)』에 근거라고 하면서 '부처님이 대중에게 이르기를, 지금 정법을 국왕·대신·사부대중에게 부촉하시면서 학인들을 권고하여 계정혜를 더욱 증진토록 하였으며, 만약 이 삼품법(三品法)을 배우지 않고 게을러서 계를 파괴하고 정법을 훼손하는 자는 대신이나 사부중이 고치(苦治)해야만 한다'고 하였다.[168] 그러나 지반은 여기에 부기(附記)하기를 비구들과 가섭에게 부촉한 것은 정부법(正付法)이고 국왕대신에게 부촉한 것은 방부법(傍付法)이라 하였다.[169]

또한 송(宋)의 도성(道誠)이 집(集)한『석씨요람(釋氏要覽)』에는 '불법을 국왕·대신에게 부촉하셨으니 항상 염두에 두고 예불할 때에 축원할 필요가 있다'고 했다.[170]

사실 부처님은 비구들이 정치에 관여하는 것을 금지하였을 뿐만 아니라[171] 권력을 멀리하라고 하였지[172] 세속의 권력자에게 자신의 법을 맡기

---

166 산보(刪補)는 쓸데없는 글자는 빼고 모자라는 데는 보충하는 것을 말한다.
167 『천태보살계소(天台菩薩戒疏)』卷中:〈40-592상〉 從前佛法付囑國王大臣及有力檀越 今日郡守及諸官寮 特垂相請不勝荷愧.
168 『불조통기(佛祖統紀)』제4:〈49-165하〉 佛告大衆 今以正法付囑國王大臣及四部衆 應當勸屬諸學人令得增上戒定慧 若有不學是三品法 懈怠破戒毀正法者 大臣四部衆應當苦治.
169 정부(正付)이란 정통으로 부탁한 것이란 뜻이고, 방부(傍付)는 방계(傍系)에게 부탁한 것이라 뜻이다
170 『석씨요람(釋氏要覽)』권중:〈54-289하〉 又禮佛時…又佛法付囑國王大臣故 常須繫心祝願也.
171 역주자의『부처님 말씀』684쪽(현암사, 2002).
172 역주자의『부처님 말씀』685쪽(현암사, 2002).

거나 부탁하였다는 말은 필자의 과문(寡聞)인지는 모르겠으나 초기 경전
에서 발견할 수 없었다.

불교는 불교도들의 힘으로 지킬 때 정통성을 유지할 수 있는 것이지
외부세력의 힘을 빌리는 것은 옳지 않다고 본다. 불교의 발전을 불교인
들 자신이 도모하지 않고 외부권력에 의탁(依託)하는 것은 결국 권력의
시녀노릇을 하게 되거나 그 권력의 쇠퇴와 더불어 좌절할 수밖에 없다
는 것은 과거 역사의 교훈임을 알아야 할 것이다.

46

◆ 또한 『유마경』에는 부처님이 가섭(迦葉)을 시켜 먼저 유마거사에게 가
서 문병케 하였으나 가섭이 과거를 떠올려 말했다. 옛날 저자거리에 밥
을 얻으러 갔을 때 유마힐이 나에게 와서 말하기를, '대가섭이여! 비록
자비심이 있으나 모든 이들에게 평등하지 못하기 때문에 잘 사는 사람
은 버리고 가난한 사람만 찾아 밥을 빌고 있소이다'라고 했다.[173] 이에 대
하여 승조(僧肇)가[174] 주석(註釋)하여 말하기를, 가섭은 가난한 사람이기
때문에 옛날에 복을 심지 못하여 가난한 마을에 태어난 것이니, 만약 이
제라도 선을 쌓지 않으면 후세에는 더욱 심할 것이라 생각하고, 그가 겪
을 긴긴 고통을 걱정하여 가난한 이들에게 걸식을 많이 나갔다고 하였

---

173 『유마힐소설경(維摩詰所說經)』卷上:〈14-540상〉.
174 승조(僧肇:384~414)는 진(晉)의 스님으로 자사(子史)를 널리 읽었고, 노장(老莊)의 학(學)
　을 좋아하다가 지겸(支謙)이 번역한 『유마경(維摩經)』을 읽고 불교에 귀의하였다. 구마라집
　의 제자가 되어 역경에 종사하였다. 구마라집 문하에서 교리에 가장 능통했고, 저서에 『반
　야무지론(般若無知論)』 · 『보장론(報障論)』 · 『열반무명론(涅槃無名論)』이 있다. 반야무지
　론 · 물불천론(物不遷論) · 부진공론(不眞空論) · 열반무명론을 하나로 묶어 『조론(肇論)』이
　라 한다.

다.[175]

又維摩經우유마경에 佛불이 令迦葉령가섭 하야 前往問疾전왕문질 하시니 迦葉가섭이 憶念억념 하되 昔석에 於貧里어빈리에서 而行乞食時이행걸식 시에 維摩詰유마힐이 來래 하야 謂我言위아언 하되 唯大迦葉유대가섭이여 有慈悲心유자비심이나 而不能普이불능보 하니 捨豪富사호부 하고 從貧乞也종빈걸야로다 肇法師조법사가 注주에 云운 하되 迦葉가섭은 以貧人이빈인으로 昔석에 不植福故불식복고로 生貧里생빈리 하니 若今약금에 不積善부적선 하면 後復彌甚후부미심 하리니 愍其長苦故민기장고고 하야 多就乞食다취걸식이라 하니라

47

◆ 또『유마경』에 이르되, 와서 구하는 자를 보거든 좋은 스승으로 생각하라고 했는데,[176] 구마라집(鳩摩羅什)이 주석하여 말하되, 원래 베풀 뜻이 없는데 저들이 와서 구하기 때문에 내가 보시할 마음을 냈으니 나의 스승이 되는 것이므로 좋은 스승이라는 생각을 하는 것이라고 했다.[177]

又曰우왈 하되 見來求者견래구자면 爲善師想위선사상이라 하니 什法師집법사가 注주에 云운 하되 本無施意본무시의나 因彼來求인피래구 하야 發我施心발아시심 하니 則爲我師즉위아사라 故고로 爲善師想也위선사상야이니라

---

[175]『주유마힐경(注維摩詰經)』제2:〈38-348상〉.
[176]『유마힐소설경(維摩詰所說經)』券下:〈14-554중〉.
[177]『주유마힐경(注維摩詰經)』제9:〈38-407중〉什曰 本無施意 因彼來求 發我施心 則於我爲師 故起師想 如月氏王出行遊觀 有數千乞人 在路側 擧手唱聲各請所須 王問大臣 此是何人 何所陳說 臣答言 乞人也 王智慧利根卽解其意 語大臣曰 彼等我大師 非乞人也 汝不解其言耳 彼所須者 爲我說法非爲乞也 彼言我等前世亦作國王 不修布施故受斯報 王今不施後亦當爾 以此故當知是我大師也.

48

◆ 처자(妻子)를 양육하지 말고 일을 간략하게 하고 허물을 가볍도록 해야 도업(道業)을 쉽게 이룬다. 형체와 복색을 바꾼 자는 번뇌를 멀리 벗어나도록 언제나 스스로 경계해야 한다.

애석하도다! 하는 일 없이 먹을거리나 축내는 문하(門下)들이여. 뜻과 염원이 나약하고 작아서 옛날 사람들의 경지에 도달할 수조차 없으니, 참으로 한탄할 일이다.

不畜妻子者불휵처자자 하고 使其事簡사기사간 하고 累輕누경 하야 道業도업이 易成也이성야니라 易其形服者역기형복자는 使其遠離塵垢사기원리진구토록 而時이시이 以自警也이자경야니라

惜乎석호로다 竊食其門者절식기문자여[178] 志願지원이 衰劣쇠열 하야 不能企及古人불능기급고인 하니[179] 良可歎也양가탄야니라

◆ 백성을 인도하고 세상을 위해 선을 행하는 데는 교(敎)보다 훌륭한 것이 없고, 사물의 이치를 깊이 연구하고 타고난 본성을 있는 대로 다 나타내는 데는 도(道)보다 지극할 것이 없다.

불교도가 부처님의 가르침에 의지하고 도를 행하는 것은 열반(涅槃)에 이르기를 바라는 것이다. 이것으로 은덕(恩德)에 보답하고, 이것으로 임금과 부모를 도우니, 이 또한 훌륭하지 아니한가?

且導民차도민 하고 善世선세에는 莫盛乎敎막성호교 하며 窮理궁리 하고 盡性

---

178 절식(竊食)은 훔쳐 먹는다거나 봉록을 훔친다는 말로 하는 일 없이 녹을 받는다는 것인데 역주자는 '하는 일 없이 먹거리나 축낸다'고 번역했다.
179 기급(企及):발돋움하여 미침, 따라잡음, 도달함.

진성에는[180] 莫極乎道막극호도로다

彼피가 依敎의교 하야 行道행도는 求至乎涅槃者구지호열반자이니라 以此이차로 報恩德보은덕 하고 以此이차로 資君親자군친 하니 不亦至乎불역지호아

50

◆ 그래서 후세의 성군(聖君)은 부촉(付囑)한[181] 뜻을 잊어버리지 않고 사원을 건립하고 논밭과 동산을 맡겨 수행자들이 편안한 마음으로 도를 행하도록 했다.

도를 닦은 수행자들이 여러 곳을 다니면서 가르침을 펼쳐나가면 이름이 온 백성 밖으로 펴져나가고 몸소 화목한 가운데 살게 될 것이다. 그 계(戒)가 청정하니 복이 인간과 천상을 덮어 가리고, 그 마음[心]이 진실하니 도가 부처님이나 조사와 같다. 그 은혜가 나온 근원을 캐보니 모두 우리 임금께서 주신 것이다.

故고로 後世후세의 聖君성군은 爲之위지 하야 建寺宇置田園건사우치전원으로 不忘付囑불망부촉 하고 使其安心行道사기안심행도이니라

隨方수방하야 設化성화하니 名명이 出四民之外출사민지외 하고[182] 身신은 處六和之中처육화지중이니라[183] 其戒기계가 淨정하니 則福즉복이 蔭人天음인천 하

---

[180] 『조론신소(肇論新疏)』:〈45-237상〉에 궁리진성이란 말은 주역(周易)에서 나왔다(窮理盡性語出周易)고 하였는데, 『주역(周易)』「설괘전(說卦傳)」 제1장에 궁리진성하여 사람의 천명을 알기에 이르렀다(窮理盡性 以至於命)고 했다.

[181] 부촉(付囑)이란 촉루(囑累)라고도 한다. 부촉(付囑)은 빨리어 닛케빠(nikkhepa)의 번역인데, 불교의 발전을 맡기고 당부하는 것을 말한다.

[182] 사민(四民)은 백성의 네 계급, 곧 사(士)·농(農)·공(工)·상(商)이니 모든 백성, 민중을 의미한다.

[183] 육화(六和)는 수행자들이 서로 사이좋게 공경하며 화목하게 지내는 여섯 가지 원칙을 말한다. ① 신업동(身業同):身慈和敬 ② 구업동(口業同):口慈和敬 ③ 의업동(意業同):意慈和敬 ④ 동계(同戒):同戒和敬 ⑤ 동시(同施):同行和敬 ⑥ 동견(同見):同見和敬.

고 其心기심이 眞진하니 則道즉도가 同佛祖동불조로다 原其所自之恩원기소자
지은 하니 皆吾君之賜也개오군지사야라

51

◆ 참으로 참선하고 계율을 지킴이 자세하고 빈틈이 없으면 하늘과 땅
에 부끄러울 것이 없고, 본보기가 되어 모든 중생을 거느리면, 작게는 허
물을 고쳐 선하게 되어 죄악을 멀리하게 되고, 크게는 마음을 깨달아 부
처님이 된다.

우러러 자연스럽게 중생교화를 돕고, 은밀하게 갚기 어려운 은혜를
쌓게 되니, 부처님의 제자가 됨에 어긋나지 않는다. 잠시라도 부처님이
나 조사들이 하지 못하게 말렸던 일을 어기고 함부로 옷가지와 먹을 것
을 받으면 어찌 그 죄가 자신에게 돌아가지 않겠는가?

苟能以禪律구능이선율이 精修정수 하면 於天地어천지에 無媿무괴이니 表率
一切衆生표솔일체중생 하면[184] 小則遷善遠罪소즉천선원죄 하고 大則悟心證聖
대즉오심증성이니라

上助無爲之化상조무위지화 하고 密資難報之恩밀자난보지은 하니 則不謬爲
如來弟子矣즉불류위여래제자의니라 苟違佛祖之戒구위불조지계 하고 濫膺素飱
남응소찬 하면 罪죄가 豈無歸乎기무귀호리오.

52

◆ 과거에 비록 삼무(三武)의 법난(法難)이 있었지만[185] 사악한 밑의 신하

---

184 표솔(表率)은 스스로 모범을 보이며 대중을 인솔하는 것이나 본보기를 말한다.
185 삼무(三武)의 법난은 중국 역사에서 있었던 네 차례의 대표적인 불교 사태를 말할 때 삼무
　　일종(三武一宗)의 난(難)이라 하는데, 그 중에 무(武)라는 이름을 가진 황제 세 사람의 불교

들의 주청으로 칙령을 선포하여 결연한 의지로 불교를 베어 없앴으나
이미 선포한 칙령을 폐지한 뒤에는 즉시 불교는 한층 더 번영하였다. 그
것은 마치 차가운 바람이 만물을 말라죽게 하는 것과 같아 잠시일 뿐,
겨울이 지나면 봄이 있다는 비유와 같다. 초목을 모두 몰살시키려면 겨
울 다음에 봄을 없애야 하는데 가능하겠는가? 겨울 다음에 봄이 있다는
것을 안다면 무엇 때문에 스스로 악행을 저지르면서 그것이 선행이었다
고 드러내려 하겠는가? 그렇게 한다고 해서 자기에게 어떤 이익이 되겠
는가?

上世상세에 雖有三武之君수유삼무지군이나 以徇邪惡下臣之請이순사악하신
지청으로 銳意剪除예의전제나 旣廢之後기폐지후에 隨而愈興수이유흥이니라 猶
霜風之肅物也유상풍지숙물야나[186] 亦暫時矣역잠시의이니 如冬後有春之譬여동
후유춘지비로다 欲盡殲草木者욕진섬초목자면 能使冬後능사동후에 無春무춘이라
야 則可矣즉가의니라[187] 苟知冬後有春구지동후유춘 하면 則何苦즉하고로[188] 自
當其惡자당기악 하야 而彰彼爲善也이창피위선야리오 於己어기에 何益哉하익재
리오.

사태를 삼무(三武)의 법난이라 말한다.
[186] 숙물(肅物)은 만물을 말라죽게 함이니, 가을의 스산하고 쌀쌀한 기운이 초목을 시들게 하
    는 것을 말한다.
[187] 가(可)는 '설마…일 리가 있겠는가'라는 뜻이다.
[188] 하고(何苦)는 '무엇이 안타까워서'로 그렇게 할 가치가 없다는 반문을 나타낸다. '무엇 때문
    에', '무슨 부득이한 이유가 있는가.'

여기서 중국 불교사에 있었던 삼무일종(三武一宗)의 법난(法難)에 대하여 살펴보자. 삼무(三武)는 무(武) 자(字)를 가진 세 명의 황제를 말하고, 일종(一宗)은 종(宗) 자(字)를 가진 한 명의 황제를 말한다.

첫 번째는 북위(北魏) 태무제(太武帝:재위424~452)인 탁발도(拓跋燾)의 폐불사건이다.

탁발도는[189] 매우 유능한 군주로 뛰어난 지모와 계략을 발휘하여 종교를 이용하기도 하고 억제하기도 하는 정책을 폈다. 그는 북량(北涼)[190]을 멸망시키고 북량에 거주하던 수만에 달하는 불교신도를 수도인 평성(平城)으로 이주시켰다. 이로 인해 북위의 영토에는 불교의 영향력이 급격이 확대되었다.

그러나 도교(道敎)를 신봉하던 대신(大臣) 최호(崔浩)는 불교를 싫어하여 불교를 억제하는데 힘썼다. 최호의 이런 태도는 소수민족 출신인 태무제가 구상하던 한화정책(漢化政策)에 맞아떨어지는 것이었다. 태평진군(太平眞君) 5년, 즉 444년 1월 12일 태무제는 왕공(王公)과 일반 국민에 이르기까지 개인적으로 사문(沙門)과 무격(巫覡)을 공양하는 것을 금지하

---

189 탁발도(拓跋燾)는 북위 명원제(明元帝:재위409-423)의 맏아들로 424년에 즉위한 태무제(太武帝)의 이름이다. 묘호(廟號)는 세조(世祖)이다. 혁련발발(赫連勃勃)이 세운 대하(大夏),북연(北燕), 북량(北涼) 등을 정복하였다. 총명하고 호걸스러웠으며 청렴 검소하였다. 늘 사졸과 고락을 함께 하여 사기가 충천하였고, 상벌에 귀천의 차별이 없었다. 환관 종애(宗愛)에게 시해 당했다. 재위기간이 28년이었고, 연호는 시광(始光)·신가(神䴥)·연화(延和)·태연(太延)·태평진군(太平眞君)·정평(正平)이다.

190 북량(北涼):397년에 흉노의 저거몽손(沮渠蒙遜)이 후량(後涼)의 단업(段業)을 옹립하여 간쑤(甘肅)에 게운 나라. 중국의 오호 십육국 가운데 하나로서, 나중에 단업을 죽이고 독립하였으나 439년 북위(北魏)에 멸망하였다.

는 칙령을 내렸고, 이를 위반할 때는 사문이나 무격, 주인까지 모두 참수 토록 했다.

태평진군(太平眞君) 7년, 즉 446년에 노수(盧水)에서 갑오(蓋吳)가 반란을 일으키자 무제가 직접 정벌에 나섰다. 그가 장안(長安)을 공략한 뒤에 사찰에 들어갔다가 절에 병장기가 감추어져있는 것을 발견하고 사문들이 갑오와 내통하여 반란을 일으킨 것으로 생각하고 그 절의 사문들을 모두 죽이도록 했다. 그리고 사찰의 재산을 정리하다보니 많은 양의 지방관청의 재물이 발견되었고, 거기다 술을 빚는 기구와 숨겨진 부녀자들까지 찾아내자 무제의 불교 혐오는 더 심해졌다.[191] 대신 최호는 이것을 빌미로 더욱 억불책을 밀어붙였고 태무제는 '불상은 부수고 경전은 모두 불사르고, 사문들은 노소에 관계없이 모두 묻어버린다.… 지금부터 오랑캐의 신을 섬기고 그 형상을 흙이나 주물로 만드는 자는 누구든 사형에 처한다'는 칙령을 내렸다.

4년 후인 450년에 최호는 태무제의 미움을 사 결국 허리가 잘리고 일족이 처형되었다. 6년 후인 452년에는 황제가 상시(常侍) 종애(宗愛)에게 피살당했다. 이 두 사람의 죽음으로 사람들은 더욱 인과응보(因果應報)에 대한 믿음을 갖게 되었다. 무제의 뒤를 이어 즉위한 문성제(文成帝)는 탁발도의 손자 준(濬)이다. 탁발도의 아들 황(晃)이 최호와 구겸지(寇謙之)의 모함으로 445년에 무제에게 처형당하였기 때문에 손자 준이 무제를 이어서 즉위하였다. 문성제는 칙명으로 각 주(州)·성(城)·군(郡)·현(縣)마다 대중이 모이는 장소에 절을 하나씩 짓도록 했고, 평민들의 출가를 윤허했다.

191 『불조통기(佛祖統紀)』 제39:〈49-35중〉.

최호(崔浩)는 북위 청하(淸河) 사람으로 자(字)는 백연(伯淵)이고 소명(小名)은 도간(桃簡)이다. 벼슬은 명원제(明元帝) 초기에 박사좨주(博士祭酒)였고,[192] 뒤에 사도(司徒)가 되어 사무(史務)와 비서(秘書)의 일을 감독하였다. 국서(國書) 30권을 지어 비를 세워 직필(直筆)이라고 표창을 받았으나 이로 인해 450년에 죽음을 당하였는데, 그의 나이 70세였다.[193]

최호는 부인 곽씨(郭氏)가 불교를 믿고『금강반야경』을 읽자 그것을 빼앗아 태우고 그 재를 뒷간[厠]에 버렸다. 훗날 최호가 함거(檻車)[194]에 갇혀 성남(城南)으로 압송될 때, 위사(衛士) 10인으로 하여금 그의 머리에 오줌을 누고 거리가 들리도록 꾸짖게 하자, 최호가 '이것은 내가 경전을 태워버린 현보(現報)'라고 말했다. 그는 산채로 매장 당했다.

최호의 문벌은 이미 주살되었을 뿐만 아니라 청하최씨(淸河崔氏), 범양노씨(范陽盧氏), 태원곽씨(太原郭氏), 하동유씨(河東柳氏)도 모두 최호와 인척간이라고 해서 몰살시켰다.[195]

종애(宗愛)는 북위의 환관(宦官)으로 태무제 때에 중상시(中常侍)가 되어 불법을 많이 저질렀다. 벼슬은 태사(太師) · 도독중외제군사(都督中外諸軍事)였고, 봉작은 풍익왕(馮翊王)이었다. 문성제(文成帝)에게 사형당하고 삼족(三族)도 주륙(誅戮) 되었다.

---

192 좨주(祭酒)는 한(漢) · 위(魏) 이후 청말(淸末)까지 있었던 벼슬이름으로 한(漢)때에는 육경좨주(六經祭酒)와 박사좨주(博士祭酒)로 오경박사(五經博士)의 우두머리였으며, 진(晉)때에는 국자좨주(國子祭酒)로, 수(隋) · 당(唐) 이후에는 국자감좨주(國子監祭酒)로 국자감을 감독하였다. ※祭가 벼슬이름일 때는 '좨'로 읽는다.

193 『광홍명집(廣弘明集)』제2:〈52-102하〉至眞君十一年 浩誅備五刑 時年七十.〈진군(眞君)11년에 이르러 최호가 5형을 갖추어 주살되니 그때 나이 70이었다.〉

194 함거(轞車 · 檻車):예전에, 죄인을 실어 나르던 수레.

195 『광홍명집(廣弘明集)』제2:〈52-102하〉妻郭氏敬信釋典 誦金剛般若 浩取焚之 捐灰於厠 及幽執檻車送于城南 使衛士十人行溲其上 呼聲嗷嗷聞于行路 浩曰 斯吾投經之現報也…浩門旣誅 淸河崔氏無遠近 及范陽盧氏 太原郭氏 河東柳氏 皆浩之親姻也 盡夷其族.

두 번째는 북주(北周) 무제(武帝:재위560~578)의[196] 폐불사건이다.

무제가 등극할 당시 북주에는 200만이 넘는 승려와 3만 개가 넘는 사찰이 있었다고 한다. 무제는 스님들을 공경하고 예우하면서도 유교의 치국평천하(治國平天下)의 가르침을 생각하고 유교를 가장 중시했다. 당시 흑의(黑衣)가 천하를 얻을 것이라는 참위설(讖緯說)이 돌았는데,[197] 무제가 이를 극도로 싫어하자 총애하던 신하 위원숭(衛元崇)과 도사(道士) 장빈(張賓)이 이 틈을 타서 불교를 비방하고 사문들이 검은 옷을 입은 자들이라고 황제를 부추겼다. 무제는 점차 도교를 중시하고 불교를 경시하게 되었다.

천화(天和) 4년(569)에 네 차례에 걸쳐 유교·불교·도교의 학자들을 소집하고 각각의 교의(敎義)를 논하게 했는데 서로 자기주장만을 펼쳐 결론이 나지 않았다. 건덕(建德)2년(573) 2월에 다시 여러 신하와 도사·사문들을 모아놓고 삼교의 선후를 변론케 하였는데, 결과적으로 유교·도교·불교의 순서가 되었다. 이에 불교계는 크게 반발하여 혜원(慧遠)법사(法師)와[198] 무제 간에 열두 차례에 걸쳐 글이 오갔으나 더 이상 굴복시킬 수 없다는 것을 안 무제가 건덕(建德) 3년(574) 5월에 불교를 폐할

---

[196] 북주 무제는 우문태(宇文泰)의 넷째 아들로 이름은 우문옹(宇文邕)이고, 자(字)는 예라돌(禰羅突)이다. 노국공(魯國公)으로서 명제(明帝)의 유조(遺詔)에 의하여 제위(帝位)에 올라 전정(專政)하던 우문호(宇文護)를 주살하고 친정(親政)하였다. 북제(北齊)를 멸망시키고 북방을 통일하여 국세를 떨쳤다. 재위는 18년에 묘호(廟號)는 고조(高祖)이고, 연호는 보정(保定)·천화(天和)·건덕(建德)·선정(宣政)이다.

[197] 『광홍명집(廣弘明集)』 제8:〈52-136상〉 自古相傳黑者得也 謂有黑相當得天下 猶如漢末訛言 黃衣當王〈옛날부터 전해오기를 '검은 것[黑者]이 얻으리라고 하니, 검은 모습[黑相]이 천하를 얻는다는 것이었다. 마치 한(漢)나라 말기에 황의(黃衣)를 입은 자가 왕이 된다는 거짓말이 퍼진 것과 같다고 하겠다.〉

[198] 여기서 말하는 혜원법사(523~592)는 북주(北周)와 수(隋)나라에 걸쳐 활동한 스님으로 여산 백련사의 혜원(335~417)과는 동명이인(同名異人)이다.

결심으로 도사(道士) 장빈(張賓)을 시켜 불교를 논박하게 하였는데, 이때 지현(知玄) 법사에게 도리어 논파 당했다. 화가 난 무제는 불교와 도교를 동시에 폐지토록 하여 경전과 불상을 불태우고 도사와 사문들을 환속시 켰다. 이때 환속당한 도사와 사문들이 2백여 만 명이었다고 한다.[199] 건 덕 6년(577)에 북주는 북제(北齊)를 정벌했고, 정복한 북제에서도 폐불이 시행되어 옷을 벗고 환속한 이가 3백 만 명이 넘었다고 한다.[200]

건덕 7년(578) 악창으로 무제가 죽고 선제(宣帝)가 즉위하여 불법을 회 복하도록 명령했다.

세 번째는 당(唐)나라 무종(武宗:재위 840~846)의 폐불 사건이다.

독실한 도교신자였던 무종은 회창(會昌) 5년, 즉 845년에 도사(道士) 조 귀진(趙歸眞)과 재상(宰相) 이덕유(李德裕)의 배불정책을 실행에 옮겨 천하 의 사원(寺院)을 헐고, 승니(僧尼) 26만 명을 환속시킨 사건이다. 무종에 의해 저질러진 회창폐불(會昌廢佛)이 역사상 가장 심각한 폐불이 되었다. 회창 2년(842)에서 회창 5년(845) 8월에 내려진 칙명으로 큰 사찰 4,600 여 개 소와 작은 사찰 4만여 개 소가 파괴되었고, 환속시킨 사문이 무려 26만여 명에 달했다. 사원의 노비에서 해방된 자가 15만 명이었고, 몰수 된 사원의 전답이 수천 만 경(頃)이었다.[201] 이때 내려진 칙령의 내용에는 이런 것이 있다.

---

199 『불조통기(佛祖統紀)』 제38:〈49-358하〉 沙門道士 並令還俗 時國境僧道反服者 二百餘萬. 〈사문(沙門)과 도사(道士)를 함께 환속토록 했는데, 이때 나라 안의 승려(僧侶)나 도사(道 士)로 옷을 바꾸어 입은 자가 2백 만이 넘었다.〉

200 『불조통기(佛祖統紀)』 제38:〈49-358하〉 六年 伐齊滅之 並毀齊境佛教經像 時僧尼反服 者 三百餘萬.

201 『불조통기(佛祖統紀)』 제42:〈49-386상〉 八月勅諸寺立期毀折 括天下寺四千六百所蘭若四 萬所 寺材以葺廨驛 金銀像以付度支 鐵像以鑄農器 銅像鐘磬以鑄錢 收良田數千萬頃 奴婢 十五萬人 僧尼歸俗者二十六萬五百人.

'한 사람이 농사짓지 않으면 굶주림을 당하는 사람이 있게 마련인데, 지금 온 나라에 수를 셀 수 없을 정도로 많은 비구·비구니가 모두 남이 농사지은 것을 먹고, 남이 길쌈한 것으로 옷을 입는다. 사찰의 건물과 승방은 그 한도를 알 수 없는데 모두가 웅장하고 지나칠 정도로 화려하게 치장하여 궁궐이 아닌가 의심할 정도다. 진(晉)·송(宋)·제(齊)·양(梁) 등의 나라가 경제적으로 피폐해졌고, 풍속이 문란해진 것도 여기에서 비롯되지 않은 것이 없다.[202]

무종의 숙부였던 선종(宣宗)은 무종 때 절에 들어가 살다가 무종이 죽자 즉위하여 불교의 복구에 나섰다. 조귀진(趙歸眞) 등 13명을 체포하여 죽이고 이덕유(李德裕)는 애주사호(崖州司戶)로 쫓겨나 죽었다.

이덕유(787~849)는 당(唐)의 조군(趙郡)사람으로 자(字)는 문요(文饒)이다. 어려서 웅대한 포부를 가지고 힘써 공부하였으나 과거 보기는 좋아하지 않았다. 목종(穆宗) 때 한림학사(翰林學士)에 충원되어 조서(詔書)와 중요한 글을 대부분 지었다. 무종(武宗) 때 회남절도사(淮南節度使)에서 재상으로 들어와 번진(藩鎭)의 변란을 막고 정책을 결단하는 등 위세와 권력이 대단하였다. 이당(李黨)의 수령이 되어 우당(牛黨) 우승유(牛僧孺) 등의 견제를 받다가 그들의 참소(讒訴)로 애주사호(崖州司戶)로 쫓겨나 죽었다. 뒤에 상서좌복야(尙書左僕射)·태자소보(太子少保)에 추증되고 위국공(衛國公)에 추봉되었다.

네 번째는 후주(後周) 세종(世宗:재위954~959)의 폐불 사건으로 일종(一

宗)에 해당된다.

　세종(世宗)은 불교가 번성하여 국가에 손해가 되는 것, 즉 전쟁이 일어났을 때 군사를 조성하는데 부정적인 영향을 끼치는 것을 빌미로 삼아 현덕(顯德) 7년, 즉 960년에 칙령을 내려 사사로이 출가하는 것을 가혹할 정도로 억제하였다. 출가자는 반드시 국가가 공인한 계단에서만 계를 받도록 했고, 사원을 짓는 데에도 관청의 허락을 받도록 하고 일정금액 한도 내에서 절을 짓도록 했다. 이것을 어길 때는 그 절을 허물어버렸다. 민간에 있는 동상(銅像)과 금동으로 만든 기물은 50일 내에 관청에 제출하여 동전을 주조하게 했다. 만일 한 근 이상의 것을 사사로이 소장하면 누구나 사형에 처했다. 이 정책으로 훼손된 사원의 수가 3만 336개 소였고, 다수의 불상과 법기(法器)가 동전으로 주조되었다. 세종이 죽고 송(宋) 태조(太祖)가 즉위하여 크게 불법을 회복하였다.

53

◆ 내 일찍이 불교도들을 관찰(觀察)하니 수행자들 중에는 부귀와 영화를 버린 이도 있고, 잘생기고 총명한 사람도 있었다. 그들 역시 누릴만한 부귀, 기뻐할 만한 젊음과 미모, 살지고 신선한 맛, 수레와 의복의 아름다움에 아랑곳하지 않고 심산유곡(深山幽谷) 고요한 곳을 달게 여기면서 보잘것없는 음식과 허름한 옷으로 배고픔과 추위를 겨우 벗어난다. 설사 도를 크게 통달하지는 못할지라도 이들은 틀림없이 차츰차츰 스스로 얻는 것이 있을 것이다.

余여가 嘗觀察其徒中間상관찰기도중간 하니 有辭榮捨富者유사영사부자 하며

俊爽聰明者준상총명자이니라[203] 彼亦不知富貴可樂피역부지부귀가락과[204] 春色可喜춘색가희와 肥鮮之甘비선지감과 車服之美거복지미 하고 而甘心이감심으로 於幽深闃寂之處어유심격적지처 하야 藜羹려갱과[205] 韋布위포로 僅免饑寒근면기한 하니 縱未能大達其道종미능대달기도라도 是시는 必漸有所自得者歟필점유소자득자여인저

54

◆ 그럼에도 헐뜯기 좋아하는 사람들은 수행자들이 밭 갈고 씨앗뿌리지 않고 먹는다고 꽤나 미워하고 비난한다. 그 사람 역시 하나만 알고 그 밖에는 알지 못하는 자들이다.

큰 도회지에는 밭 갈고 씨앗 뿌리지 않고 먹는 자가 열에 일고여덟이고, 산과 숲, 강과 바다에 이르면 좀도둑이나 겁탈하는 자들이 있고, 시장의 가게나 여관에는 몸을 팔고 시시덕거리는 건달패가 있으며, 후미지고 외떨어진 뒷골목에는 관청의 물건을 훔쳐 팔며, 신을 모신 사당이나 신주를 모시는 집에는 사동(師童)이 춤을 추고 무당이 제사를 지낸다. 이들 모두가 씨앗 뿌리지 않고 먹는다는 것을 어찌 자세히 살펴보지 않고 오로지 성(城)을 지키듯이 마음을 지키고 보호하는 이들만 특별히 미워하는가?

지금 호적(戶籍)을 가진 백성 가운데 스스로 쟁기질하고 호미질 하는

---

203 준상(俊爽): 용모가 준수하고 마음이 밝고 맑음.
204 피역부지부귀가락(彼亦不知富貴可樂)에서 부지(不知)의 지(知)는 '참견하다, 따져 묻다. 관여하다, 간섭하다' 등의 의미이다. 예를 들어 如何是一尊相屬 萬事休知라는 말이 있는데, 무엇이 단 하나의 존귀한 모습에 속하는가? 세상만사 간섭하지 않는 것이라는 뜻이다.
　※이때의 휴(休)는 '…하지 말라, …을 그만두라. 금지나 부정을 나타낸다.
205 여갱(藜羹):명아주 국, 보잘 것 없는 음식.

자들이 얼마나 되던가?

議者의자는 深嫉其徒심질기도가 不耕而食불경이식이나 亦人역인도 知其一지기일이요 而莫知其他也이막지기타야이니라

豈不詳觀通기불상관통가 都大邑도대읍에 不耕而食者불경이식자가 十居七八십거칠팔이요 以至山林江海之上이지산림강해지상에는 草竊姦宄초절간귀하고[206] 市廛邸店之下시전저점지하에는 娼優廝役창우시역 하며 僻源邪徑之間벽원사경지 간에는 欺公負販기공부판 하며 神祠廟宇之中신사묘우지중에는 師童巫祝者사동무사자가 皆然也개연야니라 何獨至於守護心城者하독지어수호심성자 하야 而厭之哉이염지재리오

今戶籍之民금호적지민에 自犁鋤者자리서자가 其亦幾何기역기하오

55

◆ 승려들 중에는 화전(火田)을 일구어 농사를 짓는 자도 있고, 나무를 심고 숲을 가꾸는 자도 있으며, 물을 끌어다 채소나 과일 나무를 키우는 자도 있으며, 농사에 힘을 쏟는 자도 있는데, 그것이 어찌 유독 오늘 뿐이겠는가?

釋氏석씨에는 有刀耕火種者유도경화종자 하고[207] 栽植林木者재식림목자 하며 灌漑蔬果者관개소과자 하며 服田力穡者矣복전력색자의이니[208] 豈獨今也기독금야리오

---

206 간귀(姦宄): 법을 어기고 난을 일으키는 일. 겁탈함.
207 도경화종(刀耕火種)은 화전(火田)을 가꾸고 경작하는 농사를 말한다. 도경화누(刀耕火耨)나 도경화운(刀耕火耘)도 같은 뜻이다.
208 복전(服田)은 농사에 종사함을 말하고, 역색(力穡)은 힘을 다하여 경작하는 것을 뜻한다. 역전(力田)도 같은 뜻이다.

56

◆ 옛날 지장선사(地藏禪師)는[209] 언제나 스스로 밭을 일구었고, 일찍이 말씀하시기를, 제방(諸方)에서는 선(禪)은 아무 걸림 없는 넓은 경지라고 말하지만 내가 여기서 밭에 씨앗을 뿌리고 먹고 마시는 것보다 어찌 더 걸림이 없겠느냐고 하였다.

如古之地藏禪師여고지지장선사는 每自耕田매자경전 하고 嘗有語云상유어운하되 諸方제방에선 說禪浩浩地설선호호지이나[210] 爭如我這裏種田博飯喫쟁여아저리종전박반끽이리오[211]

◆ 백장유정 선사(百丈惟政禪師)는[212] 대중들에게 밭을 개간하라고 분부하면서 말하기를, 대중들이 노승을 위해 밭을 개간한다면 노승은 대중을 위해 불법의 뜻을 말해 주리라고 했다.

百丈惟政禪師백장유정선사가 命大衆開田명대중개전 하야 曰왈 하되 大衆대중이 爲老僧위노승 하야 開田개전 하면 老僧노승은 爲大衆위대중 하야 說大法義설대법의라 하니라

---

209 지장선사(地藏禪師)는 설봉의존(雪峰義存)의 제자 현사사비(玄沙師備:835~908)의 법을 이는 장주(漳州) 지장계침(地藏桂琛:867~929)을 말한다. 나한계침(羅漢桂琛)이라고도 한다.

210 호호지(浩浩地)의 지(地)는 어조사(語助辭)이고, 호호(浩浩)는 마음에 거리낌이 없는 모양이다.

211 쟁여(爭如)는 '어찌…보다 나으랴, 어찌하랴. …만 못함'이라는 뜻이다.

212 백장유정(百丈惟政)은 마조문하(馬祖門下)의 고승으로 전하고 있으나 생몰연대를 알 수 없다.

◆ 대지 선사(大智禪師)는[213] 말하기를, 하루 일하지 않았으면 하루를 먹지 말라고 했고, 위산영우 선사(潙山靈祐禪師)가[214] 앙산(仰山)에게 너는 금년 여름 어떤 일을 했느냐고 물으시니, 앙산이 대답하기를, 한 조각 땅을 일구어 그 땅에 곡식을 심었다고 했다. 위산이 말하기를, 너는 세월을 헛되이 보내지 않았다고 말할 만하다고 했다.

大智禪師대지선사가 曰왈 하되 一日不作일일부작이면 一日不食일일불식이라 하시고 潙山위산이 問仰山문앙산 하야 曰왈하되 子자는 今夏금하에 作得箇什麼事작득개십마사 하니 仰山앙산이 曰왈 하되 鋤得一片地서득일편지 하야 種得一畬粟종득일여속로이다 하니 潙山위산이 曰왈 하되 子자는 可謂不虛過時光가위불허과시광라 하시다

◆ 단제 선사(斷際禪師)는[215] 자주 대중을 모아서 소나무를 심고 차를 일구었으며, 동산총 선사(洞山聰禪師)는[216] 항상 몸소 금강령(金剛嶺)에[217] 소

---

213 대지선사(大智禪師)은 백장회해(百丈懷海:749~814)를 말한다. 백장회해는 오늘날 선종의 생활규범인 백장청규(百丈淸規)를 제정하였고, 단제황벽(斷際黃檗)과 위산영우(潙山靈祐)와 같은 고승들을 배출하였다.

214 위산(潙山)은 위앙종(潙仰宗)의 초조(初祖)인 영우(靈祐:771~853)를 말하며, 앙산(仰山)은 위산영우의 제자 혜적(慧寂:814~890)을 말한다. 위앙종은 위산영우와 앙산혜적의 가르침을 받드는 선종의 한 종파이다.

215 단제황벽 선사(斷際黃檗禪師:?~850)는 황벽산에 거주했던 희운 선사(希運禪師)를 말한다. 백장회해의 법을 이었고, 임제의현(臨濟義玄)이란 걸출한 선승을 배출하였으며 속가제자로 배휴(裴休:797~870)가 있다.

216 동산총 선사(洞山聰禪師)는 운문종(雲門宗)의 문수응진(文殊應眞)의 제자 동산효총(洞山曉聰)을 말한다.

217 금강령(金剛嶺)은 지금의 동산북령(洞山北嶺)을 말하는데, 동산(洞山)은 하북성(河北省) 노룡현(盧龍縣) 영평부성(永平府城)의 서쪽에 있는 산 이름이다.

나무를 심었다. 이런 때문에 지금 총림(叢林)에서[218] 울력하는[219] 풍속을 남겼다.

斷際禪師단제선사는 每集大衆매집대중 하야 栽松재송 하고 钁茶곽다 하며 洞山聰禪師동산총선사는 常手植金剛嶺松상수식금강령송 하시니 故고로 今叢林금총림의 普請之風보청지풍이 尙存焉상존언이니라

60

◆ 승려들은 비록 여럿이 살더라도 각자마다 한 끼의 죽, 한 끼의 밥으로 연명하면서 떨어진 옷을 기워 추위를 막으면서 소비하는 것을 줄였다.

뿐만 아니라 나라의 은혜를 받아서는 삼보(三寶)를 융성케 하였으며 나라의 은혜로 받은 것을 사용하여 농사지으려 했다. 더욱이 논밭과 동산에 일상에 따른 조세 외에 다시 사원에 세금을 부과하는 관리가 오갈 때 이런저런 물품을 공급하기도 했다.

매년 수확도 오히려 일반 서민들보다 많았으니 공적으로나 사적으로 어찌 손해되는 것이 있겠는가?

釋氏석씨가 雖衆수중이나 而各止一身一粥一飯이각지일신일죽일반 하고 補破遮寒보파차한 하야 而其所費이기소비가 亦寡矣역과의니라

且其旣受國恩차기기수국은 하야 紹隆三寶소륭삼보 하고 而欲復使之爲農可乎이욕부사지위농가호니라 況其田園황기전원의 隨例常賦之外수례상부지외에 復有院額科敷官客부유원액과부관객이 往來종래에 種種供給종종공급 하니라

歲之所出세지소출이 猶愈於編民之多也유유어편민지다야 하니[220] 其於公私
기어공사에 何損之有하손지유리오

61

◆ 나는 일찍이 농사를 장려한다는 빈말을 하고 농민들의 실질적인 근
심걱정을 윽박질러 억압하는 지금의 관리들을 미워했다.

　만약 세상에 이롭고 필요로 하는 것이고, 참으로 이익이 있다면 권유
하지 않아도 사람들이 자진하여 따를 것이다.

　지금 공무를 등지고 사익을 추구하는 자가 남의 재물을 약탈하기를
그치지 않는다. 때로는 남의 것을 빼앗을 때 절실히 필요하지도 않은 법
이나 제도를 만들기도 한다. 이것은 억압일 뿐이지 무슨 권장이 있다는
말인가?

　余嘗疾今官有勸農之虛名여상질금관유권농지허명 하고[221] 而挾抑農之實患
이협억농지실환로다[222]

　且世之利用차세지리용 하고 苟有益者구유익자라면 不勸불권 하여도 而人이인
이 自趨矣자추의니라

　今背公營私者금배공영사자가 侵漁침어를[223] 不已불이 하니 或奪其時혹탈기시
에 作不急之務작불급지무 하니 是시는 抑之也억지야요 何勸之有하권지유리오

220 편민(編民):호적에 편입된 평민, 서민(庶民), 편맹(編氓), 편맹(編甿).
221 여상질금관유권농지허명(余嘗疾今官有勸農之虛名)에서 유(有)는 어느, 어떤, 한, 사람, 장소,
　　때 등에 함께 쓰여 부분적인 것을 나타낸다.
222 협억(挾抑):윽박질러 억누름. 실환(實患):실제의 근심이나 재앙.
223 침어(侵漁):어부가 남의 어장을 침범하여 고기를 낚듯 남의 재물을 약탈함.

◆ 오늘날 빈들거리며 게으름을 피우는 이들이 열 가운데 항상 일고여 덟이나 되고, 농사에 힘쓰는 자는 열 가운데 겨우 둘 셋에 지나지 않는다. 농사에 힘쓰는 자가 비록 적지만 항상 곡식이 쌓이도록 한다면 양식도 물과 불처럼 넉넉할 것이다.[224] 그러나 근래에 가물기도 하고 큰 비가 오는 일이 해마다 없지 않아서 전국의 곡식들이 꽃은 피지만 결실을 맺지 못하는 것이 해마다 열 가운데 항상 둘셋이나 되고 심하면 반이 넘었다. 농사짓는 사람이 적어지면 어찌 식량이 부족하지 않겠는가?

今游惰者금유타자가[225] 十常七八십상칠인이요 耕者경자는 十之二三십지이삼이라 耕者경자가 雖少수소나 若使常稔약사상임 하면 則菽粟즉숙속이[226] 亦如水火矣역여수화의니라 近歲근세에 或旱혹조 하고 或潦혹료가 無歲無之무세무지라서 四方之稼사방지가에 秀而不實者수이불실자가[227] 歲常二三세상이삼이요 甚者심자는 過半과반 하니 亦豈爲耕者역기위경자가 少소 하면 而糧이량이 不足哉부족재리오

224『맹자(孟子)』「진심장(盡心章)」상, '철 따라 알맞도록 먹고 예의 규제에 따라 알맞도록 쓰면 재물을 이루 다 써내지 못하게 된다. 인민들은 물과 불이 아니면 생활할 수 없는데 저녁에 남의 집 문을 두드려 물과 불을 달라고 하여 주지 않는 사람이 없으니, 이는 물이나 불이 쓰고도 남을 정도로 매우 넉넉하기 때문이다. 성인이 천하를 다스림에 있어서는 곡식을 물이나 불과 같이 넉넉하도록 만든다. 곡식이 물이나 불처럼 넉넉하면 어찌 불인(不仁)한 자가 생기겠는가?'[食之以時 用之以禮 財不可勝用也 民非水火不生活 昏暮叩人之門戶 求水火 無弗與者知足矣 聖人治天下 使有菽粟如水火 菽粟如水火而民 焉有不仁者乎](蔡義順 譯解,『孟子』韓國協同出版公社, 1983, 362~363쪽.)
　※수화(水火)는 물과 불처럼 일상생활에 없어서는 안 될 중요한 물건을 비유한다.
225유타(游惰):빈들빈들 놀며 게으름을 피움.
226숙속(菽粟): 원뜻은 콩[菽]과 조[粟]지만 양식의 일반적인 명칭이다.
227수이불실(秀而不實)은 이삭이 나와 꽃은 피었으나 열매를 맺지 못함을 말한다,
　※『논어(論語)』「자한편(子罕篇)」에 苗而不秀者有矣夫 秀而不實者有矣夫[싹은 나왔으나 꽃을 피우지 못하는 것이 있고, 꽃은 피되 열매를 맺지 못하는 것이 있다.]

◆ 노자가 이르되, 나는 하는 것이 없으나 백성들은 저절로 넉넉하다고 했다. 참으로 천지 간 음양의 조화를 이루어 풍년을 부를 수 없다면 비록 농사에 힘쓰는 사람이 많다고 하더라도 어떻게 그해의 풍년인가 흉년인가로 왕조의 운명이 관련된다고 말하겠는가? 하늘의 이치 또한 저절로 헤아림이 있다고 여겨야 할 것이다.

해마다 항상 풍년만 든다면 곡식은 더욱더 값이 싸지고, 힘써 농사짓는 자는 한층 더 줄어든다는 것은 불을 보듯 빤한 이치이다.

老子노자가 曰왈 하되 我無爲아무위나 而民自富이민자부라 하니[228] 苟無以致和氣구무이치화기 하야 而召豊年이소풍년이면 雖多耕수다경인들 而奚以爲歲之豊凶이해이위세지풍흉으로 繫乎世數계호세수리오[229] 意其天理의기천리도 亦自有準量歟역자유준량여인저

歲常豊세상풍 하면 穀愈賤곡유천 하고 耕者경자는 愈少유초리니 此차는 灼然之理작연지리니라

◆ 승려는 부처님이나 조사의 가르침에서 출발하여 애써 수행하는 자도 있고, 남들이 모르게 수행하는 사람도 있다. 이들 각자마다에 삼매(三昧)

---

228 『도덕경(道德經)』제57, '성인이 말했다. 내가 아무 것도 하지 않으니, 백성들이 스스로 화육하고, 내가 허정(虛靜)을 좋아하니, 백성들이 스스로 바르게 되고, 내가 아무 일도 꾸미지 않으니, 백성들이 스스로 부를 누리고, 내가 아무 것도 욕심내지 않으니, 백성들이 스스로 소박하게 되더라.[聖人云 我無爲而民自化 我好靜而民自正 我無事而民自富 我無欲而民自樸](張基槿 · 李錫浩 譯, 『老子 · 莊子』, 三省出版社, 1982, 144~145쪽.)
229 세수(世數)는 왕조의 운명을 말한다.

가 있어서 분수에 따라 항상 변함없는 덕을 지킨다.[230] 부지런히 힘써 계율을 지키고, 생각 생각마다 선정과 지혜를 떠나지 않는다. 사람들이 버리기 어려워하는 것을 능히 버린 사람이요, 다른 사람들이 능히 행할 수 없는 것을 능히 행하는 사람이다.

僧者승자는 佛祖所自出也불조소자출야라 有苦行者유고행자 하고 有密行者유밀행자 하며[231] 各人각인이 有三昧유삼매 하야 隨分수분 하야 守常德수상덕이니 孜孜於戒律자자어계률 하고[232] 念念在定慧념념재정혜이니라 能捨人之所難捨능사인지소난사요 能行人之所不能行능행인지소불능행이니라

65

◆ 밖으로는 부귀를 뜬 구름처럼 여기고, 미색과 속삭임을 대할 때는 골짜기의 메아리처럼 여긴다. 도를 구하되 큰 깨달음을 기약한 뒤에야 그치고, 중생에게 은혜를 베풀되 중생을 생각하는 것을 한시도 잊어버리

---

230 『도덕경(道德經)』제28, '남성의 힘을 쓸 수 있으면서도 여성적인 겸허와 유약을 지키면 천하의 물을 모아 흐르게 하는 골짜기 같이 될 수 있다. 천하의 골짜기가 되므로 영구불변하는 무위의 덕에서 떨어지지 않고, 따라서 영아같이 순진 소박한 상태로 복귀할 수가 있다. 밝게 알아 혼돈하고 유현한 도를 지키면 천하의 모범이 될 수 있다. 천하의 모범이 되므로 영구불변하는 무위의 덕을 어기지 않고 따라서 무궁무진한 도에 복귀할 수가 있다. 현세의 영광을 누릴 수 있으면서도 도리어 하천한 자리를 지킬 수 있으면 천하의 골짜기가 될 수 있다. 천하의 골짜기가 되므로 영구불변하는 무위의 덕이 충족하게 되고 따라서 소박한 상태로 되돌아갈 수가 있다. 소박한 도가 흐트러져 만물이 이루어진다. 성인은 그러한 도를 써서 백관의 장이 된다. 그런고로 위대한 정치는 깎고 자르는 일 없이 혼연일체를 이루게 마련이다.'[知其雄 守其雌 爲天下谿 爲天下谿 常德不離 復歸於嬰兒 知其白 守其黑 爲天下式 爲天下式 常德不忒 復歸於無極 知其榮 守其辱 爲天下谷 爲天下谷 常德乃足 復歸於樸 樸散則爲器 聖人用之 則爲官長 故大制不割](張基槿 · 李錫浩 譯, 『老子 · 莊子』 三省出版社, 1982, 93쪽.)

231 밀행(密行):소승 불교에서는 계를 엄격하게 잘 지키는 수행을 말하지만 대승 불교에서는 내면에서 선을 쌓고 밖으로 드러내지 않는 수행을 의미한다,

232 자자(孜孜):부지런히 힘쓰는 모양. 자자(孶孶)와 같다.

지 않는다. 오늘날 승려를 미워하는 이들은 부처님과 조사마저도 미워
하는 것인가?

　外외로 富貴부귀를 若浮雲약부운 하고 視色聲시색성을[233] 如谷響여곡향 하야
求道구도 하되 則期大悟즉기대오 하야 而後已이후이 하고 惠物혜물 하되 則念
衆生즉념중생을 而不忘이불망이니라 今厭僧者금염승자는 其厭佛祖乎기염불조
호아

66

◆ 부처님은 계를 지킴으로 효를 실천하도록 했고, 죽이지 않고, 훔치지
않고, 음란하지 않고, 거짓말하지 않고, 어육이나 술을 먹지 않도록 하여
자신도 이롭게 하고 남도 이롭게 하여 사랑[仁]이 뭇 생명들에게까지 미
치도록 했다. 어찌 현세의 부모뿐이겠는가?

　무량겁 이래의 일체중생들 모두를 일찍이 자기 부모나 일가 친척으로
여기기 때문에 그들 모두를 자비로 평등하게 여기고 모두가 해탈하기를
바란다. 이것으로 효를 삼으니 그 어찌 뛰어나지 않겠는가?

　佛불이 以持戒이지계로 當行孝당행효 하고 不殺불살과 不盜부도와 不淫불음
과 不妄불망과 不茹葷酒불여훈주 하야[234] 以此이차로 自利利他자리이타 하야 則
仁及含靈耳즉인급함령이니 又豈現世父母哉우기현세부모재리오

　蓋念一切衆生개념일체중생 하되 無量劫來무량겁래를 皆曾爲己父母宗親
故개증위기부모종친고로 等之등지로 以慈이자 하야 而擧期解脫이거기해탈이니라

---

233 색성(色聲)에서 색(色)은 남자의 경우는 미모의 여성이고 여자의 경우에는 잘 생긴 남자를
　　말하며, 성(聲)은 노래 소리나 속삭임을 의미한다.
234 여훈(茹葷)에서 여(茹)는 먹는다는 뜻이고, 훈(葷)은 생강이나 파, 마늘, 부추처럼 자극이 강
　　한 채소를 말한다. 소나 양 돼지 등의 고기를 대훈(大葷)이라 하고, 닭이나 물고기 등의 고
　　기를 소훈(小葷)이라 하므로 여훈은 어육(魚肉)을 먹는 것을 뜻하기도 한다.

以此이차로 爲孝위효 하니 不亦優乎불역우호아

67

◆ 총명(聰明)함이 업(業)에 맞설 수 없거늘 부귀(富貴)하다고 어찌 윤회 (輪廻)를 벗어날 수 있겠는가.[235] 구리가 생산되는 산이 어찌 굶어 죽는 것을 구제할 것인가? 금이 나오는 굴이 장수(長壽)를 지켰다는 소리는 들어보지도 못했다.

且聰明차총명이 不能敵業불능적업 하고 富貴부귀가 豈免輪廻기면륜회어늘 銅山동산이 奚補於餒亡해보어뇌망 하며 金穴금혈로 靡聞於長守미문어장수로다[236]

68

◆ 나는 높이 장원급제를 했고, 벼슬이 조정의 재상(宰相)에 이르렀거늘 세속의 명리(名利)에 대해 무엇을 불만스러워하겠는가?

간절하게 세속의 명리에 마음이 얽매인 사람은 명리를 얻게 되면 한없는 즐거움을 얻는다지만 거듭하여 생각해 보면 인생은 허망하여 물거품이 일어나고 사라지는 것과 같을 뿐만 아니라 오온(五蘊)이[237] 완전할

---

235 『경덕전등록(景德傳燈錄)』 제26:〈51-426중〉 온주(溫州) 서록사(瑞鹿寺)의 본선선사(本先禪師)가 말하기를, 총명으로 생사를 겨루지 못하고 건혜(乾慧)로 어떻게 고통으로 윤회를 벗어나겠느냐(聰明不敵生死 乾慧豈免苦輪)고 했다.

236 동산금혈(銅山金穴)은 구리와 금이 생산되는 산과 굴이니 비교할 수 없을 만큼 재산이 많은 큰 부자를 비유한다.

237 오온(五蘊)은 초기불교의 핵심이 되는 교리로 우리가 경험적 세계를 주관적으로 받아들여 생각하고, 행동하며, 분별하는 전 과정을 통해 자아(自我)라는 망상(妄想)을 낳게 되는 과정을 설명하고 있다. 바꾸어 말하면 우리가 어떻게 외부세계를 알게 되는가를 말해주는 불교의 인식론적 교리체계이다. 이에 대한 자세한 것은 역주자의 『붓다 다르마』제4장 인식론(도서출판 문화문고, 2010, 159~244쪽)을 읽으시길 바란다.

때[238] 도를 듣지 못한 것이 어찌 애석하지 않겠는가?

余忝高甲之第여첨고갑지제 하야[239] 仕至聖朝宰相사지성조재상이거늘 其於世俗名利기어세속명리에 何慊乎哉하겸호재아

拳拳권권히[240] 繫念於此者계념어차자는 爲其有위기유 하면 自得於無窮之樂也자득어무궁지악야이니라 重念중념 하면 人生幻化인생환화 하야 不啻浮泡之起滅불시부포지기멸이라 於茲五蘊完全之時어자오온완전지 시에 而不聞道이불문도 하면 可不惜哉가불석재아

69

◆ 만약 세상에 진여열반(眞如涅槃)보다[241] 더한 다른 어떤 오묘한 도리가 있어서 나 자신이 수긍할 수 있었다면 내 무엇 때문에 진여열반을 버리고 세상의 다른 묘도(妙道)를 뒤좇지 않았겠는가?

가난을 싫어하고 부자를 부러워하며, 죽음을 두려워하고 사는 것을 기뻐하며, 남녀(男女)가 어울려 먹고 마시며, 논밭이나 동산, 장사하여 재물을 늘리는 일 등은 사람이면 누구나 아는 것이지만 군자(君子)는 그것을 소중하게 여기지만은 않는다.[242] 군자가 소중하게 여기는 것은 더 이

---

238 오온이 완전하다는 말은 온전한 신체를 구비한 사람으로 태어났다는 뜻이다. 불교에서는 온전한 신체를 갖추지 못하면 깨달음도 불가능하다고 보고 있다. 깨달음이란 우리가 접하게 되는 외부세계[六境]를 우리가 가지고 있는 눈·귀·코·혀·피부·뜻이란 육근(六根)으로 왜곡이나 오해 없이 있는 사실 그대로 직시하는 것을 의미한다.

239 첨(忝)은 겸사(謙詞)로 '고맙게도…하여 주다'는 뜻을 나타낸다.

240 권권(拳拳)은 정성스럽고 간절한 모양, 부지런한 모양, 자애로운 모양, 구부러진 모양.

241 진여열반(眞如涅槃)이란 우리가 경험하는 세계의 있는 사실 그대로의 순수한 모습 그대로가 고요하고 한가로운 이상적인 모습이란 뜻이다.

242 군자(君子)에 대하여『논어(論語)』「학이편(學而篇)」에 '남이 나를 알아주지 않는다 해도 원망하지 않으니 참으로 군자가 아니겠는가?'[人不知而不慍 不亦君子乎]라고 하였고,『논어(論語)』「안연편(顔淵篇)」에는 '군자는 남의 아름다운 점을 도와서 이루게 하고, 남의 사악

상 없는 오묘한 도리이다.

若世間약세간에 更有妙道갱유묘도 하야 可以印吾自肯之心가이인오자긍지심
하고 過眞如涅槃者과진여열반자라면 吾豈不能捨此오기불능사차 하고 而趨彼
耶이추피야리오

惡貧欲富오빈욕부 하고 畏死欣生외사흔생 하며 飮食男女음식남녀 하고 田園
貨殖之事전원화식지사는 人皆知之인개지지나 君子군자는 不貴也불귀야니 所貴
也者소귀야자는 無上妙道也무상묘도야니라

70

◆ 어떤 사람은 나에게 승려들은 부모가 준 몸뚱이를 훼손하고 세상을
피해 운둔하는 사람인데 그들을 도와서 무슨 득이 되느냐고 말하기도
한다.

내 말하기를, 내가 정말로 소중하게 여기는 것은 부처님이나 조사들
이 남긴 기풍(氣風)뿐이거늘 어찌 그들을 돌보겠는가? 맹자가 말하기를,
사람은 젊어서 부모를 따르고 색(色)을 좋아할 나이가 되면 잘 생긴 여자
를 그리워한다고 하였는데,[243] 그대는 어찌 그 말을 들어보지도 못했는
가? 두건을 쓰고 머리를 기르고 아내를 맞이해야만 반드시 효자(孝子)나
현인(賢人)이라고 누가 말하던가?

或謂余혹위여 하야 曰왈 하되 僧者승자는 毁形遁世之人훼형둔세지인이거늘

(邪惡)한 것을 선도(善導)하여 편승함이 없다. 그러나 소인배(小人輩)는 이와 반대(君子成
人之美 不成人之惡 小人反是)라고 하였고, '군자의 덕(德)은 바람과 같고, 소인의 덕은 풀과
같은지라. 바람이 불면 풀은 반드시 바람에 쏠리어 따르게 마련(君子之德風 小人之德草 草
尚之風必偃)이라고 했다.

243 『맹자(孟子)』「만장장(萬章章)」상, '사람은 어려서는 부모를 경모하고 색을 좋아할 나이가
되면 잘 생긴 여자를 애모하고, 처자가 생기면 처자를 생각한다.'[人少則 慕父母 知好色則
慕少艾 有妻子則慕妻子](蔡羲順 譯解, 『孟子』 韓國協同出版公社, 1983, 246쪽.)

而子이자가 助之조지는 何多哉하다재리오

余여가 曰왈 하되 余여가 所存誠者소존성자는 佛祖遺風矣불조유풍의어늘 豈
恤乎他哉기휼호타재리오 子자는 豈不聞기불문가 孟子맹자가 言언 하되 人少則
慕父母인소즉모부모 하고 知好色지호색 하면 則慕少艾즉모소애거늘 孰謂숙위 하
되 巾髮而娶者건발이취자라야 必爲孝子賢人필위효자현인이런가

71

◆ 지금 세속에는 노름 하고 장기 두며, 술 마시고 용맹함을 자랑하느
라 호랑이와 겨룸으로써 부모를 편안하지 못하게 하는 자들이 어디에
나 다 있거늘 어찌 겉모습만 보고 마음에 대해서는 말하지 않는가라
고 말한다.

今世俗之間금세속지 간에 博弈飮酒박혁음주 하고 好勇鬪狠호용투한 하야 以
危父母者이위부모자가 比比皆是也비비개시야거늘[244] 又安相形우안상형 하고[245]
而不論心哉이불론심재리오

72

◆ 선배(先輩) 중에 「무불론(無佛論)」을 쓴 사람이 있었는데,[246] 스스로 미

---

[244] 비비(比比)는 빈번히, 도처에, 어디든지. 언제나 있다는 뜻이니 비비개시(比比皆是)는 어느
　　것이나 다 옳다거나 어디에나 다 있다는 말이다.
[245] 상형(相形)은 사람의 얼굴을 보고 길흉을 점치는 일을 말한다.
[246] 장상영에 앞서 「무불론(無佛論)」을 쓴 사람은 당(唐) 나라 때의 두광정(杜光庭：850~933)을
　　말한다. 두광정의 자(字)는 빈성(賓聖)이고, 도호(道號)는 동영자(東瀛子)·등영자(登瀛子)
　　이다. 처음에는 경사(經史)를 깊이 연구하고 시와 문장에 뛰어났으나 만언과(萬言科)에 낙
　　방하자 천태산(天台山)에 들어가 도사(道士)가 되었다.
　　『고존숙어록(古尊宿語錄)』（卍續藏經：118-828하）에 '옛날 한 관료가 무불론을 지어 앙산
　　에게 바쳤다'(昔有一官人 著無佛論呈)고 했는데, 아마도 앙산혜적(仰山慧寂：814~890)에게
　　무불론을 써서 바쳤던 사람 또한 두광정인 듯하다.

욱함이 무척이나 심했다.

해와 달, 별들과 우레와 비바람이 사람들의 눈과 귀에 명백한데 어찌 주재(主宰)하는 것이 없겠는가? 경치가 좋고 이름난 산천(山川)에 하늘의 신[神], 땅의 신[祇], 조상의 상(像)을 모신 사당(祠堂)이 설마 없다고 말할 리가 있겠는가? 세상에 사악한 신령, 도깨비, 어려서 죽은 혼령이 있다는 것도 오히려 믿고 공경하거늘 어찌하여 유독 부처님의 존재에 대해 의심하는가?

前輩전배에 有作無佛論者유작무불론 하니 何自蔽之甚也하자폐지심야오

今夫日月星辰금부일월성신과 雷霆風雨뢰정풍우가 昭昭然소소연 하게 在人耳目재인이목 하거늘 豈無主張者乎기무주장자호아²⁴⁷ 名山大川명산대천에 神祇廟貌신기묘모가 可謂無乎가위무호아²⁴⁸ 世間세간에 邪精魍魎사정망량과²⁴⁹ 小小鬼神소소귀신을 猶尙恪然유상각연 하야²⁵⁰ 信其是有신기시유거늘 何獨至於佛하독지어불 하야²⁵¹ 而疑之이의지리오

  앙산은 무불론을 받고서 그에게 '그대가 무불론을 썼는데, 본래 부처님이 있다고 생각하고 쓴 것이요, 본래 부처님이 없다고 생각하고 쓴 것이요'라고 묻자 그가 대답을 하지 못했다. 앙산이 다시 묻기를,'만약 부처님이 본래 있다고 한다면 그대는 어찌하여 없다고 하셨소. 만약 본래 부처님이 없다면 무불론을 쓴다는 것이 어찌 있을 수 있겠소'라고 하자 그 사람은 역시 대답을 못했다고 한다.

247 주장(主張)은 주재(主宰)와 같은 뜻이다. 『장자(莊子)』「천운편(天運篇)」에 '하늘은 움직이는가? 땅은 가만히 처해 있는가? 해와 달이 그 장소를 다투는가? 누가 이를 주재하고 누가 이를 유지케 하며 누가 일 없이 거쳐하면서 이를 추진시켜 나가는가?[天其運乎 地其處乎 日月其爭於所乎 孰主張是 孰維綱是 孰居無事 推而行是]라고 하였다.

248 가(可)가 부사로 반문을 나타내며 술어 앞에 쓰일 때는 '설마…일 리가 있겠는가?'라고 해석한다.

249 망량(魍魎):전설상의 산천의 요정, 도깨비. 귀신(鬼神): 죽은 사람의 영혼(靈魂) 조상의 신령(神靈), 넋, 혼백.

250 유상(猶尙): 오히려, 여전히, 아직도

251 하독(何獨): 어느 누가, 누가. 지어(至於):…에 이름,…에 도달함. …으로 말하면, …에 관해서는, 심지어, 더욱이. 결국에는, 마침내. 설령…일지라도, 설사…에 대해서도. 뜻밖에도, 의

◆ 부처님은 아득한 옛날부터 힘들고 어려운 수행을 하여 등정각(等正覺)을 이루어 성인(聖人)가운데 지극한 성인이요,[252] 인간과 천상의 법왕(法王)이 되셨고, 갠지스강의 모래처럼 많은 세상에 가득 찬 법신(法身)을 모두 밝히셨는데도 부처가 없다고 하겠는가?[253]

曠大劫來광대겁래에 修難行苦行수난행고행 하야 成等正覺성등정각 하시어 爲聖中至聖위성중지성 하고 人天法王인천법왕 하며 明極法身充滿沙界명극법신충만사계 하시거늘 而謂之無이위지무가 可乎哉가호재아

◆『대집경(大集經)』에 상주천자(商主天子)가 '부처님 살아 계실 적에 공양하는 것은 세존이 받는 것이니 베푸는 사람이 복을 얻겠지만 부처님이

외로

252 청(淸) 나라 때의 내주(來舟)는『대승본생심지관경천주(大乘本生心地觀經淺註)』《卍續藏經:34-120하〉에서 '성자(聖者)란 통하지 않는 것이 없음을 말한다. 연습하고 배울 수 없고 태어나면서부터 모두를 알고 있어 들어서 밝게 밝히지 못함이 없고, 보아서 분명하지 못함이 없고, 생각해서 통달하지 못함이 없고, 실행하여 들어맞지 않음이 없어서 하늘과 땅과 사람을 받들어 만물에 적응하여 천지와 공(功)이 같음을 이르는 것이지 어찌 남의 이름을 빌리고 하는 것도 없이 자리만 차지하는 것을 이르겠는가?(聖者 無所不通之謂也 不可習學 生而知之 謂聽無不聰 視無不明 思無不徹 用無不中 貫三才 應萬物 與天地同功 豈冒名尸位 而稱之哉)라 하였고, 청(淸)의 박원(薄畹)은『능엄경보경소(楞嚴經寶鏡疏)』《卍續藏經:90-674상〉에서 '그래서 하늘에 있으면 천중천(天中天)이라 하고, 성인속에 있으면 성중성(聖中聖)이라 하니, 일체 세간 아홉 가지 존재의 세계 안에서 존엄함을 같이 하지 못하기 때문에 그 분을 일러 존엄하다고 한다(是以在天則曰天中天 在聖則曰聖中聖而一切世間九法界內 莫不共尊 以故稱之爲尊也)고 하였다.

253『화엄경(華嚴經)』제6:〈9-434중〉法身充滿遍虛空 安住不動十方界〈법신이 두루 허공에 가득하여 온 세상에 편히 머물러 움직이지 않는다.〉『화엄경(華嚴經)』제7:〈9-438상〉如來法身非是身 湛然常住如虛空.〈여래의 법신은 지금의 육신이 아니다. 소리 없이 조용히 항상 머무니 마치 허공과 같다.〉

돌아가신 뒤에 불상(佛像)에 공양하면 누가 받느냐고 여쭈니, 부처님이 말씀하시되, '모든 부처님 여래는 법신(法身)이다. 여래가 살아 있을 때 공양이나 죽은 뒤에 공양이나 그 복은 다름이 없다'고 하셨다.[254]

大集經대집경에 云운 하되 商主天子상주천자가 問문 하기를 佛在世之日불재세지일에 有所供養유소공양은 世尊세존이 是受者시수자 하야 而施者이시자가 獲福획복이오나 世尊세존이 滅後멸후에 供養形像공양형상 하면 誰爲受者수위수자오 하니 佛불이 言언 하시되 諸佛如來제불여래는 法身也법신야라 若在世약재세거나 若滅後약멸후라도 所有供養소유공양은 其福기복이 無異무이라 하시니라

75

◆ 또 『화엄경(華嚴經)』에 이르되,[255] 부처님은 법으로 몸을 삼으니 청정하기가 마치 허공 같다고 하셨다. 비록 그렇다하더라도 모든 부처님이란 그 도(道)에 이름을 붙인 것이요, 아주 좋은 수단과 방법으로 중생들을 이끌어 들이는 문(門)일 뿐이다. 만약 부처님이 없다[無]는 것을 말한 것이라고 생각한다면 공견외도(空見外道)나 단견외도(斷見外道)로 떨어져[256]

---

254 『대집경(大集經)』운운(云云)한 것은 『석씨요람(釋氏要覽)』〈54-287상〉을 재인용한 것이다. 여기서 말하는 『대집경(大集經)』은 북량(北涼)의 담무참(曇無讖)이 번역한 60권 『대방등대집경(大方等大集經)』이 아니라 200권 『대보적경(大寶積經)』을 말한다. 『대보적경(大寶積經)』 제120권〈11-680상〉 汝先所問 於我滅後 云何種植獲福報者 善男子 諸如來者 皆是法身非是色身 若復在世 或復滅後 所有供養福無有異. 〈네가 전에 묻기를, 내가 죽은 뒤에 어떻게 선행을 하여 복을 받겠느냐고 물었는데, 선남자야, 모든 여래는 법신(法身)이지 육신이 아니다. 내가 살았을 때나 죽은 뒤에나 공양하여 얻는 복은 다를 것이 없느니라.〉
255 『화엄경(華嚴經)』 제6: 如來現相品:〈10-31하〉 佛以法爲身 淸淨如虛空〈부처는 법으로 몸을 삼으니, 청정하기가 허공과 같다.〉
256 외도(外道)란 불교 이외의 가르침을 말한다. 불교를 내도(內道)라고 하는 것에 대한 상대적 칭호이다. 공견(空見)이란 불교에서 말하는 인과율(因果律)을 인정하지 않고, 일체만물

스스로 어리석어지고 스스로 자기 몸을 버리고 돌보지 않는 것이 될 것이니 참으로 슬퍼할 일이다.[257]

華嚴화엄에 亦云역운 하시되 佛불은 以法爲身이법위신 하야 淸淨如虛空청정여허공 하시니라 雖然수연이나 諸佛제불은 而名其道이명기도요 蓋善權方便개선권방편으로 接引之門耳접인지문이니 若必謂之無약필위지무라면 則落空見外道즉낙공견외도나 斷見外道단견외도 하야 自昧자매 하고 自棄자기 하리니 可悲也矣가비야의로다

76

◆ 운문대사(雲門大師)가[258] 이르되, 내가 당시에 보았더라면 한 방에 때려 죽여 개나 먹게 주었을 것이라 했는데,[259] 이는 대승(大乘)의 선각자(先覺者)가 끈적거림을 녹이고 묶인 것을 없앤 것이요 의심을 떨쳐 버리고 집착을 깨버렸을 뿐이다. 어찌 처음으로 불교를 배우는 이들이 공부의 절

의 존재성을 무(無)라고 주장하는 허무사상(虛無思想)을 말한다. 단견(斷見)은 모든 존재는 무상(無常)한 것이기 때문에 인간 역시 죽으면 심신(心身)이 모두 없어져서 아무 것도 없는 무(無)로 돌아간다고 고집하는 소견(所見)을 말한다.

257 『맹자(孟子)』「이루장(離婁章)」상, '맹자가 말하기를 스스로 자기를 해치는 자(自暴者)와는 더불어 말할 것이 못되고, 스스로 자기를 버리는 사람(自棄者)과는 함께 무엇을 할 것이 못된다[孟子曰 自暴者 不可與有言也 自棄者 不可與有爲也]고 하였다.(蔡義順 譯解, 『孟子』韓國協同出版公社, 1983, 199~200쪽.)

258 운문대사(雲門大師)는 운문산(雲門山) 광태원(光泰院)에 거주하였던 문언(文偃:864~949)을 말한다. 문언은 청원행사(靑原行思)의 6세 법손(法孫)으로 설봉의존(雪峰義存:822~908)의 제자이다.

259 『운문광진선사광록(雲門匡眞禪師廣錄)』〈47-560중〉에 '세존께서 처음 세상에 태어날 때, 하늘과 땅을 가리키며 사방으로 일곱 걸음을 걸으면서 사방을 둘러보며 천상천하유아독존이라 말했다고 하자, 운문이 말하기를, 내가 그 당시에 보았더라면 몽둥이로 한방에 때려 죽여 개나 먹게 하여 세상이 태평하게 했을 것[擧世尊初生下 一手指天一手指地 周行七步 目顧四方云 天上天下唯我獨尊 師云 我當時若見 一棒打殺與狗子喫却 貴圖天下太平]이라고 말한 것을 의미한다.

차를 건너뛰겠는가? 이는 지혜로운 자에게 말하는 것이지 어리석은 자와는 말할 수 없는 것이다.

如雲門大師운여문대사가 云운 하되 我아가 當時당시에 若見약견 하였다면 一棒일방에 打殺타살 하야 與狗子여구자 하야 喫者끽자라 하니 此차는 大乘先覺之人대승선각지인이 解粘去縛해점거박이요[260] 遣疑破執而已견의파집이이어늘 豈初學者개초학자가 可躐等哉가렵등재리오 此차는 可與智者가여지자 하야 道도이지 不可與愚者불가여우자 하야 語어니라

77

◆ 불교를 일으키고 널리 펼치는 것은 신통을 갖춘 성인이 있어야 믿음이 그를 향하게 되고, 큰 그릇이 있는 어질고 지혜로운 사람이 있어야 신령스런 천지귀신까지도 우러러 사모하지 않을 수 없게 되는 것이다. 어찌 그뿐이겠는가. 대개 숭상하는 것에는 반드시 그 무리가 따르고, 의심에도 반드시 그 무리가 따르는 법이다.

其教之興也기교지흥야 하고 恢弘之회홍지는 則有具神通之聖人즉유구신통지성인이라야 信신이 向之향지 하고 則有大根器之賢哲즉유대근기지현철이라야 以至天地鬼神之靈이지천지귀신지령도 無不景慕무불경모니라 豈徒然哉기도연재리오[261] 大抵所尙대저소상은 必從其類필종기류 하고 擬之의지에도 必從其倫필종기륜이니라

---

260 해점거박(解粘去縛)은 끈적거림을 녹이고 묶인 것을 없애버린다는 말인데, 부처님에게 매달리고 얽매이는 것을 벗어나 자유롭게 한다는 뜻이다.
261 기도(豈徒)는 기유(豈唯)〈어찌 그뿐이겠는가〉나 기지(豈止)〈어찌…에 그치겠는가.〉와 같다.

◆ 반야(般若)의 바른 지혜[正知]와[262] 보리(菩提)의 참다운 지견[眞見]을[263] 어찌 평범하고 용렬(庸劣)한 사람이 감히 훔쳐볼 수가 있겠는가! 그래서 동안찰(同安察)이 말하되,[264] 삼현(三賢)도[265] 오히려 이 뜻을 밝히지도 못했거늘 십성(十聖)인들 어찌 이 종지(宗旨)를 통달하겠느냐고 했다.[266] 연각(緣覺)이나[267] 벽지불(辟支佛),[268] 사과성문(四果聲聞)도[269] 오히려

---

[262] 반야정지(般若正知)에서 반야는 빨리어 빤냐(pañña), 산스끄리뜨 쁘라즈냐(prajñā)의 음역으로 일체의 분별을 초월하여 직시하는 지혜를 의미한다. 그러한 반야가 바로 정지이다.

[263] 보리진견(菩提眞見)에서 보리(菩提)는 산스끄리뜨 보디(bodhi)의 음역으로 각(覺), 지(智), 도(道)라고 번역하는 말이다. 또한 진견(眞見)은 산스끄리뜨로 땃뜨와 다르샤나(tattva-darana)의 번역으로 진실견(眞實見)이라고도 한다. 우리의 목전에 존재하는 것들을 있는 사실 그대로 직시(直視)하는 것을 말하는데, 그것이 바로 깨달음[覺]이요, 지혜[智]이다.

[264] 동안찰 선사(同安察禪師)는 동산양개(洞山良价:807~869)의 제자 운거도응(雲居道膺:?~902)의 법제자라고 하나 자세하게 알 수 없다.

[265] 삼현(三賢)이란 불도(佛道)를 수행하는 사람 가운데서 견도(見道) 이상에 도달한 사람을 성(聖)이라 하고 아직 견도(見道)에 이르지는 못했으나 악(惡)을 멀리 벗어난 사람을 현(賢)이라 한다. 삼현(三賢)은 십주(十住)·십행(十行)·십회향(十回向)의 단계에 있는 사람을 말하고, 십성(十聖)은 초지(初地)에서 십지(十地)까지에 있는 보살을 말한다.

[266] 『경덕전등록(景德傳燈錄)』제29:〈51-455중〉 동안찰 선사(同安察禪師)의 「십현담(十玄談)」에 '조사의 뜻은 허공 같으나 텅 빈 공은 아니니, 신령스런 근기가 어찌 유무의 공부에 떨어지랴. 삼현이 이 뜻을 밝히지도 못했거늘 십성인들 어찌 이 종지를 통달하랴. 그물을 벗어난 금빛 잉어는 여전히 물에 머물고 길머리 돌린 석마(石馬)라야 모래구덩이를 벗어난다. 서쪽에서 온 뜻을 은근히 말해 주노니, 서쪽에서 왔다거나 동쪽에서 왔다고 말하지 말라.[祖意如空不是空 靈機爭墮有無功 三賢尙未明斯旨 十聖那能達此宗 透網金鱗猶滯水 回途石馬出沙籠 慇懃爲說西來意 莫問西來及與東]고 했다.

[267] 연각(緣覺)은 십이연기(十二緣起)의 도리를 깊이 관찰(觀察)하여 깨달음을 얻는 수행자를 말한다.

[268] 벽지불(辟支佛)은 독각(獨覺)이라고도 한다. 깨달음을 얻기는 하였으되 법락(法樂)을 혼자서 즐길 뿐 다른 이에게는 침묵하고 있는 중생을 등진 부처님이란 뜻이다.

[269] 사과성문(四果聲聞)이란 사과(四果)는 수다원과(須陀洹果)·사다함과(斯陀含果)·아나함과(阿那含果)·아라한과(阿羅漢果)에 있는 성문(聲聞)을 말한다. 성문(聲聞)이란 범어 슈라와까(Śrāvaka)의 번역으로 부처님의 말씀을 직접 듣는 사람이란 뜻으로 부처님 시대의 제자들을 의미한다.

반열(班列)에 끼어줄 수 없거늘 하물며 그 아래에 있는 자들이야 더 말해 무엇 하겠는가?

般若반야의 正知정지와 菩提보리의 眞見진견을 豈凡庸之人기범용지인이 所能睥睨哉소능비예재리오 故고로 同安察동안찰이 云운 하되 三賢삼현도 尙未明斯旨상미명사지어늘 十聖십성이 那能達此宗나능달차종이리오 하니라 緣覺연각이나 辟支벽지나 四果사과의 聲聞성문도 尙不與其列상불여기열이거늘 況其下者乎황기하자호리오

79

◆ 성인의 반열(班列)에 있으면 대승보살(大乘菩薩)이 되고, 하늘에 있으면 제석범왕(帝釋梵王)이 되며, 인간에 있으면 제왕공후(帝王公侯)가 된다. 상근대기(上根大器)는 공(功)을 이루고 명성을 크게 떨친 사람이니 승속(僧俗) 어디에 있어도 반드시 도를 깨닫는 선천적인 능력을 이미 가지고 있고, 세속적인 것을 초월하는 출중한 역량을 짊어지고 있어서 마침내 두루 통하여 막힌 데가 없게 될 것이다. 그래서 고덕(古德)이 '듣기만 하고 믿지 않더라도 오히려 부처가 될 수 있는 씨앗[佛種之因]으로 인연을 맺고, 배우기만 하고 이루지 못하더라도 오히려 인간과 천상을 이롭게 하는 복이 된다'고 하였다.[270]

在聖재성 하면 則爲大乘菩薩즉위대승보살이요 在天재천 하면 則爲帝釋梵王즉위제석범왕이며 在人재인 하면 則爲帝王公侯즉위제왕공후니라 上根大器상근

---

[270] 고덕은 영명지각선사(永明智覺禪師) 연수(延壽:904~975)를 말하며, 이 말은 『영명지각선사유심결(永明智覺禪師唯心訣)』〈48-996하〉에 聞而不信 尙結佛種之因 學而未成 猶益人天之福 〈듣고서 믿지 않아도 오히려 부처의 씨앗이 되거늘 배워서 성취하지 못하더라도 오히려 사람으로 태어나거나 하늘나라에 태어나는 데 보탬이 된다〉이라 했다.

대기는 功成名遂者공성명수자니[271] 在僧俗中재승속 중이라도 亦必宿有靈骨역
필숙유령골이요[272] 負逸群超世之量者부일군초세지량자 하야[273] 方能透徹방능투
철 하리라 故고로 古德고덕이 云운 하되 聞而不信문이불신이라도 尙結佛種之因
상결불종지인이요 學而未成학이미성이라도 猶益人天之福유익인천지복이라 하
시니라

80

◆ 안타까운 일이로다. 아둔한 자는 우매하여 배울 수가 없고, 지혜가 있
는 자는 의심하느라 이를 수가 없음이여! 세상에 있는 세지변총자(世智辯
聰者)들은[274] 틀림없이 공적과 명예에 유혹되어 매일 경쟁만을 생각하고
밤낮으로 육경자사(六經子史)를[275] 빠짐없이 읽어내느라 마음의 여유가
없어 코앞에 닥친 일을 처리하는데도 급급한데 어느 겨를에 시간을 내
어 깊고 묘한 도리에 이르겠는가?

惜乎석호로다 愚者우자는 昧매 하야 而不能學이불능학 하고 慧者혜자는 疑의
하야 而不能至이불능지로다 間有世智辯聰者간유세지변총자는 必爲功名所誘
필위공명소유 하야 思日競辰사일경진 하고[276] 焚膏繼晷분고계구 하야[277] 皇皇汲

---

271 공성명수(功成名遂)는 훌륭한 공적을 세워 명성을 크게 떨침을 말한다.
272 숙유(宿有)는 이미 가지고 있다거나 본래 타고 났다는 뜻이고, 영골(靈骨)은 도를 깨닫는
선천적인 능력이니 숙유영골(宿有靈骨)이란 도를 깨닫는 선천적인 능력을 이미 가지고 있
다는 말이다.
273 일군(逸群):여럿 속에서 뛰어남, 출중(出衆)함.
274 세지변총(世智辯聰)이란 세상의 일반적인 지혜는 있으면서도 참다운 이치에 따르지 못함
을 의미한다. 이것은 깨달음을 얻기 어려운 여덟 가지 조건[八難]의 하나이다.
275 육경자사(六經子史)에서 육경은 유가(儒家)의 여섯 가지 경서로 역(易)·시(詩)·서(書)
·춘추(春秋)·예(禮)·악(樂)이고, 자사(子史)는 제자서(弟子書)와 사서(史書)를 말한다.
276 경진(競辰)은 경진(競進)인 듯하다.
277 분고계구(焚膏繼晷)는 밤낮으로 열심히 공부하는 것을 말한다.

汲然황황급급연 하게[278] 涉獵六經史섭렵육경사 하며 急目前之應對급목전지응대
하야 尙且不給상차불급이거늘[279] 何暇하가에 分陰及此哉분음급차재리오

81

◆혹 명성을 얻어 벼슬길에 있는 사람은 공적(功績)과 명성(名聲)에 온 생
각이 빠져있고, 부귀에 마음이 빠져있다 보니 도리어 이 길은 절실하게
필요한 것이 아닌 것으로 여기고 아득히 버려두고 물으려고도 하지도
않고 깨달으려고도 하지도 않는다. 그러나 세월은 한계가 있어 늙어 죽
음에 문득 이르게 된다. 위기에 닥쳐 성급하게 달려가며 후회해본들 어
떻게 세월을 거슬러 올라갈 수야 있겠는가.

或有成名仕路者혹유성명사로자는 功名공명에 汨其慮골기려 하고 富貴부귀에
蕩其心탕기심 하야 反以此道반이차도는 爲不急위불급이라 하야 罔然置망연치
하고 而不問이불문 하고 不覺불각 하니라 光陰광음이 有限유한 하야 老死노사가
忽至홀지니라 臨危임위에 湊亟주극 하나 雖悔수회 하여도 奚追해추이니라

82

◆ 세상에는 이와 같은 큰 도리와 요원한 이치가 있는데도 그 변두리마
저 엿볼 수 없다면 옛날의 성현(聖賢)에게 얼마나 부끄러운가. 원래 도를
듣지 못해서 생사를 떠돌다가 흐트러진 마음으로 윤회에 들어가는 것은
어쩔 수 없지만 어리석어서 윤회를 달게 여기는 것은 누구의 허물이겠
는가.

---

278 황황(皇皇)은 마음이 몹시 급하여 허둥지둥하는 모양이고, 급급(汲汲)은 마음이 몹시 절박
  한 모양 또는 근심하여 불안한 모양이다.
279 상차(尙且)는 그럼에도 불구하고라는 뜻이고, 불급(不給)은 넉넉하지 않음을 뜻한다.

世有大道遠理之如此也세유대도원리지여차야이나 而不窺其涯涘者이불규기
애사자 하면 愧於古聖賢괴어고성현이 多矣다의이니라 旣不聞道기불문도 하야 則
必流浪生死즉필류랑생사 하고 散入諸趣산입제취이나 而昧者이매자가 甘心焉감
심언 하니 是시는 誰之過歟수지과여인저

83

◆ 숭악규 선사(嵩嶽珪禪師)는[280] 부처님에게도 세 가지 가능한 것과 세 가
지 불가능한 것이 있다고 하였는데, 부처님은 일체 모든 상(一切相)을 비
워서 삼라만상을 꿰뚫어 아는 지혜를 이루는 것은 가능하나 이미 정해
진 업을 없애는 것은 불가능하다고 했고, 부처님은 중생들의 지난 억겁
의 일을 낱낱이 아는 것은 가능하나 인연이 없는 중생들을 이끌어 교화
하는 것은 불가능하다고 했으며, 부처님은 일체 중생을 제도하는 능력
을 갖추는 것은 가능하나 중생계를 다 제도하는 것은 불가능하다고 했
다. 이것이 세 가지 가능한 것과 세 가지 불가능한 것이라고 했다.

嵩嶽珪禪師숭악규선사가 云운 하되 佛불도 有三能三不能유삼능삼불능 하니
佛불은 能空一切相능공일체상 하고 成萬法智성만법지 하나 而不能卽滅定業이
불능즉멸정업이요 佛불은 能知群有性窮億劫事능지군유성궁억겁사나 而不能化
導無緣이불능화도무연 하며 佛불은 能度一切有情능도일체유정이나 而不能盡衆
生界이불능진중생계 하니 是謂三能三不能也시위삼능삼불능야니라

---

280 숭악규선사(嵩嶽珪禪師)는 5조 홍인(五祖 弘忍)의 법을 이은 숭악혜안(嵩嶽慧安)의 제자 숭
   악원규선사(嵩嶽元珪禪師:644~716)를 말한다.『경덕전등록(景德傳燈錄)』제4:〈51-233중〉.

◆ 지금 마음속에 분함을 품고, 입에 독설을 품고 있다가 부처님이란 말만 들어도 원수처럼 들리고 승려들은 보기만 해도 마치 독사처럼 보인다는 사람이 있으니, 나로서도 어찌할지 모르겠다. 부처님도 인연이 없으면 교화하고 인도하는 것이 불가능하다고 하였는데, 낸들 그들을 어찌하겠는가.

비난하기 좋아하는 자들은 모두 다 양(梁)나라의 무제(武帝)는[281] 불교를 받들다가 나라를 망했다고 하지만 대개가 불교의 이치를 깊이 연구하지 않은 자들이라 깊이 있게 논의할 가치조차 없다.

今有心憤憤금유심분분 하야[282] 口悱悱구비비타가[283] 聞佛문불 하되 似寇讎사구수 하고 見僧견승 하되 如蛇虺者여사훼자 하니 吾末如之何也已矣오말여지하야이의니라[284] 且佛차불도 尙不能化導無緣상불능화도무연이거늘 吾오가 如彼何哉여피하재리오

議者의자가 皆謂개위 하되 梁武양무가 奉佛봉불 하야 而亡國이망국이라 하나 蓋不探佛理者개불탐불리자라 未足與議也미족여의야니라

---

281 양무제(梁武帝:464~549)의 성은 소(蕭)이고 이름은 연(衍)이며 자(字)는 숙달(叔達)로 남제(南齊)의 옹주자사(雍州刺史)로 있다가 칭제(稱帝)하고 나라 이름을 양(梁)이라 하였다. 문학(文學), 악율(樂律), 서법(書法)에 뛰어났으며 불교를 독실하게 믿어 세 번이나 출가하였고 도처에 사찰을 세웠다.

282 분분(憤憤)은 이해하고자 하나 잘 이해되지 않는 모양이나 마음에 불만이 맺혀 번민하는 모양을 말한다.

283 비비(悱悱)는 마음속에 있는 말을 표현하지 못하고 우물거리는 모양을 말한다. ※ 憤은 마음속으로 이해하고자 하나 잘 되지 않는 모양이고, 悱는 말로 표현하고자 하나 제대로 되지 않는 모양이다.

284 여지하(如之何)는 방법을 물을 때는 술어로 '어떻게 합니까'로 해석하고, 원인을 묻거나 반문을 나타낼 때는 부사로 '무엇 때문에, 왜, 어떻게'로 해석한다. 야이의(也已矣)의 야(也)는 단정을 나타내고, 이(已)는 일의 반전을 나타내며, 의(矣)는 감탄을 나타내는데 중점은 의(矣)에 있다. 따라서 '…이구나'로 해석한다.

85

◆ 나라의 운명이 왜 길고 짧은지, 세상의 운수는 왜 평화로운 때가 있고 어지러운 때가 있는지 나는 그 까닭을 알지 못한다. 하지만 요(堯)임금이나 순(舜)임금 같은 분은 큰 성인이지만 나라는 그 한 몸에 멈추었고, 임금 자리를 물려줌에 그 자식이 재목감이 되지 못해 남에게 물려주어야만 했다. 그 자식의 못남은 어쩌면 하늘에 지은 죄일지도 모를 일이다. 천지가 개벽한 이후 한(漢)나라 명제(明帝) 이전까지는 불법(佛法)이 중국에 이르지 않았는데도 나라가 재난을 만나게 된 것은 왜인가?

國祚之短長국조지단장이나 世數之治亂세수지치란은 吾오는 不知其然矣부지기연의니라 堯舜요순은 大聖대성이나 而國이국이 止一身지일신 하야 其禪位者기선위자에 以其子之不肖이기자지불초 하야 而後禪也이후선야니라 其子之不肖기자지불초가 豈天罪之歟기천죄지여인저[285] 自開闢자개벽 하야 至漢明帝以前지한명제 이전은 佛法불법이 未至於此미지어차나 而國有遇難者이국유우난자는 何也하야오

86

◆ 당나라 때 장연공(張燕公)이[286] 기록하기를 양(梁)나라 때의 네 분 공(公)은 천지귀신의 변화무쌍한 일을 마치 손바닥을 들여다보듯이 능히 알았다고 했다. 소명태자(昭明太子)[287] 역시 성인의 무리이고, 성인은 참된

---

285 기(豈)가 부사로 추측·희망과 의문의 어기(語氣)를 나타내면 '아마도, 어쩌면…일지도 모른다. 혹시…할지도 모른다'고 해석한다. 여(歟)가 문장의 끝에 쓰여 추측을 나타낼 때 '…할 것이다. …일 것이다'로 해석한다.
286 장연공(張燕公)은 당나라 때 사람으로 이름은 열(說)이고, 자(字)는 도제(道濟) 또는 열지(悅之)이다. 그가 연국공(燕國公)에 봉해졌으므로 연공(燕公)이라 한다.
287 소명태자(昭明太子:501~531)는 양무제의 맏아들 소통(蕭統)으로『금강경』을 32문단으로

도로 몸을 다스리고, 그 나머지로 천하나 국가를 다스린다고 했는데, 어찌 남보다 먼저 깨닫는 지혜가 없었겠는가. 실행해야만 할 일을 신중하게 가려 부왕인 무제(武帝)에게 말씀드렸겠지만 결정된 업마저 피할 수는 없었다.

아! 슬프도다. 마치 물과 불 같아서 서로 받아들일 수 없으니 결정된 업만은 짓지 말았어야 했다. 그 과보가 올 때는 마치 네 계절이 찾아들듯이 어긋남이 없을 것이다.

唐당의 張燕公장연공의 所記소기에 梁朝四公者양조사공자는 能知天地鬼神變化之事능지천지귀신변화지사를 了如指掌요여지장이라 而昭明太子이소명태자도 亦聖人之徒也역성인지도야요 且聖者차성자는 以治國治天下이치국치천하를 爲緒餘耳위서여이어늘[288] 豈無先覺之明기무선각지명이리오 而愼擇可行之事이신택가행지사 하야 以告武帝哉이고무제재나 蓋定業不可逃矣개정업불가도의니라 嗚呼오호라[289] 定業之不可作也정업지불가작야는 猶水火之不可入也유수화지불가입야인저 其報之來기보지래는 若四時之無爽也약사시지무상야니라

87

◆ 서역(西域)의 사자존자(師子尊者)와[290] 중국의 이조(二祖) 혜가(慧可)도 모

나눈 것으로 유명하다.

288 聖者以治國治天下 爲緒餘耳는「護法論元序」의 聖人得道之眞以治身 其緒餘土苴 以治天下國家의 뜻이다.

289 오호(嗚呼)는 마음이 슬프고 아픔을 표시하는 개탄(慨嘆)의 말이다.

290 『경덕전등록(景德傳燈錄)』 제2:〈51-214하〉 제24조 사자비구(師子比丘)가 계빈국(罽賓國)에서 외도 마목다(摩目多)와 도락차(都落遮)가 반란을 일으키다 실패하자 국왕은 그들이 중의 복색을 한 것을 보고 절을 파괴하고 중들을 모두 죽이라고 명령하고 자신이 직접 사자비구를 처형한 것을 말한다.

두 결정된 업을 벗어나지 못했다.[291] 어찌 사자존자와 이조 혜가 대사 뿐
이겠는가. 석가모니 부처님도 오히려 금장마맥(金鏘馬麥)의 과보를[292] 면
하지 못했거늘 하물며 초학(初學)의 범부들이야 말해 무엇 하겠는가.

如西土여서토의 師子尊者사자존자와 此土차토의 二祖大師이조 대사도 皆不
免也개불면야이니라 又豈直師子二祖哉우기직사자이조재리오 釋迦如來석가여래
도 尙且不免金鏘馬麥之報상차불면금장마맥지보거늘 況初學凡夫哉황초학범부
재리오

88

◆ 대개 닦는다는 것은 지나간 과거를 고치고 다가올 미래를 다스리는
것이다. 따라서 과거의 업을 이미 다 받았으면 미래의 선행이 어찌 나를
돌보지 않겠는가?

지금 여자의 몸이 되었다는 것은 사실 남자보다 낮다는 것인데, 갑자
기 부처님을 받든다고 해서 창졸 간에 남자로 바뀔 수야 있겠는가? 지금
받은 몸의 과보를 다 마치기를 기다려 원력으로 다음 생을 기다려야 할
것이다.[293]

蓋修也者개수야자는 改往修來矣개왕수래의니라 且宿業차숙업을 旣還己기환
이면 則將來之善즉장래지선이 豈捨我哉기사아재리오

---

291 『경덕전등록(景德傳燈錄)』제3:⟨51-221상⟩에 변화법사(辯和法師)가 고을 재상 적중간(翟
 仲侃)에게 무고(誣告)하여 처형당하게 된 사건을 말한다.
292 금장(金鏘)은 목창(木槍)으로 『흥기행경(興起行經)』권상:⟨4-168상⟩의 『목창자각인연경
 (木槍刺脚因緣經)』이야기를 말하고, 마맥(馬麥)은 『중본기경(中本起經)』권하:⟨4-162하⟩의
 「불식마맥품(佛食馬麥品)」이야기를 말한다.
293 『장자(莊子)』「제물론편(齊物論篇)」에 '한번 사람으로서 형체를 받으면 이것을 잘 보존하여
 목숨이 다할 때까지 기다려야 한다.'[一受其成形 不亡以待盡]고 했다.

今夫爲女形者금부위녀형자는 實劣於男矣실열어남의거늘 遽欲奉佛거욕봉불
인들 而可亟變爲男子乎이가극변위남자호아 必將盡此報身필장진차보신 하고 而
願力이원력으로 有待於來世乎유대어내세호인저

89

◆ 양무제(梁武帝)의 수명은 아흔을 넘었으니 많지 않다고 할 수 없다. 병
으로 죽었고, 큰 악행도 저지르지 않았다. 다만 몸은 버리는 과정이 그릇
되었을 뿐이다.

재앙의 조짐을 미리 보고 점을 쳐서 건괘상구의 변[乾卦上九之變]을[294]
얻었기 때문이다. 그것은 '존귀하기는 하나 벼슬자리가 없고, 높기는 하
지만 따르는 백성이 없다'는 것인데, 무제는 이 점괘를 받아들여 스스로
자기 자신을 낮추어서 재앙을 그치고 복을 부르려 한 것은 양무제 자신
의 틀린 생각일 뿐이지 부처님에게 어찌 잘못이 있겠는가.

梁武양무가 壽高九十수고구십 하야 不爲不多불위부다니라 以疾而卒이질이졸
하야 不至大惡부지대악이니라 但捨身之謬단사신지류이니라[295]

294 건괘상구(乾卦上九)는 항룡유회(亢龍有悔)라 하였고, 역해(譯解)에 이르기를, 이 세계에 모
  든 사물의 현상은 극도에 도달하면 반드시 되돌아온다. 그러므로 양기(陽氣)의 상징인 용
  도 극에 이르면 언젠가는 쇠퇴하지 않을 수 없다. 그러므로 나는 용[飛龍]이 중정(中正)의
  위치를 벗어나서 전진하는 것만 알고 후퇴할 줄을 모르는 항룡(亢龍) 즉 용감하고 군센 용
  이 되었으니 언젠가는 뉘우침이 있을 것이라고 했다.[徐相潤 譯解, 『周易』 韓國協同出版公
  社, 1983, 39쪽.]
295 사신(捨身):불법(佛法)을 선양하거나 보시를 위하여 스스로 속계를 떠나서 불문(佛門)에
  들어가 고행함, 육조(六朝) 때 가장 성하였다. 육조는 후한말(後漢末)에 일어난 위(魏)·촉
  (蜀)·오(吳) 등 삼국(三國)이래 수(隋)의 통일 때까지 남북 양방의 300여 년간에 일어났던
  왕조로 지금의 남경시(京市) 즉 건강(健康)에 계속하여 도읍한 오(吳)·동진(東晋)·송(宋)
  ·제(齊)·양(梁)·진(陳)을 남조육조(南朝六朝)라 하고, 북방에 도읍한 왕조인 위(魏)·진
  (晉)·북위(北魏)·북제(北齊)·북주(北周)·수(隋)를 북조육조(北朝六朝)라고 한다.

以其先見禍兆筮이기선견화조서 하야 得乾卦上九之變득건괘상구지변이니 取
其貴而無位취기귀이무위요 高而無民고이무민이니라[296] 以此이차로 自卑欲圖자
비욕도 하야 弭災召福者미재소복자는 梁武양무의 自謬爾자류이이지 於佛어불에
何有哉하유재리오

90

◆ 양무제는 소승(小乘)의 근기(根器)라 전적으로 유위(有爲)의 과보만을
믿었다.[297] 이것이 달마대사(達磨大師)의 큰 가르침을 만날 수 없었던 까
닭이다. 불상을 조성하고 절을 짓는 등의 일을 과신(過信)하고 집착하는
속에 방편이 없어 그의 결정된 업이 그렇게 되었다. 오로지 성인이 법을
새롭게 만드는 것은 본래 천하의 후세를 위한 것이지 어찌 한 사람을 위
해 베풀었겠는가.

梁武양무는 小乘根器소승근기라 專信有爲之果전신유위지과니라 兹자가 其
所以不遇達磨之大法也기소이불우달마지대법야니라 過信泥跡과신니적 하고[298]
執中집중 하야 無權者무권자가 亦其定業역기정업이요 使之然乎사지연호이니라
但聖人단성인이 創法창법은 本爲天下後世본위천하후세요 豈爲一人設也기위일인설야

---

[296] 『주역(周易)』「건위천(乾爲天)」「문언전(文言傳)」에 上九曰 亢龍有悔 何謂也 子曰 貴而無位
高而無民 賢人在下位而無輔 是以動而有悔也〈상양(上陽)의 효사(爻辭)에서 절정까지 올
라간 용은 뉘우침이 있다고 하였다. 여기에 대하여 공자는 다음과 같이 설명하였다. 너무
높이 올라갔기 때문에 존귀하나 벼슬자리가 없고, 너무 높아 교만하기 때문에 민심을 잃고,
스스로 높다고 생각하기 때문에 착한 인사(人士)들을 낮은 지위에 두게 되므로 그의 보필
(輔弼)을 받을 수 없다. 이렇게 되면 항상 후회를 남기는 결과가 되는 것이다.〉(徐相潤 譯解,
『周易』 韓國協同出版公社, 1983, 42, 44~45쪽.)
[297] 유위의 과보[有爲之果]라는 것은 영원하지 못하지만 현실적인 이해관계를 충족시킬 수 있
는 물질적인 것들을 의미한다.
[298] 니적(泥跡)이란 불가시적인 깨달음이 아니라 눈에 보이도록 남긴 흔적을 말하는데, 불상을
조성하고 절을 짓고 하는 등의 일들을 말한다.

91

◆ 공자가 이르되, 어진 사람은 수명이 길다고 했다. 공자는 힘써 안회 (顔回)의 인자함을 칭찬하였으나 안회 또한 요절하고 말았다. 그렇다고 어찌 공자의 말씀에 영험이 없다고 하겠는가. 공자가 어진 사람은 수명 이 길다고 한 것은 어떤 한 사람을 위해서 한 말이 아니라 일반적 도리 를 말한 것이다.

孔子공자가 曰왈 하되 仁者인자는 壽수라 하야 而力稱回之爲仁이력칭회지위 인이나 而回且夭矣이회차요의이니 豈孔子之言기공자지언이 無驗歟무험여인저 蓋非爲一人而言也개비위일인이언야니라

92

◆ 양무제가 부처님을 섬긴 것은 안회의 인자함과 비슷했다고 하겠다. 후경(侯景)의[299] 군사가 쳐들어 왔을 때, 무제(武帝)는 승려들을 모아놓고 마하반야바라밀을 염불하였으니 불상을 조성하고 절을 지은 공덕을 과 신(過信)한 나머지 변화에 대처할 수 있는 적절한 임기응변의 조처를 할 수 없었던 탓인데, 이는 후한(後漢)의 상허(向詡)와 비슷하다.[300]

---

[299] 후경(侯景:?~552)은 남조(南朝)의 양(梁)사람으로 자는 만경(萬景)이다. 반란을 일으켜 양 무제를 굶어죽게 하고 스스로 한제(漢帝)라 칭했으나 얼마가지 않아 양의 장수 왕승변(王 僧辯) 등에게 패하여 피살되었다.

[300] 상허(向詡)는 상허(向栩)인 듯하다. 상허는 후한(後漢) 사람으로 자(字)는 보흥(甫興)이고, 벼슬은 시중(侍中)이었으나 노자(老子)에 깊이 빠져 행동하는 것이 광인(狂人)과 흡사하였 다고 한다.

　※향(向)이 사람의 성(姓)일 때는 '상'이다.

梁武之奉佛양무지봉불이 其類回之爲仁乎기류회지위인호니라

侯景후경의 兵병이 至지에 而集沙門이집사문 하야 念摩訶般若波羅蜜者염마
하반야바라밀자는 過信泥跡과신니적이요 而不能權宜適變也이불능권의적변
야니[301] 亦猶後漢向詡역유후한상허니라

93

◆ 장각(張角)이[302] 난을 일으켰을 때, 상허(向詡)는 자기 마음대로 상소를 올려 비웃음을 사고 욕먹는 일이 많았다. 그 상소의 내용은 '좌우의 측근들이 나라를 위해 군사를 일으킬 뜻이 없으니 다만 군사를 데리고 황하 상류까지 추격하고 북쪽을 향해 효경을 읽으면 적들은 자멸(自滅)할 것'이라는 것이다.

張角장각이 作亂작란에 詡후는 上便宜상편의 하야[303] 頗多譏刺파다기자로다 左右좌우가 不欲國家興兵불욕국가흥병 하니 但追將兵於河上단추장병어하상 하고 北向북향 하야 讀孝經독효경 하면 賊적은 則當自消滅즉당자소멸이라 하니라

---

301 권의(權宜):형편에 따른 임시 조치.
302 장각(張角)은 후한(後漢) 거록(鉅鹿) 사람으로 황노(黃老)의 도(道)를 신봉하여 오두미도 (五斗米道)를 행하였으며 부수주설(符水呪說)로 병을 치료하였고, 태평도(太平道)라고 했 다. 제자가 수십 만 명에 이르렀으며 영제(靈帝) 때 난을 일으켜 자칭 황천(黃天)이라 했다. 그의 무리들은 모두 황건(黃巾)을 썼기 때문에 황건적(黃巾賊)이라 불렀다. 황보숭(皇甫嵩) 에 의해 평정되었다. 그에게 배운 사람은 쌀 다섯 말을 냈기 때문에 오두미도(五斗米道)라 한 것이다.
303 편의(便宜):규정이나 명령에 얽매이지 않고 스스로 사태에 따라 적절하게 판단하여 처리하 는 것이고, 기자(譏刺)는 비방하고 풍자하는 것인데 무엇에 빗대어 비난하는 것을 말한다. 그러니까 파다기자(頗多譏刺)는 비난하고 풍자하는 일이 아주 많았다는 뜻이다.

◆ 또한 후한(後漢) 「갑훈전(蓋勳傳)」도[304] 이와 같다. 「갑훈전」에는 '중평 원년(中平元年) 즉 184년에 북녘 땅에서 강호(羌胡)와[305] 변장(邊章) 등이[306] 농우(隴右)와[307] 부풍(右扶風) 지방을[308] 침범하여 소란을 일으키자 송효(宋梟)가 태수(太守)가 되어 도적떼의 반란이 잦은 것을 걱정하여 갑훈(蓋勳)에게 이르기를, 양주(涼州)는[309] 학술(學術)의 면에서 뒤떨어지기 때문에 자주 반역과 폭도가 일어나는 것이니, 이제 효경을 많이 베끼고 집집마다 익히도록 하여 대개 사람들로 하여금 뜻을 알도록 하라고 했다. 이렇게 했는데도 사람들이 착해지지 않는다면 어찌 『효경(孝經)』의 죄라 하겠는가.

又如後漢우여후한의 蓋勳傳갑훈전에는 中平元年중평원년에 北地북지의 羌

---

[304] 갑훈(蓋勳)은 후한(後漢)때 돈황(敦煌) 광지(廣至) 사람으로 자(字)는 원고(元固)이고 벼슬은 토로교위(討虜校尉)·경조윤(京兆尹)이었다. 환관의 발호를 억제하고 귀척(貴戚)을 징치(懲治)할 것을 간하였고 동탁(董卓)의 폭압에도 굴하지 않았다.
　※개(蓋)가 성씨일 때는 '갑'이라 읽는다.
[305] 강호(羌胡)는 강족(羌族)과 흉노족(匈奴族)으로 고대에 북서쪽에 살던 소수민족을 두루 이르는 말이다. 강(羌)은 지금의 감숙(甘肅)·청해(青海)·사천(四川)일대에 살던 유목민, 호(胡)는 고대에 북방과 서방에 살았던 소수민족인 흉노(匈奴)를 말한다. 후대에는 호(胡)라는 말이 북쪽 변방지방의 소수민족을 이르는 말이 되었다. 오호(五胡)는 진무제(晉武帝)가 죽은 뒤, 진의 내분을 틈타 칭제(稱帝)하고 나라를 세운 흉노족(匈奴族)·갈족(羯族)·선비족(鮮卑族)·저족(氐族)·강족(羌族)을 말한다.
[306] 변장(邊章)은 후한(後漢) 금성(金城) 사람으로 벼슬은 독군종사(督軍從事)였고, 한수(韓遂)와 함께 환관들을 제거하려다가 실패하였다.
[307] 농우(隴右)는 농산(隴山)의 서쪽 지역을 두루 이르는 말이다. 농산(隴山)이라고 하면 감숙성(甘肅省)과 섬서성(陝西省)의 경계에 이어져 있는 육반산(六盤山)의 별칭이다.
[308] 부풍(扶風)은 섬서성(陝西省) 함양현(咸陽縣)의 동북쪽에 있었던 고을 이름이다. 부풍(扶風)은 한대(漢代)에 삼보(三輔)의 지역으로 호탕하고 뛰어난 인재가 많이 배출되었으므로 강개하고 호탕한 선비의 대칭(代稱)으로도 쓰였다.
[309] 양주(涼州)는 한대(漢代)에 두었던 주(州)로 관할지역은 감숙성 영하(寧夏)와 청해(青海) 황수(湟水) 유역 일대가 해당된다.

胡與邊章等강호여변장 등이 寇亂隴右扶風구란롱우부풍 하니 宋梟송효가 爲守위수 하야 患多寇叛환다구반 하야 謂勳위훈에 曰왈 하되 涼州양주는 寡於學術고과어학술고로 屢多反暴누다반폭 하니 今欲多寫孝經금욕다사효경 하야 令家家영가가로 習之습지 하야 庶或使人知義서혹사인지의라 하니[310] 此亦用之者차역용지자라도 不善也불선야면 豈孝經之罪歟기효경지죄여인저

95

◆ 거기다가 무제(武帝)가 전생에 결정된 업의 재앙이 여기에 그치지 않는다는 것을 어찌 알았으랴. 선행으로 인하여 전에 이미 정해진 업을 줄였기 때문에 그만큼의 목숨이라도 될 수 있었다. 무제가 일찍이 나라의 존망(存亡)의 멀고 가까움을 지공(誌公)스님에게 물었더니, 지공스님이 목구멍을 가리켰다. 대부분의 사람들은 후경(侯景)을 뜻하는 것으로 짐작했다.[311]

抑又安知武帝억우안지무제의[312] 前定之業禍전정지업화가 不止此부지차리오 由作善유작선 하야 以損之이손지 하니 故고로 能使若是之壽也능사약시지수야 니라 帝제가 嘗以社稷存亡상이사직존망의 久近구근을 問於誌公문어지공 하니 公공이 自指其咽示之자지기인시지로다 蓋讖侯景也개참후경야이로다

96

◆ 지공스님이 임종에 이르렀을 때, 무제가 다시 나라의 존망에 대해 물

---

310 서혹(庶或):부사로 추측을 나타내며 동사 앞에 쓰며 '대개, 어쩌면'으로 해석한다.
311 인(咽)은 후(喉)이고, 후(喉)와 후(侯)는 음(音)이 호(胡)와 구(溝)의 반절(胡溝切)로 같다.
312 억우안지(抑又安知)는 '거기다가…을 어찌 알겠는가'라는 뜻이다.

었더니, 지공스님은 빈승(貧僧)의 탑이 무너지면 폐하의 나라도 따라서 무너질 것이라고 말했다. 지공스님이 죽은 뒤에 칙령을 받들어 탑을 만드는 일이 거의 끝나갈 때, 무제는 잡자기 '목탑이 얼마나 오래갈 수 있겠나'라는 생각이 들어 마침내 목탑(木塔)을 철거하고 석탑(石塔)으로 다시 세우도록 명령 했다. 썩지 않도록 하여 보존하려는 것이었지만 탑의 해체가 막 끝날 때쯤 이미 후경(侯景)의 군사가 들어왔다. 도(道)에 이른 사람이 어찌 앞을 몰랐겠는가?

公공이 臨滅時임멸 시에 武帝무제가 又復詢詰前事우부순힐전사 하니 誌公지공이 曰왈 하되 貧僧塔빈승탑이 壞괴 하면 陛下폐하의 社稷사직도 隨壞수괴 하리라 公공이 滅後멸후에 奉勅造塔已畢봉칙조탑이필에 武帝무제가 忽思홀사 하고 曰왈 하되 木塔목탑이 其能久乎기능구호아 遂命수명 하야 徹去철거 하고 改創개창 하니 以石塔이석탑은 貴圖不朽귀도불후가 以應其記이응기기나 拆塔纔畢탁탑재필에 侯景후경의 兵병이 已入矣이입의니라 至人지인이 豈不前知耶기부전지야리오

97

◆ 안세고(安世高)와[313] 백법조(帛法祖)의[314] 무리가 일부러 와서 전세(前世)

---

313 안세고(安世高)는 안식국(安息國) 태자로 부왕이 죽자 왕위를 숙부에게 양보하고 출가하였다. 후한시대(後漢時代)에 중국에 도착하여 불경을 번역한 중국불교 초기의 불전번역자(佛典飜譯者)로 유명하다. 후한 건화 1년(後漢建化一年)[147년]에 중국 낙양에 와서 건녕3년(建寧三年)[170년]까지 머물면서 95부 115권을 번역하였다고 한다. 안식국은 카스피해[黑海] 동남쪽 즉 이란의 동북부지역에 있었던 빠르티아(Parthia)을 말한다. 빠르티아를 안식국(安息國)이라고 한 것은 지배자 아르서시즈(Arsaces)를 안식(安息)이라 음역했기 때문이다.

314 백법조(帛法祖:?~304)는 위진(魏晉)시대의 스님으로 백원(白遠) 또는 백원(帛遠)이라고도 한다. 속성은 만(萬)이고 자(字)가 법조(法祖)이다. 도사(道士) 왕부(王浮)와 불교의 옳고 그름에 대하여 논쟁을 하였다. 이 논쟁에 진 왕부가 분함을 이기지 못하고『노자화호경(老子

의 재앙을 마치려고 천리를 멀다하지 않고 스스로 죽을 땅을 향해 간 것은 결정된 업을 피할 수 없기 때문이다. 진(晉)의 곽박(郭璞)[315] 또한 이미 정해진 업은 면하지 못한다는 것을 스스로 알았거늘 하물며 허망함을 꿰뚫어 알고 죽음을 돌아가는 것처럼 보는 사람이랴! 떠맡아야 할 지난 날의 짐이 있다는 것을 밝게 아는 사람이 어찌 그것을 벗어나려고 도망하고 막으려고 하겠는가.

如安世高여안세고나 帛法祖之徒백법조지도가 故來고래 하야 畢前世之對필전세지대코자 不遠千里불원천리 하고 自投死地者자투사지자는 以其定業이기정업을 不可逃也불가도야니라 如晉여진의 郭璞곽박도 亦自知其不免역자지기불면 하거늘 況識破虛幻황식파허환 하고 視死如歸者乎시사여귀자호아 豈有明知宿有所負기유명지숙유소부가 而欲使之避拒이욕사지피거 하고 苟免哉구면재리오

98

◆ 구양수가 쓴 만회신적기비(萬回神跡記碑)의 발문(跋文)에는 '세상에 전해오기를 어떤 도사(道士)가 노자를 꾸짖으며, "부처는 신기하고 괴상한 재앙과 복으로 세상 사람들을 두려워하고 동요케 하여 모두 믿고 따르게 하였기 때문에 승려들은 복을 누림이 풍요한데 비해 우리 노자는 고상하게 청정(淸淨)만을 주장하여 마침내 우리들 모두를 의지할 곳조차 없이 외롭도록 하였으니", 비록 도사의 말이 속되다고 할지라도 받아들일 가치가 있다'고 했는데 구양수의 이 말 역시 조금은 재치가 있는 듯하

化胡經)』을 위작하기에 이르렀다. 백법조는 『불반니원경(佛般泥洹經)』등 16부 18권을 번역하였다.

315 곽박(郭璞:276~324)은 진(晉)의 하동(河東) 사람으로 자(字)는 경순(景純)이다. 학문이 넓고 사부(詞賦)에 능하였으며 음양(陰陽), 역산(曆算), 복서(卜筮)에 통달하였고, 『이아(爾雅)』, 『방언(方言)』, 『산해경(山海經)』, 『목천자전(穆天子傳)』등의 주(注)를 내었다.

나 세상을 다스리는 대도(大道)를 통달하지 못한 탓으로 수행의 근본을 고려하지 못했다고 하겠다.

歐陽永叔구양영숙이 跋萬回神跡記碑발만회신적기비에 曰왈 하되 世傳세전하는 道士도사가 罵老子매노자 하여 云운 하되 佛불은 以神怪禍福이신괴화복으로 恐動世人공동세인 하야 俾皆信向故비개신향고로 僧尼승니가 得享豐饒득향풍요 하거늘 而吾이오의 老子노자는 高談淸淨고담청정 하야 遂使我曹수사아조를 寂寞적막하다 하니 此雖鄙語차수비오나 有足采也유족채야니라 永叔之是其說也영숙지시기설야가 亦小有才역소유재나 而未達通方之大道者歟이미달통방지대도자여인저 하야³¹⁶ 不揣其本之如此也불췌기본지여차야니라

구양수와 역사

위수(魏收:505~572)의³¹⁷『북사(北史)』나 이연수(李延壽)의³¹⁸『남사(南史)』에

316 통방(通方):세상 이치에 환함 또는 세상 다스리는 도리에 밝음. 보편적 도리. 융통성이 있음, 요령이 있음.

317 위수(魏收:505~572)는 북제(北齊) 거록(鉅鹿) 하곡양(下曲陽) 사람으로 자(字)는 백기(伯起)이고 소자(小字)는 불조(佛助)이며 시호(諡號)는 문정(文貞)이다. 위(魏)에서 태학박사(太學博士)·산기상시(散騎常侍)였고, 제(齊)에서 상서우복야(尙書右僕射)를 지냈다. 천보연간(天保年間:742~758)에 황명에 따라 위서(魏書)를 편수하였고, 온자승(溫子昇)·형소(刑劭)와 함께 북조(北朝)의 삼재(三才)라 불리었다.『위서(魏書)』는 북조(北朝) 위(魏)의 정사(正史)인데, 저자 위수(魏收)의 성품이 편벽(偏僻)되어 주관적인 호오(好惡)에 따라 역사적 인물들을 포폄(褒貶)하였다 하여 예사(穢史)라 하기도 하나『석로지(釋老志)』와『관씨지(關氏志)』를 처음으로 싣는 등 그 내용면에서는 아주 자세하다.

318 이연수(李延壽)는 당(唐)나라 사람으로 대사(大師)의 아들로 자(字)는 하령(遐齡)이고 벼슬은 어사대주부(御史臺主簿)였다.『오대사지(五代史志)』·『진서(晉書)』·『태종정전(太宗政典)』·『남사(南史)』·『북사(北史)』를 칙찬(勅撰)하였다. 남사(南史)는 송(宋)·제(齊)·양(梁)·진(陳)의 정사(正史)를 수정하여 남조(南朝) 4대 170년간의 일을 기록한 80권의 역사서이다.『북사(北史)』는 북조(北朝)의 위(魏)로부터 수(隋)에 이르기까지 4대 242년간의

기록되었던 불교나 도교에 관계되는 기록을 구양수가 편찬한『오대사』(五代史)에서는 삭제하였고, 오대(五代) 때 진(晉)의 유후(劉昫)가[319] 칙명으로 지은 당(唐)나라 정사(正史)인『구당서(舊唐書)』를 구양수(歐陽脩)·송기(宋祁)[320]·범진(范鎭)[322] 등이 새로『신당서(新唐書)』를 편찬하면서 현장(玄奘)이나 신수(神秀) 등 불교에 관계되는 기록 1천여 가지를 삭제하였다.[322]

범조우(范祖禹:1041~1098)는[323] 사마광(司馬光:1019~1086)[324] 으로부터 구

100권의 역사서이다.『남사(南史)』에 비하여 상세하고 독창적이라 한다.

319 유후(劉昫)는 오대(五代) 후진(後晉)의 귀의(歸義) 사람으로 자(字)는 요원(耀遠)·일휘(日輝)이고, 당(唐) 장종(莊宗) 때 한림학사(翰林學士), 명종(明宗) 때는 단명전학사(端明殿學士)를 거쳐 재상이 되었다.『구당서(舊唐書)』편찬에 참여하였다.

320 송기(宋祁)는 송(宋)나라 안륙(安陸) 사람으로 자(字)는 자경(子京)이고, 시호(諡號)는 경문(景文)이며, 진사(進士)하여 벼슬은 용도각학사(龍圖閣學士)·사관수찬(史館修撰)·공부상서(工部尙書)·한림학사승지(翰林學士承旨)를 지냈다. 구양수(歐陽脩)와 함께 당서(唐書)를 찬수(纂修)하였다.

321 범진(范鎭)은 송(宋)나라 성도(成都) 화양(華陽) 사람으로 자(字)는 경인(景仁)이고 봉호(封號)는 촉군공(蜀君公)이고 시호(諡號)는 충문(忠文)이다. 보원연간(寶元年間:1038~1040)에 진사장원(進士壯元)하여 벼슬은 한림학사(翰林學士)·단명전학사(端明殿學士)·숭복궁제거(崇福宮制擧)를 지냈다. 왕안석(王安石)의 변법(變法)에 반대하여 사직하였고,『신당서(新唐書)』·『인종실록(仁宗實錄)』의 편수에 참여하였다.

322『불조통기(佛祖統紀)』45:〈49-412하〉영숙(구양수)는 부처를 좋아하지 않아『구당사』에 그 일에 관계되는 일이 있으면 반드시 제거했다.『구당서』와『신당서』를 대조하면 제거하여 없앤 것이 천 가지가 넘었다.(永叔不喜佛 舊唐史有涉其事者必去之 嘗取二本對校 去之者千餘條)

323 범조우(范祖禹:1041~1098)는 송(宋)나라 성도(成都) 화양(華陽) 사람으로 자(字)는 순보(淳甫)·몽득(夢得)이고, 시호(諡號)는 정헌(正獻)이다. 가우연간(嘉佑年間:1056~1063)에 진사(進士)하여 비서성정자(秘書省正字)·저작좌랑(著作佐郎)·한림학사(翰林學士)·섬주지주사(陝州知州事)을 지냈다. 사마광(司馬光)을 도와『자치통감(資治通鑑)』을 편찬하였고,『신종실록(神宗實錄)』의 편수에 검토관(檢討官)으로 참여하였다.『당감(唐鑑)』12권을 지었다.

324 사마광(司馬光:1019~1086)은 북송(北宋) 하현(夏縣) 사람으로 자(字)는 군실(君實)이고 호(號)는 제물자(齊物子)이며 시호(諡號)는 문정(文正)이다. 보원연간(寶元年間:1038~1040)에 진사(進士)하여 신종(神宗) 때 어사중승(御史中丞)으로서 왕안석(王安石)의 신법(新法)을 반대하다가 서경(西京)에 좌천되었고, 철종(哲宗) 초년에 재상이 되어 신법 중에

양수가 불교를 좋아하지 않아『구당서(舊唐書)』에서 전하던 불교관계 기록을 삭제하였다는 말을 듣고『신당서』를 보완하여『당감(唐鑑)』12권을 다시 썼다.[325] 그러므로 구양수가 편찬한 역사서는 예사(穢史)라 해야 할 것이다.

개암거사(鎧菴居士) 오극기(吳克己)는 "역사는 당시의 실득의 자취를 기록하는 것이므로 임금을 죽이는 사악한 사건도 반드시 기록해야 하고, 어미를 삶아 죽이는 추악한 사건도 반드시 기록해야 하는데, 어찌 추악하다고 기록하지 않겠느냐고 했다. 따라서 역사를 편찬하는 사람은 당시의 선악에 대한 일을 숨기지 않아야 믿을 수 있는 역사가 된다"고 하며[326] 어찌 자기가 좋아하지 않는다고 해서 모두 삭제할 수 있느냐면서 해박한 지식이 없는 사람은 역사를 편찬하는 책임을 맡는 것이 부족하다고 평했다.[327]

99

◆ 신기하고 괴상한 재앙과 복이 어느 세상엔들 없겠는가마는 단지 유학자들에게는 말에만 있고 글에서는 생략했을 뿐이다. 진실로 불교를

서 백성에게 해로운 것들을 모조리 개정하였다. 사후에 태사온국공(太師溫國公)에 추증(追贈)되었고 속수선생(涑水先生)이라 불리었다. 사마온공(司馬溫公)이라고도 한다. 유서(劉恕)·유반(劉攽)·범조우(范祖禹) 등과 함께『자치통감(資治通鑑)』을 편찬하였다.

[325]『불조통기(佛祖統紀)』45:〈49-412하〉 범조와 사마광의 말을 듣고 끝내 다시『당감(唐鑑)』을 썼다.『신당서』에 결여된 것을 남몰래 보완했다.(范祖禹聞光言 乃更著唐鑑 陰補新書之闕.)

[326]『불조통기(佛祖統紀)』39:〈49-363하〉 史者所以記當時失得之迹也 以故惡如弑君必書 醜如蒸母必書 豈以其醜惡而不之記耶 是知 修史者不沒其當時善惡之事 斯可爲信史也.

[327]『佛祖統紀』39:〈49-364상〉 豈當以己所不好而悉刪之耶 是知無通識者 不足以當修史之任也 〈어찌 자기가 좋아하지 않는다고 그것을 삭제할 수가 있는가? 이것으로 통식(通識)이 없는 사람은 역사를 편찬하는 역할에는 충분하지 못하다는 것을 알 수 있다.〉

공부하는 사람이 어찌 등 따습고 배부른데 마음을 두겠는가? 불교도들은 본래부터 세상과의 인연을 끊고 더 이상 없는 깨달음이란 큰 법을 구하려 할 뿐이다. 도사(道士) 역시 세속을 버린 사람이요, 출가하여 도를 구함으로써 의지할 곳조차 없이 외로움을 원망하지 않을 뿐이다.

만일 저녁밥을 먹고 싶은 마음으로 속세의 잡념을 버리지 않고, 인과(因果)를 생각하지 않으면 세상만사 그 무엇인들 하지 못하겠는가. 혹은 벼슬아치가 될 수도 있고 혹은 의술이나 점, 온갖 것을 만드는 재주나 솜씨를 익히거나 짐승을 잡고 술을 팔거나 보따리 장사를 하는 등 무엇이든지 할 수가 있으니, 이것을 버리고 저것을 취하는 것을 누가 만류하겠는가?

神怪禍福之事신괴화복지사가 何世하세에 無之무지언마는 但儒者之言단유자지언은 文而略耳문이약이니라 又況眞學佛者우황진학불자가 豈以溫飽爲志哉기이온포위지재리오 本以求無上菩提본이구무상보리 하야 出世間之大法耳출세간지대법이니라 且道士차도사도 是亦棄俗人也시역기속인야요 若以出家求道약이출가구도 하야 則不以寂寞爲怨즉불이적막위원이니라

若以圖晡啜爲心약이도포철위심으로[328] 則不求出離즉불구출리 하고 不念因果불념인과 하면 世間萬途세간만도를 何所不可哉하소불가재리오 或爲胥徒혹위서도 하고 或習醫卜혹습의복 하며 百工技藝백공기예 하고 屠沽負販도고부판이 皆可爲也개가위야나 棄此기차 하고 取彼취피는 孰禦焉숙어언고

100

◆ 당 태종(唐太宗)이[329] 겨우 네 살 때, 어떤 신인(神人)이 태종을 보고 말

---

328 포(晡)는 신시(申時)로 곧 오후 3시부터 5시 사이를 말한다.
329 당 태종(唐太宗)은 당나라 제2대 황제로 당 고조(唐高祖)의 둘째 아들로 이세민(李世民)이다. 시호(諡號)는 문황제(文皇帝)이다. 수(隋)나라 말에 천하가 혼란하자 아버지에게 거병

하기를, '용(龍)이나 봉(鳳)의 자태(姿態)요, 하늘과 해의 기상을 드러내고 있으니, 반드시 세상을 구제하고 백성을 평안하게 할 것이라 하였다'더니 채 스무 살도 되지 않아 과연 큰 공업을 세웠으니 큰일을 할 군자라 할 만하다.

唐太宗당태종이 方四歲時방사세 시에 已有神人이유신인이 見之견지 하고 曰왈 하되 龍鳳之姿용봉지자요 天日之表천일지표 하니 必能濟世安民필능제세안민이라 하더니 及其未冠也급기미관야에 果然建大功業과연건대공업 하니 亦可謂大有爲之君矣역가위대유위지군의니라

101

◆ 구양수는 단지 일개 서생(書生)일 뿐인데도 당서(唐書)를 편찬하면서[330] 사견(私見)과 억측(臆測)으로 함부로 비평하여 태종(太宗)을 특출한 것이라곤 아무 것도 없는 평범한 군주에 견주었고, 후세사람들마저도 그것을 따르기만 할 뿐 누구하나 감히 그 잘못을 따지는 사람이 없었다.

슬프고 안타깝도다! 세상의 높고 낮은 평가를 따라 사는 학자들이여! 자기만이 잘난 체 전대(前代)의 큰 업적을 제멋대로 평가한 구양수여! 정말로 탄식할 일이로다.

歐陽脩구양수는 但一書生耳단일서생이라 其기가 修수한 唐書也당서야에 以私意臆說이사의억설로 妄行褒貶망행포폄 하야[331] 比太宗爲中才庸主비태종위중

하도록 하여 천하를 통일하고 진왕(秦王)에 봉해졌다. 뒤에 형과 아우가 죽자 태자에 책봉되어 제위(帝位)에 올랐다. 어진 신하를 두루 등용하여 정관의 치세(貞觀之治)를 이룩하였다.

330 당서(唐書)는『구당서(舊唐書)』와『신당서(新唐書)』가 있는데, 구양수가 편찬한 것은『신당서(新唐書)』이다.

331 포폄(褒貶):칭찬하거나 비난함. 비평함 또는 질책함.

재용주라 하더니[332] 而後世이후세에 從而和之종이화지요 無敢議其非者무감의기
비자니라

嗚呼오호라 學者학자의 隨世高下수세고 하여 而歐陽脩이구양수가 獨得專美
於前독득전미어전 하니[333] 誠可歎也성가탄야로다

102

◆ 역사를 쓰는 사람은 정말로 글이 공정하고 사건을 자세하게 기록할
뿐 미담을 꾸며서도 안 되고 악함을 숨겨서도 안 된다. 그래서 역사를
일러 실록(實錄)이라 부른다.

그러나 구양수가 편찬한 사서(史書)에는[334] 당나라 때 도(道)를 좋아했
던 공경(公卿)이 많았으나 선승(禪僧)과 교유(交遊)한 기연(機緣)이나 사적
(事跡)들을 가려 뽑아 거의 다 삭제하였다.

그러면서도 그가 관직에서 물러날 즈음에 이르러 육일거사(六一居士)
라고 자칭(自稱)한 것은 어째서인가? 거사(居士)라고 자칭한 것은 부처님
이 있다는 것을 알기 때문이요, 부처님이 있다는 것을 알면서 부처님을
배척한 것은 명예를 좋아하여 양심을 속이는 것뿐이거늘 어찌 품행이
바르고 언행이 바른 선비라고 하겠는가? 오늘날에도 방자하게 부처님

---

332 중재용주(中才庸主)에서 중재(中才)는 보통 정도의 재주 또는 그러한 사람을 말하고 용주
(庸主)는 평범한 군주나 멍청하고 어리석은 군주를 말한다. 그러니까 여기서는 특출한 것
이라고 없는 평범한 군주라는 뜻이다.
333 독득전미(獨得專美)는 자신이 훌륭하다고 뽐내며 큰 업적을 마음대로 독단한다는 뜻이다.
334 구양수가 편찬한 사서는 두 가지가 있는데, 하나는 『신당서(新唐書)』이고, 또 하나는 『신오
대사(新五代史)』이다. 『신당서』는 구양수와 송기(宋祁) 등이 칙명(勅命)을 받아 오대(五代)
의 진(晉)의 유후(劉昫) 등이 칙명으로 지은 200권의 『구당서(舊唐書)』를 개수(改修)한 당
대(唐代)의 역사서로 225권이고, 『신오대사』는 설거정(薛居正) 등이 지은 『오대사(五代史)』
의 잘못을 바로 잡아 구양수가 직접 찬술한 75권의 역사서이다.

을 배척하여 명예를 사는 이들이 적지 않다.

作史者작사자는 固當其文고당기문 하고 直其事核직기사핵이언정 不虛美불허미 하고 不隱惡불은악이니라 故고로 謂之위지 하야 實錄실록이니라

而脩之編史也이수지편사야에는 唐之公卿당지공경에 好道者호도자가 甚多심다 하나 其與禪衲游有機緣事跡者기여선납유유기연사적자는 擧皆거개가 削之삭지니라

及其致仕也급기치사야에는 以六一居士이육일거사로 而自稱이자칭은 何也하야오 以居士이거사로 自稱자칭은 則知有佛矣즉지유불의커니 知有而排之지유이배지는 則是好名즉시호명 하야 而欺心耳이기심이거늘 豈爲端人正士乎기위단인정사호리오 今之恣排佛금지자배불 하야 以沽名者이고명자도 亦多矣역다의니라

<h2 style="text-align:center">103</h2>

◆ 당나라의 유자후(柳子厚)같은 이는[335] 한퇴지(韓退之)에게 애써 불교(佛敎)와 도교(道敎)를 배척하지 말라고 편지를 보냈는데, 한퇴지의 문집에는 유자후의 편지에 답이 없다. 그것은 한퇴지가 유자후의 말이 타당함을 알고 말없이 따른 것이 어찌 아니겠는가? 일부러 그에 대한 반론을 제기하지 않은 것 같다.

如唐여당의 柳子厚유자후는 移書韓退之이서한퇴지 하야 不須力排二敎불수

335 유자후(柳子厚)는 당(唐)나라 하동(河東)출신의 유종원(柳宗元:773~819)의 자(字)에 성씨를 붙여 부르는 경우이다. 정원연간(貞元年間:785~805)의 진사(進士) 박학굉사과(博學宏詞科)에 합격하고, 집현전 정자(集賢殿 正字)를 거쳐 감찰어사이행(監察御使裏行)을 지냈다. 왕숙문(王叔文)과 친하여 예부 원외랑(禮部 員外郞)에 발탁되고, 정치의 혁신에 참여하였다가 왕숙문이 실패하자 영주사마(永州司馬)로 강등되고 유주자사(柳州刺史)로 옮겼으므로 유유주(柳柳州)라고 부른다. 당송팔대가(唐宋八大家)의 한 사람으로 시문이 뛰어났고, 특히 산문(散文)이 뛰어났으며, 한유(韓愈)와 함께 고문부흥(古文復興)을 주도하였다.『유하동집(柳河東集)』『영주팔기(永州八記)』『용성록(龍城錄)』등의 저서가 있다.

력배이교나 而退之集이퇴지집에는 無答子厚書者무답자후서자니라 豈非韓公知
其言之當기비한공지기언지당 하야 而默從之이묵종지랴 故不復與之辯論也고불
부여지변론야니라

104

◆ 그런데 근래에 왕봉원(王逢原)이[336] 본래의 저작에 글을 보완하였다.
부끄럽도다! 왕봉원이여! 일개 비루하고 천박한 서생(書生)일 뿐이거늘
어찌하여 속 좁고 용렬함이 천제(闡提)보다도 심한가? 한퇴지가 어찌 편
지 하나를 쓰지 못해서 급기야 후세인의 보완을 기다렸겠는가? 왕봉원
의 그 헤아리지 못함이 이와 같도다.

한(漢)나라와 당(唐)나라 이후에 제왕(帝王)이나 공후(公侯)로 부처님을
받든 자는 셀 수조차 없이 많았다. 어찌 그들이 현성(賢聖)을 헐뜯었겠는
가?

近世근세에 王逢原왕봉원이 作補書작보서 하니 鄙哉비재로다 逢原봉원이여
但一狐寒庸生耳단일호한용생이어늘 何區區하구구히[337] 闡提之甚也천제지심야
아 退之퇴지가 豈不能作一書기불능작일서 하야 而待後人補也이대후인보야리오
其不知量也기부지량야가 如此여차니라

蓋漢唐以來개한당이래로 帝王제왕이나 公侯공후로 奉佛者봉불자는 不可勝
計也불가승계야니라 豈害其爲賢聖哉기해기위현성재리오

105

◆ 내 일찍이 구양수에게 일러 말하기를, '선왕(先王)의 말을 말할 때,

---

336 왕봉원(王逢原)에 대해서는 자세하게 알 수가 없다.
337 구구(區區): 잘고 용열함.

간사하고 다투기를 좋아하는 필부(匹夫)들의 견해를 일으켜, 남의 선행
은 감추고 단점만을 편파적으로 찾아내 꾸짖고 상처 주니 간사하고 다
투기 좋아하는 필부로다. 천하의 후세(後世)의 일을 공개적으로 따지려
는 이가 이래서 되겠는가라고 말했다.

余여가 嘗謂歐陽脩상위구양수 하야 曰왈 하되 道先王之言도선왕지언에 而作
囂訟匹夫之見이작은송필부지견 하야[338] 今匿人之善금닉인지선 하고 偏求其短
편구기단 하야 以攻刺之者이공자지자 하니 囂訟匹夫也은송필부야로다 公論天
下後世之事者공론천하후세지사자가 可如是乎가여시호아

106

◆ 심각하구나! 구양수의 독단적인 폐단이여! 사람을 감추려다가 천하
후세(天下後世)를 감추고 말았도다. 다행이로다! 사사로이 억측한 터무니
없는 그 말이 마침내 지혜로운 사람을 만나 끝나게 되었도다. 다만 정치
에 통달하고 역사에 해박한 학자들의 비웃음을 당하는데 불과하더니 벼
슬을 얻고 공을 세우고 싶은 마음의 유혹을 이겨내지 못했음이로다.

其哉심재로다 歐陽脩之自蔽也구양수지자폐야여[339] 而欲蔽於人이욕폐어인 하
다 又欲蔽天下後世우욕폐천하후세로다 幸행이로다 其私臆之流言기사억지류언
이 終必止於智者종필지어지자로다 雖見笑於通方博古之士수견소어통방박고지
사더니[340] 而未免誘惑於躁進狂生耳이미면유혹어조진광생이로다[341]

---

338 은송(囂訟):간사하고 쟁송(爭訟)을 좋아함.
339 자폐(自蔽)는 자기의 선입관에 갇혀 실체를 객관적으로 보지 못하는 것을 말한다.
340 수견소(雖見笑)에서 수(雖)는 다만…하는데 불과하다는 뜻이고 견소(見笑)에서 견(見)는
　　 부사로 동사 앞에 쓰여 ‘…을 당하다’는 뜻이니 견소(見笑)는 ‘비웃음을 당한다’는 뜻이다.
341 조진(躁進)은 벼슬하거나 공을 세우려는 데에만 급급함을 말하고, 광생(狂生)은 무지하여
　　 제멋대로 행동하는 사람을 말한다.

◆ 만약 이런 사람이 임금을 모시게 되면 그 임금을 홀리고, 부처의 씨를 끊고 부처님의 지혜를 단절하게 될 것이며, 그와 벗이 되어 그 벗을 인도한다면 벗의 진솔한 심성을 해치고 껍데기뿐인 명성을 다투기에 바빠 죽을 때까지 일개 총명한 범부를 벗어나지 못할 것이니, 그와 같은 훗날의 악도는 어떻게 할 것인가?

如斯人也여사인야가 使之侍君사지시군 하면 則佞其君즉녕기군 하고 絶佛種性절불종성커나 斷佛慧命단불혜명 하리며 與之爲友여지위우 하면 則導其友즉도기우 하야 戕賊眞性장적진성 하고[342] 奔競虛名분경허명 하야 終身종신토록 不過爲一聰明凡夫矣불과위일총명범부의리니 其如後世기여후세에 惡道악도는 何하오

◆ 구양수여! 구양수여! 세상에는 지도묘리(至道妙理)가 따로 있지 않다고 생각하는가? 그만둘 지어다! 겉만 번지르르하여 볼 것 없는 작은 글일 뿐이로다. 황하(黃河)의 신(神) 하백(河伯)이[343] 자기가 살고 있는 물이 가장 많다고 자부하였으나 오히려 또 바다가 있다는 것을 알지 못했다는 장생(莊生)의[344] 말이 바로 그런 것이 어찌 아니겠는가?

---

342 장적(戕賊):해침, 살해함.
343 하백(河伯):전설상의 황하(黃河)의 신(神) 하공(河公)이나 하종(河宗)이라고도 한다.
344 장생(莊生:B.C.369~B.C.286)은 전국(戰國) 때 송(宋)나라 사람인 장주(莊周)를 말한다. 칠원리(漆園吏)를 지냈고 청정무위(淸淨無爲)를 주장하였다. 당(唐) 현종(玄宗)때 남화진인(南華眞人)으로 추존되어, 그의 저서를 『남화진경(南華眞經)』이라고도 한다. 장주와 그의 학파의 사상을 모은 책이 일명 『남화진경』이라고 하는 『장자(莊子)』이다. 「외편(外篇)」, 「내편(內篇)」, 「잡편(雜篇)」으로 이루어졌다. 원래는 52편이었다고 하나 지금 전하는 것은 33편뿐이다. 「내편」은 장주가 지었고, 「외편」과 「잡편」은 장주의 제자와 후대(後代)의 도가(道家)가

脩乎수호여 脩乎수호여 將謂世間장위세간에 更不別有至道妙理갱불별유지
도묘리인가 止乎지호로다 如此여차는 緣飾些小文章而已연식사소문장이이로다³⁴⁵
豈非莊生所謂기비장생소위 하되 河伯하백이 自多於水자다어수나 而不知復有
海乎이부지부유해호로다

109

◆ 만약 모든 사람들로 하여금 그대의 뜻을 얻도록 한다면 후세 사람들
로 하여금 광겁(曠劫)에도[346] 만나기 어려운 가르침과 높고 아득하게 세
상을 벗어나는 법을 영원히 듣지 못하게 했을 것이니, 어찌 슬퍼할 일이
아니겠는가?

인간과 천상으로 이끄는 바른 길을 힘들게 하고, 인간과 천상을 바로
보는 눈을 멀게 하며, 인과(因果)의 진실한 가르침을 알지 못하게 하며,
선정(禪定)과 지혜(智慧)의 돈독하고 순박한 풍속을 어지럽힌 것은 구양
수보다 심한 이가 없을 것이다.

若也使其得志약야사기득지 하면 則使後世之人즉사후세지인이 永不得聞曠
劫難逢之教영부득문광겁난봉지교 하야 超然出世之法초연출세지법 하리니 豈不
哀哉기불애재리오

岐人天之正路기인천지정로 하고 瞎人天之正眼할인천지정안 하며 昧因果之眞
教매인과지진교 하야 澆定慧之淳風요정혜지순풍은 無甚於脩也무심어수야로다

지었다고 한다.
345 연식(緣飾):글을 아름답게 꾸밈.
346 광겁(曠劫):과거의 장구한 시간. 미래의 장구한 시간은 영겁(永劫)이라 한다.

◆ 내 일찍이 구양수의 편지를 살펴보았더니 늙고 병드는 것을 스스로 슬퍼 근심하고 애태우며 떠벌리고 있었다. 비록 부귀하게 살았지만 근심과 두려움에 빠져 차분함이란 없었다.[347]

그 까닭을 살펴보니 모두 타고난 마음이었다. 그것은 이성의 명백한 경험에 통하지 못했다는 뚜렷한 증거이다. 이것을 이유로 생각해보면, 크나큰 진여원돈(眞如圓頓)의 길을 소견이 얕은 장부의 마음으로 어찌 짐작이나 할 수 있었겠는가.

余여가 嘗觀歐陽脩之書尺상관구양수지서척 하니 諜諜첩첩이[348] 以憂煎老病自悲이우전로병자비니라 雖居富貴之地수거부귀지지나 戚戚然척척연 하야[349] 若無容者약무용자니라

觀其所由관기소유 하니 皆眞情也개진정야니라 其기는 不通理性之明驗歟불통이성지명험여인저 由是유시로 念之염지 하면 大哉대재한 眞如圓頓之道진여원돈지도를 豈僻隘淺丈夫之境界哉기벽애천장부지경계재아

◆ 육도(六道)를 윤회(輪廻)하는 것과 삼도(三道)의 과보(果報)는 자신의 마음으로 짓는 것이지 사실 특별한 인연이란 없다. 그런데도 저 삼도(三途)

---

347 구양수는 영상(潁上)에 살며 술과 안주를 멀리하다가 임종에『화엄경』을 빌려다 8권까지 읽고 죽었다고 한다[歐陽修居潁上 屏酒殽 臨終借華嚴經 讀之八卷而化: 佛祖統紀 54:49-473중] 潁上(영상)은 수대(隋代)에 두었던 현(縣)으로 소재지는 안휘성(安徽省) 영상현(潁上縣)에 있었다. 영수(潁水)는 하남성(河南省) 등봉현(登封縣) 숭산(嵩山) 남서쪽에서 발원하여 안휘성(安徽省) 수현(壽縣)의 정양관(正陽關)을 거쳐 회수(淮水)로 흘러들어가는 물을 말한다.

348 첩첩(諜諜)은 말이 많은 모양이나 수다스러운 모양을 말한다.

349 척척(戚戚)은 근심하고 두려워하거나 근심하고 슬퍼함을 말한다.

와 육도(六道)는 자연적으로 그런 것이라고 생각한다면 스스로 자기 몸을 버리고 돌보지 않음이 무엇보다 심하다고 하겠다. 한번 사람의 몸을 잃어버리고 나면 후회한다고 어찌 할 수 있겠는가?

삼계만법(三界萬法)은[350] 아무런 까닭도 없이 괜스레 결과를 불러오는 것이 아니다. 정말로 인과(因果)를 마음에 새기지 않는 것이야말로 마음을 스스로 속이는 짓이고, 스스로 마음을 속이면 하지 못할 짓이 없게 된다.[351]

六道輪廻육도육회이나 三途果報삼도과보는 由自心造유자심조일뿐 實無別緣실무별연이거늘 謂위 하되 彼三途六道피삼도육도가 自然而然者자연이연자라 하니 何自棄之甚也하자기지심야리오 一失人身일실인신 하면 悔將何及회장하급이리오

三界萬法삼계만법은 非有無因비유무인이 而妄招果이망초과니라 苟不顧因果구불고인과는 則是自欺其心즉시자기기심이요 自欺其心자기기심은 則無所不至矣즉무소부지의니라

---

350 삼계만법(三界萬法)에서 삼계(三界)는 중생들이 미혹(迷惑)으로 유전(流轉)하는 세 영역을 말하는데, 탐욕이 뿌리가 되어 유전하는 욕계(欲界), 육신[色]이 뿌리가 되어 유전하는 색계, 정신적 미혹으로 유전하는 무색계(無色界)를 말하는데, 이러한 영역은 오직 마음의 작용에 의해서 이루어진다고 하여 삼계유일심 심외무별법(三界唯一心 心外無別法)이라 하고, 마음이 만들어내는 것들은 실체가 아니라 환상에 불과하다고 하여 삼계공화(三界空華)라고 한다. 만법(萬法)은 마음이 만들어내는 온갖 현상이라 보아 만법유심(萬法唯心)이라 하고, 만법은 오직 분별일 뿐이라 하여 만법유식(萬法唯識)이라 말한다. 그러니까 중생이 고(苦)을 느끼면서 유전(流轉)하는 것은 결국 자신의 미혹(迷惑)이 만들어 내는 허상(虛想)에 지나지 않는다는 것이다. 이 허상을 벗어나기 위해서는 우리 앞에 전개되는 삼라만상을 있는 사실 그대로 직시할 수 있는 지혜를 터득해야 한다. 이 지혜가 바로 반야(般若)이다.

351『선비요법경(禪秘要法經)』중:〈15-258상〉縱情狂惑 無所不至.〈마음 내키는 대로 하는 미친 짓으로는 못할 짓이 없다.〉

◆ 근세 정이천(程伊川)과 정호(程顥) 형제가 말하기를,[352] '불교에서 말하는 출세(出世)는 오직 죽은 세상에서의 덕행이어야 출세(出世)가 된다'고 했다. 사대부로서 말의 근원을 알지도 못하면서 불교를 말하는 것이 이와 비슷하다.

색(色)·수(受)·상(想)·행(行)·식(識), 다시 말해 오온(五蘊)은 세간법(世間法)이요,[353] 계(戒)·정(定)·혜(慧)·해탈(解脫)·해탈지견(解脫知見), 다시 말해 오분법신(五分法身)은 출세간법(出世間法)이라는 것을 전혀 모른다.[354]

불교를 공부한 선각자(先覺者)가 출세간법(出世間法)을 성취하고 통달한 것을 일러 출세(出世)라고 말하는 것이다. 우리 유교에서 급제(及第)한 사람을 일러 등용(登龍)이라거나 절계(折桂)라고 하는 것과 어느 면에서 조금 비슷하다. 등용(登龍)이라 하여 어찌 정말로 용을 탄 것이며, 절계(折桂)라고 하여 계수나무의 가지를 움켜 쥔 것을 뜻하겠는가?

近世근세에 伊川이천과 程顥정호가 謂위 하되 佛家불가의 所謂出世者소위출

---

[352] 이천(伊川)은 북송(北宋)때 낙양(洛陽) 사람으로 정이(程頤:1033~1107)를 말한다. 정이가 이천백(伊川伯)을 지냈으므로 이천 선생(伊川先生)이라 하였다. 그의 자는 정숙(正叔)이고 형인 호(顥)와 함께 주돈이(周敦頤)에게 배웠고, 형과 함께 북송(北宋) 이학(理學)을 창시하였다. 저서에 『역전(易傳)』, 『춘추전(春秋傳)』이 있다. 정호(程顥:1032~1085)는 이천(伊川)의 형으로 자(字)는 백순(伯淳)이다. 흔히 명도 선생(明道先生)이라 불렀다. 우주의 본성과 사람의 성(性)은 본래 동일한 것이라 주장하였다. 후인(後人)이 그의 아우 이(頤)와의 유문(遺文), 어록(語錄) 등을 모아 『정자유서(程子遺書)』를 편찬하였다.

[353] 세간법(世間法)이란 깨달음을 얻기 이전의 세계에 속한 현상이란 뜻이다. 그러니까 미혹(迷惑)으로 경험하게 되는 현상세계(現象世界)를 말한다.

[354] 출세간법(出世間法)이란 미혹(迷惑)에서 펼쳐지는 번뇌 망상을 벗어난 깨달음의 경지에서 전개되는 현상을 말하는데, 목전에 펼쳐지는 현상을 왜곡이나 오해 없이 있는 그대로 직시하는 경지를 말한다.

세자는 除是不在世界上行제시부재세계상행이[355] 爲出世也위출세야라 하니 士大
夫사대부의 不知淵源부지연원 하고 而論佛者이논불자가 類如此也유여차야니라

　殊不知수부지 하되[356] 色受想行識색수상행식이 世間法也세간법야요 戒定慧
解脫解脫知見계정혜해탈지견이 出世間法也출세간법야이니라

　學佛先覺之人학불선각지인은 能成就通達出世間法者능성취통달출세간법자
면 謂之위지 하야 出世也출세야니 稍類吾儒之及第者초류오유지급제자를 謂之
위지 하야 登龍등용이나 折桂也절계야니라[357] 豈其眞乘龍기기진승룡이며 而握桂
哉이악계재리오

113

◆ 부처님이나 조사가 세상을 교화하기 위해 여러 가지 모습으로 나타
나는 것은 본래 중생들을 위한 것이다. 마치 우리 유교의 가르침에 성인
은 길흉(吉凶)을 백성들과 더불어 걱정을 같이 한다는 것과 같다.

　5백 년이 되면 반드시 왕자(王者)가 일어나는데,[358] 그 동안에는 반드시

---

355 제시부재세계상행(除是不在世界上行)에서 제시(除是)는 '…을 제외하고는' 또는 제비(除非)
　와 같으니, 제비(除非)의 뜻은 '오직…하여야만' 유일한 조건을 표시한다. 예를 들어 故鄕何
　處是 忘了除非醉(고향은 어느 곳인가? 오직 취하지 않았을 때만 잊을 수 있구나) 또한 부재
　(不在)는 '그 곳에 있지 않음, 그 자리에 있지 않음' 또는 '죽음을 완곡하게 표현하는 말'이다.
356 수부지(殊不知)는 전혀 모른다는 뜻이다.
357 절계(折桂)는 계수나무의 가지를 꺾는다는 뜻으로 과거(科擧)에 급제하는 것을 말한다.
358 여기서 말하는 왕자(王者)는 왕도(王道)를 일으켜 천하를 다스릴 성군(聖君)을 의미한다.
　『맹자(孟子)』「공손추장(公孫丑章)」하에 '5백 년이 되면 반드시 왕자(王者)가 일어나는데,
　그 동안에는 반드시 세상에 이름을 떨치는 사람이 나온다.[五百年必有王者興 其間必有名
　世者:蔡義順 譯解]고 하였고, 『맹자(孟子)』「진심장(盡心章)」하 말미에 '요(堯), 순(舜) 때부
　터 탕왕(湯王)때까지 5백여 년인데, 우왕(禹王)이나 고요(臯陶) 같은 분은 보고서 알았고,
　탕왕같은 분은 듣고서 알았다. 탕왕 때부터 문왕 때까지 5백여 년인데, 이윤(伊尹)과 내주
　(萊朱) 같은 분은 보고서 알았고 문왕 같은 분은 듣고서 알았다. 문왕 때부터 공자(孔子) 때
　까지 5백여 년인데 태공망(太公望)과 산의생(散宜生) 같은 분은 보고서 알았고 공자 같은
　분은 듣고서 알았다.[由堯舜至於湯 五百有餘歲 若禹臯陶則見而知之 若湯則聞而知之 由湯

세상에 이름을 떨치는 사람이 나온다고 한 것과 같거늘 어찌 죽은 세상
에서의 덕행을 출세라 하겠는가?

자기의 이익을 초월하여 세상마저 잊어버리는 것을 어찌 대승불교(大
乘佛敎)에서[359] 말하는 부처님의 뜻이겠는가? 비록 그와 같다고 하더라도
애석하도다. 오늘날의 사람들은 옛날 수행인들의 모습을 헤아려 볼 수
조차 없으니 한숨만 쉴 뿐이로다.

佛祖應世불조응세는[360] 本爲群生본위군생이니 亦猶吾敎역유오교에 聖人성인
은 吉凶길흉을 與民여민 하야 同患동환이니라

五百年오백 년이면 必有王者興필유왕자흥이니 其間기간에 必有名世者필유
명세자거늘 豈以不在世界上行기이부재세계상행을 爲是乎위시호아

超然自利초연자리 하야 而忘世者이망세자는 豈大乘聖人之意哉기대승성인지
의재리오 然雖如是연수여시나[361] 傷상이로다 今不及見古也금불급견고야이니 可
爲太息가위태식이로다

114

◆ 옛날 사람들이 통달한 출세(出世)는 마치 청동(靑銅)으로 만든 돈 만

至於文王 五百有餘歲 若伊尹萊朱則見而知之 若文王則聞而知之 由文王至於孔子 五百有餘
歲 若太公望散宜生則見而知之 若孔子則聞而知之](蔡義順 譯解,『孟子』韓國協同出版公社,
1983, 144쪽.)

359 대승불교(大乘佛敎)는 석가모니 부처님이 세상을 떠나시고 부처님의 가르침이 이전과는
다른 상황을 맞이하면서 그 상황에 맞게 부처님의 가르침을 적극적으로 해석하고 설명하
는 불교를 말한다. 이러한 불교를 펼치는 이들이 자기들의 사상을 부처님의 가르침이라고
호칭한 것이 대승불교이다. 이때 그들의 사상이 정말로 부처님의 뜻에 적절한가 그렇지 못
한가를 결정하는 것이 소위 삼법인(三法印)이다.

360 응세(應世): ① 세운(世運)에 순응함 ② 세상일에 대처함 ③ 불보살(佛菩薩)이 세상에 응화
(應化)함.

361 연수(然雖): 비록 그러하더라도.

개를 골라도 만 개가 다 청동이었던 것과 같고, 경지(瓊枝)를[362] 자르면 마디마디마다 옥(玉)인 것 같았으며, 전단나무를 쪼개면 조각조각마다 모두 향내가 나는 것과 같았다.

그러나 오늘날의 수행자는 물고기 눈과 진주를 혼동하고, 향내 나는 풀과 누린내 나는 풀이 채소밭에 같이 섞여 있는 것 같으며, 양의 몸에 호랑이 가죽을 걸친 것과 같은 이들이 많다. 결국 옥과 돌이 다 타버리듯이 함께 피해를 보는 지경에 이르게 되었다.

古之出世고지출세에 如靑銅錢萬여청동전만을 選선 하야도 萬中만중이요 截瓊枝절경지 하되 寸寸촌촌이 是玉시옥이며 析栴檀석전단 하면 片片편편이 皆香개향이니라

今則魚目금즉어목을 混珠혼주 하고[363] 薰蕕훈유가[364] 共囿공유 하니 羊質虎皮者양질호피자가[365] 多矣다의니라 遂致玉石俱焚수치옥석구분이니라[366]

115

◆ 옛사람들은 수행할 때 이삼십 년을 한순간도 몸과 마음을 문란하게 한

362 경지(瓊枝)는 옥이 열린다는 전설상의 나무를 말한다. 경지옥엽(瓊枝玉葉)이란 말은 황실(皇室)의 자손을 비유하는 말로 쓰인다.

363 어목혼주(魚目混珠)는 물고기의 눈은 구슬과 비슷하므로 어목혼주는 비슷한 것끼리 섞여 혼동하기 쉽다는 뜻이니 어목연석(魚目燕石)이란 말과 같다. 연석(燕石)은 연산(燕山)의 돌로 모두 옥과 비슷하다고 한다.

364 훈유(薰蕕)는 향초(香草)와 누린내 풀이다.

365 양질호피(羊質虎皮)란 양의 몸에 호랑이 가죽을 걸침이니, 겉보기에는 위엄이 있으나 실상은 연약함을 비유한다.

366 옥석구분(玉石俱焚)이란 옥과 돌이 함께 불탐, 선악(善惡), 현우(賢愚)의 구별이 없이 함께 해를 입는 것을 비유한다. 옥석동쇄(玉石同碎)나 옥석혼효(玉石混淆)도 같은 말이다. 『서경(書經)』하서(夏書)「윤정편(胤征篇)」에 火災崑岡 玉石俱焚 天吏逸德 烈于猛火[곤강(崑岡)이 불에 타면 옥과 돌이 타고, 천자의 관리가 덕을 잃으면 맹화(猛火)보다 심하다고 했다.

일이 없었다. 매 순간마다 몸과 마음이 서로 부합하는 것이 마치 닭이 알을 품는 것과 같았고, 스승을 찾고 벗을 방문하면 마음과 마음이 서로 잘 맞아 마음과 마음으로 서로 증명하였다. 꾸준히 노력하여 학문과 덕행을 닦아 청정하지 못함을 떨쳐버려서 청정함을 다해 의심스러움이 없었다.

古人고인은 三二十年삼이십 년을 無頃刻間雜用身心무경각간잡용심신이니라 念念相應염염상응이 如雞伏卵여계복란 하고 尋師訪友심사방우 하면 心心相契심심상계 하고 印印相證인인상증이니라 琢磨탁마 하여 淘汰도태 하니 淨盡無疑정진무의니라

116

◆ 은거(隱居)하여 자취를 감추거나 재능과 명성을 감추고 대중 속에 묻히지만 수행은 향기롭고 수행의 결과도 잘 이루어졌다. 지혜와 덕이 높은 이들이 추천하고 뽑아내어 인간과 천상의 스승으로 삼았다. 한마디 말이라도 지난 과거를 영광스럽게 하였고 현재를 치켜 올려 온 천하가 하나의 풍속이 되었다. 천 대의 수레가 가나 바퀴자국은 합쳐지듯이 모든 수행자들이 같았다.

晦跡韜光회적도광커나[367] 陸沈於衆육침어중 하나[368] 道香果熟도향과숙 하였다 諸聖제성이 推出추출하여 爲人天師위인천사 하니 一言半句일언반구가 耀古騰今요고등금 하고 萬里同風만리동풍 하니[369] 千車合轍천거합철이니라[370]

---

[367] 회적(晦跡)은 은거하여 자취를 감추는 것을 말하고, 도광(韜光)은 명성이나 재능을 감추는 것을 뜻한다.

[368] 육침(陸沈)은 은거(隱居)함을 비유하거나 숨겨져 있어 사람들에게 알려지지 않음의 비유한다. 또는 옛것만을 고집하여 시의(時宜)에 맞지 않음을 뜻하기도 한다.

[369] 만리동풍(萬里同風)이란 천하가 통일되어 만 리나 떨어진 먼 곳까지 풍속이 같아짐을 말한다.『한서(漢書)』64하「종군전(終軍傳)」에 天下爲一 萬里同風이라 하였다.

[370] 천거합철(千車合轍)은 천 대의 수레가 가지만 수레바퀴의 흔적은 하나로 합쳐진다는 의미로 사상이나 행위가 일치함을 뜻한다. 다시 말해 천하가 통일됨을 의미한다. 천거동철(千車

◆ 그런데 오늘날에는 입과 귀로만 학문을 익혀서 부처님을 팔고, 사자의 가죽을 입고 여우의 행동을 하며, 말할 때는 깨달은 것 같으나 현실에 부딪치면 도리어 헤매고 만다.

지키는 데는 마치 세속의 필부(匹夫)와 다를 것이 없고, 긁어모으는 데는 염치도 부끄러움도 없다. 공공연하게 뇌물이나 주고받으며, 비밀리에 청탁이나 하고, 으르고 노략질하며 항상 권세(權勢)에 밀착해서 살고 있다. 불법(佛法)이 쇠퇴하고 망해가는 것이 대략 이런 까닭이니, 이것을 경계하고 두려워하지 않을 수 있겠는가?

今則習口耳之學금즉습구이지학 하야 裨販如來비판여래 하고 披師子皮피사자피 하나 作野干行작야간행 하니 說時설 시는 似悟사오나 對境대경 하면 還迷환미니라

所守소수는 如塵俗之匹夫여진속지필부 하야 略無媿恥약무괴치니라 公行賄賂공행회뢰 하고 密用請託밀용청탁 하며 劫掠겁략 하고 常住交結權勢상주교결권세 하니 佛法凋喪불법조상이 大率緣此대솔연차니라 得不爲爾寒心乎득불위이한심호인저[371]

◆ 내 일찍이 우리 왕조의 왕문강공(王文康公)이[372]지은 『대동론(大同論)』을

___

同轍)도 같은 뜻이다.

371 한심(寒心)은 ①경계하며 두려워함 ② 두려워서 오싹함 ③ 안타깝고 어이없음, 가엾고 딱함 등을 의미한다.

372 왕문강공(王文康公)은 왕서(王曙)를 말한다. 하남(河南) 사람으로 자(字)는 회숙(晦叔)이고 시호(諡號)가 문강(文康)이다. 순화(淳化)년간, 즉 송 태종(宋太宗) 15년(990)에서 송 태종 19년(994)의 진사(進士), 벼슬은 추밀사(樞密使)·동중서문하평장사(同中書門下平章事)를

좋아하였다.『대동론』에 이르기를, 유불도(儒佛道) 삼교(三敎)의 가르침은
물길이 얕은 곳에서 깊은 곳에 이르는 것과 같아 마치 제(齊)나라가 한번
변화하면 노(魯)나라에 이르고, 노(魯)나라가 한번 변화하면 도(道)에 이
르는 것과 같다고 했는데,[373] 참으로 정확한 평론(評論)이다.

余嘗愛여상애 하되 本朝王文康公본조왕문강공의 著大同論저대동론이니라
謂위 하되 儒道釋之敎유도석지교는 沿淺至深연천지심 하니 猶齊一變유제일변
하야 至於魯지어로 하고 魯一變노일변 하야 至於道지어도라 하니 誠確論也성
확론야니라

119

◆ 내 자의(恣意)로 수긍하고 좀 더 자세히 말해 보겠다. 나는 뭇 생명들
이 순진함을 잃고 본성에 미혹한 것은 근본을 포기하고 말단을 따르는
것이니 병(病)이요, 유불도 삼교(儒佛道 三敎)의 가르침은 미혹함을 내쫓는
것이니 약(藥)이라 생각한다.

余輒是而詳之여첩시이상지로다[374] 余謂여위 하되 群生군생이 失眞迷性실진미
성 하고 棄本逐末者기본축말자는 病也병야요 三敎之語삼교지어는 以驅其惑者
이구기혹자이니 藥也약야니라

120

◆ 유학자는 그것을 추구하여 군자(君子)가 되게 하니 피부의 병을 치료

지냈다. 불교를 좋아하였으며, 성품이 진중하였다고 한다.

[373] 『논어(論語)』「옹야편(雍也篇)」에 공자께서 말하기를, '제나라를 한 번 변화시키면 노나라가
될 것이며, 노나라를 한 번 변화시키면 도에 맞는 나라가 될 것'이라고 했다.〔子曰 齊一變 至
於魯 魯一變 至於道〕

[374] 첩시(輒是)는 제멋대로 옳다고 인정한다는 뜻이다.

하는 것과 같고, 도교의 가르침은 그것을 매일매일 덜게 하니 혈맥(血脈)의 병을 치료하는 것과 같으며, 불교는 바로 근본 뿌리를 가리켜 가지나 잎사귀를 두지 않으니 골수(骨髓)의 병을 치료하는 것과 같다.[375] 그 밖에 믿음의 근본이 없는 사람은 고황병환자(膏肓病患者)와 같아서 고칠 수가 없다.

儒者유자는 使之사지 하야 求爲君子者구위군자자니 治皮膚之疾也치피부지질야요 道書도서는 使之사지 하야 日損損之又損者일손손지우손 하니 治血脈之疾也치혈맥지질야며 釋氏석씨는 直指本根직지근본 하야 不存枝葉者부존지엽자니 治骨髓之疾也치골수지질야니라 其無信根者기무신근자는 膏肓之疾고황지질이라[376] 不可救者也불가구자야니라

121

◆ 유교는 성품을 말하지만 불교는 성품을 보라 하고, 유교는 마음을 고달프게 하나 불교는 마음을 편안하게 한다.

儒者유자는 言性언성 하고 而佛이불은 見性견성이니라 儒者유자는 勞心노심 하고 而佛者이불자는 安心안심이니라

---

[375] 북송(北宋)의 효종황제(孝宗皇帝)는 '불교로 마음을 닦고, 도교로 몸을 닦고, 유교로 세상을 다스린다'[以佛修心 以老治身 以儒治世]고 하였고,〈『석씨계고략(釋氏稽古略)』제4:49-896중〉 송(宋)의 유후(劉屋)는 유교는 정(正)으로 가르침을 펴고, 도교는 존(尊)으로 가르침을 펴며, 불교는 대(大)로 가르침을 편다[儒以正設敎 道以尊設敎 佛以大設敎:『삼교평심론(三敎平心論)』52-781중]고 하였다. 수(隋)나라 때의 이사겸(李士謙)은 불교는 태양과 같고, 도교는 달과 같고, 유교는 오성(五星)과 같다[隋李士謙之論三敎也 謂佛日也 道月也 儒五星也:『삼교평심론(三敎平心論)』52-781]하고 했다.

[376] 고황지질(膏肓之疾):고치기 어려운 모진 질병, 난치병(難治病), 고황병(膏肓病).

122

◆ 유교는 탐욕과 집착인데 불교는 해탈이다. 유교는 시끌벅적한데 불교는 순박하고 고요하다.

儒者유자는 貪著탐착 하고 而佛者이불자는 解脫해탈이니라 儒者유자는 喧嘩훤화 하고 而佛者이불자는 純靜순정이니라

123

◆ 유교는 세력을 숭상하는데 불교는 마음을 잊으라고 한다. 유교는 권력을 쟁취하는데 불교는 인연을 따른다.

儒者유자는 尙勢상세 하고 而佛者이불자는 忘懷망회이니라 儒者유자는 爭權쟁권이나 而佛者이불자는 隨緣수연이니라

124

◆ 유교는 인위적이지만 불교는 인위를 넘어 무위(無爲)이다. 유교는 나누어 구별하지만 불교는 평등하다.

儒者유자는 有爲유위나 而佛者이불자는 無爲무위니라 儒者유자는 分別분별이나 而佛者이불자는 平等평등이니라

125

◆ 유교는 좋고 싫음이지만 불교는 완벽한 화합이다. 유교는 엄숙함을 바라지만 불교는 너그러움을 마음에 둔다.

儒者유자는 好惡호오나 而佛者이불자는 圓融원융이니라 儒者유자는 望重망중이나 而佛者이불자는 念輕염경이니라

126

◆ 유교는 명리(名利)를 추구하지만 불교는 깨달음을 추구한다. 유교는 뒤섞여 어수선하지만 불교는 지혜로 사리를 비추어 본다.

儒者유자는 求名구명 하나 而佛者이불자는 求道구도니라 儒者유자는 散亂산란이나 而佛者이불자는 觀照관조이니라

127

◆ 유교는 집 밖을 다스리지만 불교는 마음을 다스린다. 유교는 사물에 대하여 널리 알려 하지만 불교는 침착하고 솔직하다.

儒者유자는 治外치외나 而佛者이불자는 治內치내니라 儒者유자는 該博해박이나 而佛者이불자는 簡易간이니라

128

◆ 유교는 구하려고 나가지만 불교는 마음을 쉰다. 유교는 아무런 효과가 없다는 것을 말하려는 것이 아니라 불교에 비해 안정[靜]과 들뜸[躁]에서 같지 않다는 것을 말하려는 것이다.

儒者유자는 進求진구하나 而佛者이불자는 休歇휴헐이니라 不言儒者之無功也불언유자지무공야요 亦靜躁之不同矣역정조지부동의니라

129

◆ 노자(老子)는 '항상 무욕(無欲)으로 미묘함을 관찰한다'고 하였으나[377]

---

[377] 『예기(禮記)』 표기(表記)에 '아무런 욕심없이 인(仁)을 좋아하고, 두려움 없이 불인(不仁)을 미워하는 사람이 천하에 극히 드물다'고 공자가 말했다.[子曰 無欲而好仁者 無畏而惡不仁者 天下一人而已矣]

아직도 불교에서 말하는 '비록 금이라 좋기는 하지만 금으로 만든 쇠사
슬에 묶인 것도 묶이기는 마찬가지'라는 차원이다.[378] 동안찰선사(同安察
禪師)가 무심(無心)도 오히려 한 겹의 관문(關門)이 된다고 했는데[379] 하물
며 집착하는 마음으로 미묘함을 관찰하겠는가.

老子노자가 曰왈 하되 常無欲상무욕 하야 以觀其妙이관기묘라 하나 猶是佛家
金鎖之難也유시불가금쇄지난야니라[380] 同安察동안찰이 云운 하되 無心무심도 猶
隔一重關유격일중관이라 하거늘 以觀妙乎이관묘호리오

130

◆ 노자는 '욕심낼만한 것을 보지 않으면 마음을 혼란스럽지 않게 한다'
고 했으나[381] 부처님은 '비록 욕심낼만한 것을 보더라도 마음 또한 혼란

---

378 『진주임제혜조선사어록(鎭州臨濟慧照禪師語錄)』:〈47-504상〉에 '금가루가 비록 귀하지만
눈에 들어가면 병이 된다.'[金屑雖貴 落眼成翳]고 했고, 『대장엄논경(大莊嚴論經)』 제2:〈4-
264중〉에는 '금쇠사슬에 묶인 것과 같으니 비록 금이라 좋기는 하나 얽혀 매인다. 왕의 자
리도 이와 같아서 항상 두려움이 있게 된다.'[又如著金鎖 雖好能繫縛 王位亦如是 恒有恐懼
心]고 하였다.

379 동안찰 선사(同安察禪師)의 「십현담(十玄談)」에 '무심을 일러 도라고 하지 말라. 무심도 오
히려 한 겹의 관문이 있다.'[莫謂無心云是道 無心猶隔一重關]고 한 말은 『경덕전등록(景德
傳燈錄)』〈51-455중〉에 있다.

380 유시(猶是)는 '아직도, 여전히'라는 뜻이다.

381 『도덕경(道德經)』 제3 '위정자가 현자를 숭상하지 않아야 인민들이 다투지 않게 할 수 있고,
위정자가 얻기 어려운 재화를 진귀하게 여기지 않아야 인민들이 훔치지 않게 할 수 있고,
위정자가 명리(名利)를 좇는 탐욕을 보이지 않아야 인민들의 마음이 흐트러지지 않게 할
수가 있다. 그러므로 도를 체득한 성인이 다스리면 인민의 마음을 허정하게 만들고, 인민의
배를 실하게 채워주고, 인민의 욕심을 약하게 하고, 인민의 기골을 강하게 한다. 항상 인민
들의 무지(無知), 무욕(無欲)한 원상태(原狀態)에 있게 하고, 지자(智者)로 하여금 감히 수
작을 부릴 수 없게 한다. 도를 따라 무위를 행하기 때문에 다스려지지 않는 것이 없다.'[不尙
賢 使民不爭 不貴難得之貨 使民不爲盜 不見可欲 使心不亂 是以 聖人之治 虛其心 實其腹
弱其志 强其骨 常使民無知無欲 使夫知者 不敢爲也 爲無爲則無不治: 張基槿 · 李錫浩 譯,
『老子 · 莊子』, 三省出版社, 1982, 34쪽.]

하지 않다'고 했다. 그러므로 이득[利]과 손실[衰], 뒤에서의 험담[毁]과 칭찬[譽], 면전에서 칭찬[稱]과 비방[譏], 고통[苦]과 즐거움[樂] 등 팔풍(八風)이[382] 부처님을 어지럽히지 못하는 것이 마치 사방의 바람이 수미산(須彌山)을 향해 부는 것과 같다고 했다.

老子노자가 曰왈 하되 不見可欲불견가욕 하면 使心不亂사심불란이라 하나 佛불은 則雖見可欲즉수견가욕이나 心亦不亂심역불란이라 하니 故고로 曰왈 하되 利衰毁譽稱譏苦樂八法之風이쇠훼예칭기고락팔법지풍이 不動如來부동여래가 猶四風之吹須彌也유사풍지취수미야이니라

131

◆ 노자는 '의지를 약하게 하라'고 했으나 부처님은 '큰 원력을 세우라'고 했다. 노자는 '현빈(玄牝)으로 천지의 뿌리를 삼는다'고 하였지만[383] 부처님은 '만약 부처의 경계를 알고자 한다면 마음을 허공처럼 청정하게 해야 한다'고 하여[384] '자기밖에 그 무엇 하나도 세우지 말라'면서 '법도 버려야하거늘 하물며 법답지 못한 것은 말해 무엇 하겠느냐'고[385] 하였다.

---

[382] 이·쇠·훼·예·칭·기·고·락(利衰毁譽稱譏苦樂) 등 8가지를 팔풍(八風)이라고 말하는 것은 바람이 나뭇가지를 흔들듯이 이러한 여덟 가지가 사람의 마음을 흔들게 된다는 뜻에서 팔풍이라 말한다.

[383] 『도덕경(道德經)』제6 '골짜기의 여신(女神)은 영원히 죽지 않고 만물을 창조해 낸다. 이를 현빈(玄牝)이라 한다. 유현하고 신비스러운 여신의 문이 바로 천지 만물의 근원이다. 곡신은 보이지 않고 없는 듯하면서 있고, 그 작용은 무궁무진하다.'[谷神不死 是謂玄牝 玄牝之門 是謂天地根 綿綿若存 用之不勤](張基槿·李錫浩 譯,『老子·莊子』三省出版社, 1982, 42쪽.)

[384] 『대방광불화엄경(大方廣佛華嚴經)』제50:〈10-265중〉若有欲知佛境界 當淨其意如虛空 遠離妄想及諸取 令心所向皆無礙.

[385] 『금강경(金剛經)』〈8-749중〉汝等比丘 知我說法 如筏喩者 法尚應捨 何況非法.
『증일아함경(增一阿含經)』제38:〈2-760상〉行善之法猶可捨之 何況惡法而可翫習……善法猶可捨 何況非法.

老子노자가 曰왈 하되 弱其志약기지라 하나 佛불은 則立大願力즉립대원력이
라 하니라 老노는 以玄牝이현빈으로[386] 爲天地之根위천지지근이라 하나 佛불은
則曰즉왈 하되 若人欲識佛境界약인욕식불경계면 當淨其意如虛空당정기의여허
공이라 하여 外無一法而建立외무일법이건립 하고 法尙應捨법상응사언정 何況
非法하황비법이라 하니라

132

◆ 노자는 '도(道)를 지켜 기(氣)를 온전하게 하여 멈출 줄 알면 위험하지
도 않고 무엇을 하려고 애쓰지 않아도 이루어지리니, 성인(聖人)이란 관
념도 끊고 지혜도 버리라'고 하였으나, 이것은 바로 『원각경(圓覺經)』에서
말하는 작지(作止)와 임멸(任滅)이란[387] 네 가지 병과 같다고 하겠다.

　老노는 以抱一專氣이포일전기 하야[388] 知止지지 하면 不殆불태 하고 不爲불위
하여도 而成絶聖棄智이성절성기지라 하니 此차는 則正是圓覺즉정시원각의 作
止任滅之四病也작지임멸지사병야니라

---

386 현빈(玄牝):도가에서 말하는 만물을 낳게 하는 본원(本源) 곧 도를 말함. 현(玄)은 그 작용
　　이 미묘하고 심원함을 뜻하고, 빈(牝)은 암컷이 새끼를 낳듯이 만물을 생성함을 의미한다.
387 『대방광원각수다라요의경(大方廣圓覺修多羅了義經)』〈17-915상〉普眼汝當知 一切諸衆生
　　身心皆如幻 身相屬四大 心性歸六塵 四大體各離 誰爲和合者 如是漸修行 一切悉淸淨 不動
　　遍法界 無作止任滅 亦無能證者 [보안아 너 마땅히 알아야 한다. 일체 모든 중생들 몸과 마
　　음 모두 환(幻)과 같으니 몸뚱이는 사대(四大)에 속하고, 마음은 육진(六塵)에 돌아가나니,
　　사대가 각기 흩어지면 무엇이 화합하게 될까? 이와 같이 점차 수행하면 일체 모두가 청정
　　해져 움직이지 않고도 법계(法界)에 두루 하니, 작지(作止)와 임멸(任滅)도 없고 능히 깨달
　　을 자도 없다고 하였는데, 여기서 작지임멸(作止任滅)은 적극적으로 착한 업을 짓는 것이
　　작(作)이고 소극적으로 악한 행동을 하지 않고 멈추는 것이 지(止)이고, 인연을 따라 마음
　　이 가는대로 맡겨두는 것이 임(任)이고, 번뇌 망상을 없애고 깨달음을 얻고자 하는 것이 멸
　　(滅)이다. 그러나 이것은 한 생각을 일으킨다는 점에서 마음의 병이다.
388 포일(抱一):도가에서 도에 전념하여 그 도를 잃지 않고 굳게 지킴을 이르는 말, 聖人抱一以
　　爲天下式.

◆ 노자는 '저것을 버리고 이것을 취하라'고 하지만[389] 불교에서는 '원만함이 허공과 같아서 부족함도 없고 남는 것도 없는 것인데, 정말로 취하고 버림으로 말미암아 여여(如如)하지[390] 못하다'고 하였다.

老노가 曰왈 하되 去彼取此거피취차라 하나 釋석은 則圓同太虛즉원동태허 하야 無缺無餘무결무여 하니 良由取捨양유취사로 所以不如소이불여라 하니라[391]

◆ 노자는 '나의 큰 근심걱정은 나의 몸에 있다'고 했으나[392] 불교에서는

---

389 『도덕경(道德經)』제12. '찬란한 오색의 빛은 사람의 시각을 멍들게 하며, 난삽한 오음의 음악소리는 사람의 청각을 혼란케 하며, 잡다한 음식의 맛은 사람의 미각을 상하게 한다. 멋대로 말을 몰아 달리며 사냥을 하는 놀이는 사람의 마음을 미치게 만들고, 얻기 어려운 귀중한 재물은 사람을 타락시킨다. 그러므로 무위자연의 도를 터득한 성인의 다스릴 때에는 오작 생명의 근원인 배를 실하게 채워주는 일만을 할 뿐, 사특한 빛을 쫓는 눈을 위하는 인공적 작위를 꾸미지 않는다. 성인은 외형적 감각세계를 버리고 내실적 무위자연을 취한다.' [五色令人目盲 五音令人耳聾 五味令人口爽 馳騁田獵 令人心發狂 難得之貨 令人行妨 是以聖人爲腹不爲目 故去彼此取](張基槿 · 李錫浩 譯, 『老子 · 莊子』 三省出版社, 1982, 53쪽.) 『도덕경(道德經)』제38 '대장부는 돈후한 도에 처신하고 얇은 인위적 예를 지키지 않으며, 실질적 열매를 맺게 하고 허망한 꽃을 피우게 하지 않는다. 따라서 인위적 조작을 버리고 무위자연을 취한다.' [大丈夫 處其厚不居其薄 處其實不居其華 故去彼取此](張基槿 · 李錫浩 譯, 『老子 · 莊子』 三省出版社, 1982, 114쪽.)

390 여여(如如)란 산스끄리뜨로 따타-따-(tathātā)로 진여(眞如)와 같은 말인데, 이 말은 여(如:tathā)의 추상명사이다. 여(如)는 우리가 목격할 수 있는 변화무쌍하게 생멸변화하는 현실세계를 말한다. 실상(實相), 실제(實際), 사실(事實)이란 말도 같은 뜻이다.

391 선종 제3조(禪宗第三祖) 승찬(僧璨)의 『신심명(信心銘)』〈48-376중〉에 圓同太虛 無欠無餘 良由取捨 所以不如〈완벽함이 허공과 같아 부족함도 없고 남는 것도 없다. 취하고 버림이 있기 때문에 그렇지를 못하다〉라고 했다.

392 『도덕경(道德經)』제13 '내 몸같이 큰 환난을 중대시하라는 뜻은 무엇이냐? 나에게 큰 환난이 있는 까닭은 나의 몸을 위하기 때문이다. 나의 몸을 없게 하면 어찌 환난이 있겠느냐?' [何謂貴大患若身 吾所以有大患者 爲吾有身 及吾無身 吾有何患](張基槿 · 李錫浩 譯, 『老子 · 莊子』 三省出版社, 1982, 54쪽.)

'문수사리(文殊師利)는 몸으로 여래종(如來種)을 삼는다'고[393] 했다. 이에 대하여 승조법사(僧肇法師)가 풀이하여 말하기를, '범부가 윤회에 빠지는 것은 번뇌에 가려졌기 때문이다. 나아가되 적멸(寂滅)의 기쁨이 없고, 물러서면 생사의 두려움이 있다. 그러므로 세속의 번뇌에서 공을 세워 이름을 날리고 더 위없는 속마음을 나타내 보인다. 생사에 뿌리를 내려야 정각(正覺)의 꽃이 무성해진다'면서[394] 다행히 이 몸을 얻어 용맹 정진하여 도과(道果)를 이루려고 애쓰는 것이 '마치 높은 산꼭대기에서는 연꽃이 자라지 않지만 낮고 습한 진흙이라야 연꽃이 자라는 것과 같다. 그러므로 번뇌의 진흙 속이라야 마침내는 중생이 불법을 일으킬 수 있는 것'이라고 했다.[395]

老노가 曰왈 하되 吾有大患오유대환은 爲吾有身위오유신이라 하나 文殊師利문수사리는 則以身즉이신으로 爲如來種위여래종이라 하고 肇法師조법사가 解해하야 云운 하되 凡夫범부가 沈淪諸趣침륜제취는 爲煩惱所蔽위번뇌소폐이니 進진 하나 無寂滅之歡무적무멸지환 하고 退퇴 하나 有生死之畏유생사지외니라 故고로 能發跡塵勞능발적진로 하고 標心無上표심무상 하며 植根生死식근생사 하야사 而敷正覺之華이부정각지화라 하니 蓋幸得此身개행득차신 하야 而當勇猛精進이당용맹정진으로 以成辦道果이성변도과가 如高原陸地여고원육지에 不生蓮華불생연화나 卑濕淤泥비습어니라야 乃生此花내생차화이니 是故시고로 煩惱

---

[393] 『유마힐소설경(維摩詰所說經)』「불도품(佛道品)」:〈14-549상〉 於是維摩詰問文殊師利 何等爲如來種 文殊師利言 有身爲種〈이때에 우마힐이 문수사리에게 묻기를 무엇으로 여래의 씨앗을 삼느냐고 물으니, 문수사리가 말하기를, 몸뚱이로 씨앗을 삼는다고 했다.〉

[394] 僧肇撰 『주유마힐경(注維摩詰經)』제7:〈38-392중〉 凡夫沈淪五趣 爲煩惱所蔽 進無無爲之歡 退有生死之畏 兼我心自高唯勝是慕 故能發迹塵勞 標心無上 樹根生死而敷正覺之華.

[395] 僧肇撰 『주유마힐경(注維摩詰經)』제7:〈38-392중〉 譬如高原陸地不生蓮華卑濕淤泥乃生此華 如是見無爲法入正位者終不復能生於佛法 煩惱泥中乃有衆生起佛法耳.

泥中번뇌니중이라야 乃有衆生起佛法耳내유중생기불법이라 하니라

135

◆ 노자는 '눈으로 보나 보이지 않는 것이 이(夷)요, 귀로 들으나 들리지 않는 것이 희(希)'라고 하였지만[396] 불교에서는 '눈에 보이는 것을 벗어나 관(觀)에 힘쓰는 것은 바른 견해가 아니고 귀에 들리는 소리를 버리고 들으려는 것은 삿된 들음'이라 말한다.[397]

老노가 曰왈 하되 視之시지이나 不見불견이 名曰夷명왈이요 聽之청지나 不聞불문이니 名曰希명왈희라 하나 釋석은 則曰즉왈 하되 離色求觀이색구관 하면 非正見비정견이요 離聲求聽이성구청 하면 是시는 邪聞사문이라 하니라

136

◆ 노자는 '겨울에 강을 건너는 것처럼 조심하고, 사방에서 엿보는 듯이 경계한다'고 하였으나[398] 불교에서는 '흐름을 따라 성품을 알면 기쁠 것

---

396 『도덕경(道德經)』제14. '눈으로 보아도 보이지 않으므로 이(夷)라 하고, 귀로 들어도 들을 수가 없으므로 희(希)라 하고, 손으로 쳐도 칠 수가 없으므로 미(微)라 한다. 도는 이 셋으로는 구명한 수가 없는 것이며, 이들 셋을 합쳐서 하나로 한 것이다.'[視之不見名曰夷 聽之不聞名曰希 搏之不得名曰微 此三者 不可致詰 故混而爲一](張基槿 · 李錫浩 譯, 『老子 · 莊子』, 三省出版社, 1982, 56~57쪽.)

397 離色求觀非正見 離聲求聽是邪聞〈사물을 떠나 본다는 것은 정견(正見)이 아니다. 소리를 벗어나 들으려는 것은 삿된 들음이다〉이라는 말은 남전보원(南泉普願:748~834)의 법제자이자 설투상통(雪竇常通:834~905)의 스승인 장사경잠(長沙景岑:?~868)의 말이다. 〈『경덕전등록(景德傳燈錄)』제10:〈51-275상〉.

398 『도덕경(道德經)』제15. '옛날에 도를 터득한 선비는 미묘하고 통달했으며, 그의 심오한 경지를 잘 알 수가 없다. 잘 알 수가 없으므로 억지로 다음과 같이 형용한다. 신중하게 망설이는 품은 마치 겨울에 강을 건너듯하고, 근신하고 경계하는 품은 마치 사방에서 엿보는듯하고, 엄숙하고 장중한 몸가짐은 마치 자신이 빈객이나 된 듯, 흐트러져 어울리는 품은 마치 봄에 얼음이 녹아 풀어지듯하고, 돈후하고 순박한 품은 마치 조각하지 않은 원목 같고, 넓

도 없고 슬플 것도 없다'고 했다.[399]

老노가 曰왈 하되 豫分예혜여 若冬涉川약동섭천이며 猶兮유혜여 若畏四隣약

외사린이라 하나 釋석은 則曰즉왈 하되 隨流認得性수류인득성 하니 無喜亦無憂

무희역무우라 하니라

137

◆ 노자는 '지혜가 나오면 큰 거짓이 있게 된다'고 했으나 부처님은 '걸림
이 없는 맑고 깨끗한 지혜는 모두 선정에서 생긴다'고 하였으니,[400] 큰 지
혜로 피안에 도달하게 되는 것이다.

老노가 曰왈 하되 智慧지혜는 出有大僞출유대위라 하나 佛불은 則無礙淸淨
慧즉무애청정혜는 皆從禪定生개종선정생이니 以大智慧이대지혜로 到彼岸도피

안이라 하니라

138

◆ 노자는 '오직 나는 우매하고, 오직 나는 혼돈 속에 얼버무린다'고 했으

게 트이고 허정한 품은 마치 깊은 산골짜기 같고, 혼연하고 한결같은 품은 마치 혼탁한 물
같다.'
[古之善爲士者 微妙玄通 深不可識 夫唯不可識故 强爲之容 豫兮若冬涉川 猶兮若畏四隣 儼
兮其若客 渙兮若氷之將釋 敦兮其若樸 曠兮其若谷 渾兮其若濁](張基槿 · 李錫浩 譯,『老子
· 莊子』三省出版社, 1982, 59쪽.)

399『경덕전등록(景德傳燈錄)』제2:〈51-214상〉에 선종 제22조 마노라존자(摩孥羅尊者)의 게
송에 心隨萬境轉 轉處實能幽 隨流認得性 無喜復無憂〈마음이란 대하는 대상에 따라 움직
이나 움직이는 곳마다 그윽하니 그윽함을 따라 그 속성을 깨달으면 기쁠 것도 없고 걱정할
것도 없다〉라 하였다.

400『대방광원각수다라요의경(大方廣圓覺修多羅了義經)』〈17-919상〉게송에 無礙淸淨慧 皆依
禪定生〈걸림 없는 청정한 지혜는 모두가 선정(禪定)에 의지하여 생긴다〉이라 하였다.

나[401]『능엄경(楞嚴經)』에서는 '밝음의 극치로 여래를 삼는다'고 하였고,[402] 삼조승찬대사(三祖僧璨大師)는[403] '환하게 밝아 분명하리라'고 했으며,[404] 대지선사(大智禪師)는 '신령스런 광명이 밝게 빛나면 육근(六根)과 육진(六塵)에서 멀리 벗어난다'고 했다.[405]

노자는 '도는 사물을 위하여 오직 황홀(恍惚)할 뿐이나 고요하고 아득함 속에 아름답고 순결함이 있다'고 했으나[406] 불교에서는 '애써 진리를 보되 명료하게 하여 스스로 긍정하고 스스로 소중하게 하라'고 한다.

老노가 曰왈 하되 我獨若昏아독약혼 하고 我獨悶悶아독민민이라 하나 楞嚴能

---

[401] 『도덕경(道德經)』제20 '속인들은 영특하고 빛나지만 오직 나는 어둡고 흐리다. 속인들을 명석하게 분석하지만 오직 나는 혼돈 속에 얼버무린다. 나는 바다같이 깊고 조용하고, 끝없이 표일하게 바람을 타고 난다.'[俗人昭昭 我獨若昏 俗人察察 我獨悶悶 澹兮其若海 飂兮若無所止](張基槿 · 李錫浩 譯, 『老子 · 莊子』三省出版社, 1982, 71~72쪽.)

[402] 『수능엄경(首楞嚴經)』제6:〈19-131중〉明極卽如來.〈밝음이 극에 이르면 여래이다.〉

[403] 삼조(三祖)는 중국선종의 제3대 조사(第三代祖師)인 승찬(僧璨:?~606)을 말한다. 후주(後周)의 무제(武帝)가 불교를 탄압할 때는 일정한 주거가 없이 10여년간이나 남몰래 사공산(司空山)을 왕래하며 지냈다. 수 문제(隋文帝) 개황(開皇) 13년(593) 도신(道信)에게 의발(衣鉢)을 전했다. 저서에 유명한 『신심명(信心銘)』이 있다.

[404] 『심심명(信心銘)』:〈51-457상〉至道無難 唯嫌揀擇 但莫憎愛 洞然明白〈도에 이른다는 것은 어려울 것이 없다. 오직 가리고 선택하는 것을 꺼릴 뿐이다. 다만 미워하고 좋아하지만 않는다면 밝고 분명하리라.〉

[405] 대지(大智)는 백장회해(百丈懷海:720~814)를 말하며, 靈光獨耀 逈脫根塵 體露眞常 不拘文字 心性無染 本自圓成 但離妄緣 卽如如佛〈신령스런 빛이 홀로 빛나니 보고 듣는 한계를 멀리 벗어났다. 참과 변함없음을 말끔히 체험하면 문자에 얽매이지 않고 심성(心性)이 물들지 않으면 본래 그것이 깨달음을 이룸이니 다만 쓸데없는 인연을 떨쳐 버린다면 바로 변함없는 부처이니라〉이라 했다.

[406] 『도덕경(道德經)』제21.'대덕의 양상은 모두 도를 따라서 변한다. 도라고 하는 것은 오직 있는 듯 없는 듯 황홀하기만 하다. 황홀하면서도 그 안에 형상이 있고, 황홀하면서도 그 속에 모든 것이 있다. 유현(幽玄)하고 보이지 않지만 그 속에 생명의 본질인 정령이 있고, 그 정령은 심히 진실하고 그 속에 신험(信驗)이 나타난다.'
[孔德之容 惟道是從 道之爲物 惟恍惟惚 惚兮恍兮 其中有象 恍兮惚兮 其中有物 杳兮冥兮 其中有精 其精甚眞 其中有信](張基槿 · 李錫浩 譯, 『老子 · 莊子』三省出版社, 1982, 75~76쪽.)

엄에는 則以明極즉이명극으로 爲如來위여래라 하며 三祖삼조가 則曰즉왈 하되
洞然明白통연명백이라 하고 大智대지는 則曰즉왈 하되 靈光영광이 洞耀통요 하
야 逈脫根塵형탈근진이라 하니라

　老노가 曰왈 하되 道之爲物也도지위물야가 唯恍유광 하고 唯惚유홀 하나 窈
兮요혜 하고 冥兮명혜 하야 其中기중에 有精유정이라 하나 釋석은 則務見諦明
了즉무견제명료 하야 自肯自重자긍자중이라 하니라

139

◆ 노자는 '도(道)는 자연(自然)을 본받는다'고 했으나[407] 『능가경(楞伽經)』에
서는 '옛날 부처님이 아신 것을 서로서로 전해준다'고 하였다.[408]

　老노가 曰왈 하되 道法自然도법자연이라 하나 楞伽능가에 則曰즉왈 하되 前聖
所知전성소지를 轉相傳授전상전수라 하니라

140

◆ 노자는 '만물이 무성해지고 나면 쇠락하는 것은 도가 아니다'라고 했
으나[409] 부처님은 '한 생각에 무량겁을 살펴보니 과거도 없고 미래도 없

---

407 『도덕경(道德經)』제25. '사람은 땅을 법도로 삼고 따르고, 땅은 하늘을 법도로 삼고 따르고,
　　하늘은 도를 법도로 삼고 따르지만 도는 자연을 따라 스스로 그렇게 된 것이다.' [人法地 地
　　法天 天法道 道法自然] (張基槿 · 李錫浩 譯 『老子 · 莊子』 三省出版社, 1982, 84쪽.)
408 『능가아발다라보경(楞伽阿跋多羅寶經)』제2:〈16-497중〉 부처님이 말씀하셨다. "대혜야, 전
　　의성인이 아신 것을 서로서로 전해주니, 망상은 본질이 없느니라. 보살 마하살은 한적하고
　　조용한 곳에서 스스로 깨달아 관찰하되 남으로 말미암아 망상을 벗어나는 것이 아니니라."
　　[佛告大慧 前聖所知 轉相傳授 妄想無性 菩薩摩訶薩 獨一靜處自覺觀察 不由於他 離見妄
　　想.]
409 『도덕경(道德經)』제30. '무위자연의 도를 따라 임금을 보좌하는 자는 무력으로써 천하에 강
　　권을 휘두르게 하지 않는다. 그가 하는 일은 항상 모든 것을 도에 복귀시키고자 한다. 군대
　　가 있는 곳에서는 가심덤불만이 자라고, 큰 정쟁 다음에는 반드시 흉년이 따르게 마련이다.

으며 현재도 없다'고 하여[410] 옛과 지금이 없는 것으로 도(道)라 한다고
했거늘 어찌 젊음과 늙음이 있겠는가. 사람의 환상 같은 몸은 바로 늙게
마련이거늘 어찌 젊음이 도요 늙음은 도가 아니라고 하겠는가.

老노가 曰왈 하되 物壯물장 하야 則老즉로 하면 是謂非道시위비도라 하나 佛불
은 則一念즉일념에 普觀無量劫보관무량겁 하니 無去무겁이요 無來무래며 亦無
住역무왕이니 以謂이위 하되 道無古今도무고금이거늘 豈有壯老기유장로리오 人
之幻身인지환신은 亦老也역로야거늘 豈謂少者是道기위소자시도이며 老者非道
乎노자비도호리오

141

◆ 노자는 '마음이 편해지면 군사를 버리고 싶다'고 했으나, 부처님은 '일
체 모든 것이 다 불법(佛法)'이라 했다.[411]

老노는 則堅즉견 하면 欲去兵욕거병이라 하나 佛불은 則以一切法즉이일체법
이 皆是佛法개시불법이라 하니라

잘 다스리는 자는 모든 것이 재물로 여물어 열매를 맺게 할 뿐 강권을 잡고 휘두르려 하지
않는다. 열매를 맺게 하되 공을 내세우지 않으며, 열매를 맺게 하되 교만을 떨지 않으며, 열
매를 맺게 하되 무위자연의 도를 따르며, 열매를 맺게 하되 강권을 휘두르지는 않는다. 만
물은 장성(壯盛)하면 노쇠하게 마련이다. 무력적 강권행사는 도에 어긋나며 도에 어긋나면
이내 멸망한다.[以道佐人主者 不以兵强天下 其事好還 師之所處 荊棘生焉 大兵之後 必有凶
年 故善者果而已 不敢以取强 果而勿矜 果而勿伐 果而勿驕 果而不得已 是果而勿强 物壯則
老 是謂不道 不道早已.](張基槿 · 李錫浩 譯 『老子 · 莊子』 三省出版社, 1982, 97~98쪽.)
410 『대방광불화엄경(大方廣佛華嚴經)』 제13 「光明覺品」〈10-66상〉: 한생각에 무량겁을 두루
   살펴보니 가는 것도 없고 오는 것도 없으며 또한 머무는 것도 없다. 이와 같이 과거 · 현
   재 · 미래의 일을 깨달으면 모든 방편을 초월하여 부처가 되리라.[一念普觀無量劫 無去無
   來亦無住 如是了知三世事 超諸方便成十力.]
411 『금강반야바라밀경(金剛般若波羅蜜經)』〈8-751중〉 是故 如來說一切法皆是佛法.

◆ 노자는 '도에서 나온 말은 담담하여 맛이 없다'고 했으나[412] 부처님은 '내 말을 믿는 자는 마치 꿀을 먹는 것 같아 중간이나 끝이나 모두 달다'고 했다.[413]

老노는 曰왈 하되 道之出言도지출언 하면 淡乎담호요 其無味기무미라 하나 佛불은 則云즉운 하되 信吾言者신오언자는 猶如食蜜유여식밀 하야 中邊중변이 皆甛개첨이라 하니라

◆ 노자는 '상등(上等)의 인사(人士)는 도를 들으면 힘써서 그것을 실행하고, 중등의 인사가 도를 들으면 반신반의(半信半疑)하고, 하등의 인사가 도를 들으면 그것을 크게 비웃는다'고 했으나[414] 만약 선종(禪宗)의 가르침에 의거하면 부지런히 애써 실행하는 것이 바로 하등의 인사이고, 그 이상 상등의 인사가 되면 둘 다 그 말이 달라진다.[415]

---

[412] 『도덕경(道德經)』 제35. '무위자연의 도는 밖에 나타나도 담박하고 아무 맛도 없다. 눈으로 보아도 안 보이고, 귀로 들어도 안 들리지만 아무리 써도 끝이 없다.'[道之出口 淡乎其無味 視之不足見 聽之不足聞 用之不可既](張基槿 · 李錫浩 譯, 『老子 · 莊子』 三省出版社, 1982, 108쪽.)

[413] 『사십이장경(四十二章經)』: 〈17-724상〉 佛言 人爲道 猶若食蜜 中邊皆甛 吾經亦爾 其義皆快 行者得道矣.

[414] 『도덕경(道德經)』 제41. '으뜸가는 사람은 도를 듣고 깨달으면 열심히 노력하여 실천한다. 중간치의 사람은 도를 들어도 반신반의하므로 있는 듯 없는 듯한 태도를 취한다. 하층의 사람은 도를 듣고는 크게 웃으며 전적으로 무시한다. 〈하기는 하층의 사람이〉 웃지 않는다면 도라고 할 수가 없을 것이다.'[上士聞道 勤而行之 中士聞道 若存若亡 下士聞道 大笑之 不笑 不足以爲道](張基槿 · 李錫浩 譯, 『老子 · 莊子』 三省出版社, 1982, 121~122쪽.)

[415] 『논어(論語)』 「옹야편(雍也篇)」 '공자께서 말씀하셨다. 중인이상(中人以上)은 심오(深奧)한 철학(哲學)을 이야기할 수 있으나 중인이하(中人以下)는 심오한 철학을 말할 수 없다.'[子曰 中人以上 可以語上也 中人以下 不可以語上也](禹玄民 譯解, 『論語』 韓國協同出版公社, 1983, 131쪽.)

老노는 曰왈 하되 上士상사가 聞道문도 하면 勤而行之근이행지 하고 中士중사
가 聞道문도 하면 若存若亡약존약망 하며 下士하사는 聞道문도 하면 大咲之대소
지라 하나 若據宗門中약거종문중 하면 則勤而行之즉근이행지가 正是下士정시
하사요 爲他以上士之士위타이상사지사 하면 兩易其語양역기어라 하니라

144

◆ 노자는 '입을 막고 문을 닫는다'고 했지만[416] 불교에서는 '조작에 속하
는 것으로 무엇을 하는 사람은 실패하고, 집착하면 잃게 되어 공(空)에
떨어진다'고 했다.

老노는 曰왈 하되 塞其穴색기혈 하고 閉其門폐기문이라 하나 釋석은 則屬造
作즉속조작으로 以爲者이위자는 敗패 하고 執者집자는 失실 하야 又成落空우성
낙공이라 하니라

145

◆노자는 '지혜를 버리고 백성을 어리석게 한 다음 새끼줄을 매듭지어
뜻을 전하는 상고시대(上古時代)로 돌아가려 하였으나' 부처님은 '지혜바
라밀로 중생들의 업식(業識)을 바꾸어 방편지(方便智)로 삼았다'. 이는 이

---

416 『도덕경(道德經)』제52, '정욕(情欲)의 입을 막고, 그 문을 닫으면 종신토록 피로하지 않을 것
　　이다. 〈그러나〉정욕의 입을 열고, 정욕을 채우고자 하면 종신토록 구제될 수가 없다.'[塞其
　　兌閉其門 終身不勤 開其兌濟其事 終身不救](張基槿·李錫浩 譯, 『老子·莊子』 三省出版
　　社, 1982, 137쪽.).
　　　또한 제56, '도를 터득한 사람은 말이 없고, 말하는 사람은 도를 터득하지 못했다.〈도를 터
　　득한 사람은〉정욕의 입을 막고 욕심의 문을 닫고, 자신의 날카로움을 무디게 하고, 마음의
　　엉킴을 풀어헤치고, 자신의 눈부신 빛을 부드럽게 줄이고, 진세(塵世)의 모든 사람들과 어
　　울린다. 이러한 것을 현동(玄同)이라 한다.'[知者不言 言者不知 塞其兌 閉其門 挫其銳 解其
　　紛 和其光 同其塵 是謂玄同](張基槿·李錫浩 譯, 『老子·莊子』 三省出版社, 1982, 143쪽.)

름은 바꾸고 본바탕은 바꾸지 않는 것이니, 노자에게 도(道)가 없다는 것을 말하는 것이 아니라, 불교에 비해 얕고 깊음이 같지 않다는 것이다.

老노는 欲去智愚民욕거지우민 하야 復結繩而用之복결승이용지 하나[417] 佛불은 則以智波羅蜜즉이지바라밀로 變衆生業識변중생업식 하야 爲方便智위방편지라 하니 換名환명일뿐 不換體也불환체니 不謂老子無道也불위노자무도야요 亦淺奧之不同耳역천오지부동이니라

146

◆ 비록 그렇다고 해도 유불도(儒佛道) 삼교(三敎)가 각기 도(道)로써 세상을 위해 선행(善行)을 하고 풍속을 단련하려는 것이니 마치 삼발이 솥의 다리가 하나만 없어도 설 수가 없는 것과 같다.

만약 공자에 의지하여 일을 처리하면 명분(名分)을 중시하는 군자[名敎君子]가 되고, 노자에 의지하여 일을 처리하면 담박(淡泊)하고 욕심이 없는 착한 사람[淸虛善人]이 되니, 인간과 천상의 과보를 잃지 않는다고 생각한다. 만약 모든 번뇌를 깡그리 없애고 청정하고 순박한 본래부터 그러한 도리를 말하는 것이라면 나도 감히 가르침을 받들지는 못한다.

雖然수연이나 三敎之書삼교지서는 各以其道각이기도로 善世礪俗선세려속 하니 猶鼎足之不可缺一也유정족지불가결일야니라

若依孔子약의공자 하야 行事행사 하면 爲名敎君子위명교군자요[418] 依老子의노자 하야 行事행사 하면 爲淸虛善人위청허선인이니 不失人天불실인천이 可也

---

417 결승(結繩)은 새끼를 매듭지음, 고대 문자가 없었을 때 일을 기록하던 방법의 하나.
418 명교(名敎):바른 명분을 중시하는 예교(禮敎)이니 노장(老莊)의 무명교(無名敎)에 대하여 유교를 이르는 말이다.

가야니라[419] 若曰약왈 하되 盡滅諸累진멸제루 하고 純其淸淨순기청정한 本然之
道본연지도라면 則吾不敢聞命矣즉오불감문명의니라

147

◆ 내 일찍이 그것을 비유하면, 유교 서적을 읽는 것은 권세 있는 자에
게 아부하여 부귀(富貴)를 재촉하는 것 같지만 불교 서적을 읽는 것은 쓴
것을 깨물고 떫은 것을 삼키며 신선(神仙)이 되려는 것과 같았다. 시작은
이와 같았고, 그 결과는 부귀는 죽기 전에 등 따시고 배부른 것뿐이니
신선에 비교하면 무엇이 낫고 못하겠는가.

余嘗喩之여상유지 하면 讀儒書者독유서자는 則若趨炎附竈즉약추염부조
하야[420] 而速富貴이속부귀이나 讀佛書者독불서자는 則若食苦嚥澁즉약식고연삽
하야 而致神仙이치신선이니 其初기초는 如此여차 하고 其効기효는 如彼여피 하
니 富貴者부귀자가 未死已前미사이전에 溫飽而已온포이이니라 較之神仙교지신
선 하면 孰爲優劣哉숙위우열재리오

148

◆ 유학자(儒學者)는 단지 공자와 맹자의 사상만 알고 불교를 배척만 하
는 자이니, 순임금의 개에 비유 하리라.[421] 순임금의 집을 지키는 개는 요

---

419 불실인천가야(不失人天可也)에서 가(可)는 '…라고 생각 한다'는 뜻이다.
420 추염부조(趨炎附竈)에서 竈(조)는 부엌을 맡은 귀신 즉 조왕 또는 조왕에게 지내는 제사이
  니, 추염부조는 추염부세(趨炎附勢)나 추염부열(趨炎附熱)과 같다. 추염부세나 부염부열은
  권세 있는 자에게 아부함을 뜻한다.
421 한(漢)나라 때 추양(鄒陽)이란 사람이 양효왕(梁孝王)에게 상소한 글에 결견폐요(桀犬吠
  堯)란 말이 있다. 폭군(暴君)인 걸왕(桀王)의 개가 성군(聖君)인 요(堯)임금을 보고 짖어대
  는 것을 말한다. 이는 간악한 자의 부하들이 어진 사람을 공격하는 것을 두고 하는 말이다.

임금이 그 문을 들어서기만 하면 짖어댄다. 이 개는 순임금이 착하고 요임금은 착하지 않다는 것이 아니라 순임금은 늘 보는 사람이고 요임금은 늘 보아왔던 사람이 아니기 때문에 짖어댈 뿐이다.

儒者유자는 但知孔孟之道단지공맹지도 하고 而排佛者이배불자이니 舜犬之謂也순견지위야니라[422] 舜家순가에 有犬유견 하니 堯요가 過其門과기문 하면 而吠之이폐지가 是犬也시견야니라 非謂舜之善비위순지선 하고 而堯之不善也이요지불선야니 以其所常見者이기소상견자는 舜순이요 而未常見者이미상견자는 堯也요야니라

149

◆『오서(吳書)』에 이르기를, 오(吳)나라 왕 손권(孫權)이[423] 상서령(尙書

422 순견(舜犬) 즉 순임금의 개라는 말은 대전(大顚)스님과 한유(韓愈)의 대화에서 나온 말이다. 대전이 한유에게 불서(佛書)를 읽어보았느냐고 묻자, 한유가 대답하기를 '내 어찌 한가롭게 그런 책을 읽겠느냐?'고 했다. 대전이 다시 말하기를, '그대는 불서를 읽어보지도 않고 어떻게 선왕(先王)의 법언(法言)을 언급하지 않았다는 것을 아느냐. 그것은 마치 자신이 공자의 글을 읽지도 않고 공자의 그릇된 점을 의심하는 것과 다를 것이 없지 않겠는가. 남이 그르다고 말하는 것을 듣고 자기도 따라서 그르다고 하겠는가. 만약 자기가 일찍이 공자의 글을 읽지도 않고 공자의 잘못을 의심한다면 이는 순임금의 개[舜犬]라 할 것이다. 남이 그르다고 말하는 것을 듣고 따라서 그것이 그르다고 말하는 것은 여인네와 같다할 것이다. 옛날 순임금의 집에 개를 길렀다. 그 개는 매일 보는 것이 오직 순임금뿐이었다. 하루는 요임금이 지나가자 짖어댔다. 순임금을 좋아하고 요임금을 미워해서가 아니다. 늘 보아왔던 것은 오직 순임금이요 요임금은 보지 못했기 때문이다. 오늘날 그대가 항상 공자만을 배우고 불서를 읽어보지도 않고 끝내 괴이하다고 여기는 것을 순임금의 개라 말하는 것이다.' [大顚曰 子未嘗讀彼之書 則安知不談先王之法言耶 且子無乃自以嘗讀孔子之書而遂疑彼之非乎 抑聞人以爲非而遂非之乎 苟自以嘗讀孔子之書而遂疑彼之非 是舜犬也 聞人以爲非而遂非之 是妾婦也 昔者舜館畜犬焉 犬之旦莫所見者唯舜 一日堯過而吠之 非愛舜而惡堯也 以所常見者唯舜 而未嘗見堯也 今子常以孔子爲學 而未嘗讀佛之書 遂從而怪之 是舜犬之說也]『불조역대통재(佛祖歷代通載)』15: 49-624중〉.

423 손권(孫權:182~252)은 삼국(三國) 때 오(吳)나라를 세운 임금으로 자(字)는 중모(仲謀)로 형인 손책(孫策:175~200)의 뒤를 이어 강동을 차지하고 유비(劉備)와 동맹하여 조조(曹

令)⁴²⁴ 감택(闞澤)에게⁴²⁵ 공자와 노자를 부처님과 비교 대조할 수 있느냐고 물었더니, 이때 감택이 말하기를, '만약 공자와 노자의 가르침을 가지고 불법을 비교한다는 것은 멀고 아득한 일입니다.

왜냐하면 공자나 노자의 가르침은 자연과 천도(天道)를 본받고 다스림을 억제하는 것이니 감히 하늘을 거역할 수는 없습니다. 그러나 불교의 가르침은 모든 하늘이 받들어 행할 뿐 감히 부처님을 거역하지는 못합니다. 이것으로 말하더라도 사실 비교하거나 대조하여 밝히지 못합니다'라고 하자, 오나라 왕 손권은 감택의 말을 듣고 크게 기뻐했다고 한다.

吳書오서에 云운 하되 吳主孫權오주손권이 問尙書令闞澤문상서령감택 하야 曰왈 하되 孔丘공구와 老子노자를 得與佛比對否득여불비대부 하니 闞澤감택이 曰왈 하되 若將孔老二家약장공로이가 하야 比校佛法비교불법 하면 遠之遠矣원지원의이니다

所以然者소이연자는 孔老공노의 說敎설교는 法天법천 하고 制用제용이라 不敢違天불감위천이나 諸佛제불의 說敎설교는 諸天제천이 奉行봉행이라 不敢違佛불감위불 하오이다 以此이차로 言之언지컨대 實非比對明矣실비비대명의라 하니 吳主오주가 大悅대열하니라

150

◆ 어떤 사람은 말하기를, 불경(佛經)을 부당(不當)하게 과시(誇示)하여 외우고 익히는 사람은 반드시 공덕을 얻는다고 말한다는데, 이런 사람은

操)를 적벽(赤壁)에서 격파했다.
424 상서령(尙書令)은 중앙 정무를 총괄하던 관청인 상서성(尙書省)의 장관이다. 상서성의 차관에는 좌우 복야(僕射)가 있었다. ※사(射)가 벼슬이름일 때는 '야'라고 읽는다.
425 감택(闞澤)은 삼국시대 오(吳)의 회계(會稽) 산음(山陰) 사람으로 자(字)는 덕윤(德潤)인데, 많은 책을 섭렵하였고, 역수(曆數)에도 밝았다고 한다.

불경이 부처님이 스스로 터득하고 스스로 체험한 성실한 말씀이라는 것을 모르고 있다. 자기의 경험을 미루어 다른 사람에게 말해주는 것을 어찌하여 헛말이라 하겠는가.

或曰혹왈 하되 佛經불경을 不當誇示부당과시 하야 誦習之人송습지인이 必獲功德필획공덕이라 하면 蓋不知諸佛如來개부지제불여래가 以自得自證이자득자증 한 誠實之語성실지어니라 推己之驗추기지험 하야 以及人也이급인야를 豈虛言哉기허언재리오

151

◆ 거의 모든 경에 이르기를, 한량없는 보배로 널리 베풀어도 경전의 구절이나 게송을 받들어 모시는 공덕에 미치지 못한다고 했는데, 보배로 하는 주상보시(住相布施)는[426] 다만 인간과 천상에 태어나는 복의 과보에 그칠 뿐이지만 경전을 받들어 모시고 마음에 간직하며 말씀하신대로 수행하거나 부처님 가르침에서 한 마디 말씀을 듣고 자세히 살피더라도 마음이 통하고 정신이 부합한다.

諸經제경에 皆云개운 하되 以無量珍寶이무량진보를 布施보시함이 不及持經句偈之功者불급지경구게지공자니라 蓋以珍寶개이진보로 住相布施주상보시는 止是生人天中福報而已지시생인천중복보이이나 若能持念약능지념 하고 如說修行여설수행 하거나 或於諸佛之道혹어제불지도에 一言일언을 見諦견제라도 則

---

426 주상보시(住相布施)란 자기가 남에게 선행을 하고 있다고 뽐내는 마음을 가지고 베풀거나 자랑하는 것을 말한다. 『금강경』에서는 '만약 보살이 뽐내거나 자랑하는 마음을 갖지 않고 남에게 베풀면 그 복덕은 생각으로 헤아릴 수 없다[若菩薩不住相布施 其福德不可思量: 鳩摩羅什譯: 8-749상]거나 '만약 보살이 집착이 없는 마음으로 보시를 하면 이러한 복덕은 수량으로 헤아릴 수가 없다[若菩薩無執著心行於布施 是福德聚不可數量: 眞諦譯: 8-762 중]고 하였다.

心通神會즉심통신회니라

152

◆ 따져 헤아리는 것을 부끄러워하고 머뭇거림마저 없애 사물과 내가 완전히 하나임을 깨달아 옛날과 지금이 바로 지금의 생각에 밝게 통하면 도(道)가 정도(正道)를 이루어 깨달음이 부처님의 깨달음과 같다. 하지만 누가 이것을 이룰 것인가? 하물며 유교에서도 '그 일을 힘써 했는데도 보람이 없었다는 것을 순우곤(淳于髡)은[427] 아직 보지 못했다'고 말하지 않았던가.[428]

見謝견사 하고 疑亡의망 하며 了物我於一如요물아어일여 하야 徹古今於當念철고금어당념 하면 則道즉도가 成正道성정도 하야 覺각이 齊佛覺矣제불각의니 孰盛於此哉숙성어차재리오 儒유에 豈不曰기불왈 하되[429] 爲其事위기사나 而無其功者이무기공자는 髡곤은 未嘗覩也미상도야니라

153

◆ 혹자는 말하기를, '처음에는 선비가 되는 것이었지만 마침내는 성인이 되는 것'이라며, 『논어(論語)』에는 '배우면 저절로 녹(祿)이 그 가운데

[427] 순우곤(淳于髡)은 전국시대 사람으로 제(齊)나라 위왕(威王) 때의 대부(大夫)였다. 순우(淳于)가 성이고 곤(髡)이 이름이다. 학문이 해박하고 언변에 능하였다. 황란(荒亂)한 백관들을 은근한 풍자로 왕과 재상에게 자주 간(諫)하여 내정을 개혁하였고, 초(楚)나라의 침략을 받자 조(趙)나라에 사신으로 가서 10만의 원군을 빌어와 위기를 벗어나게 하였다. 위혜왕(魏惠王)이 경상(卿相)에 임명하고자 하였으나 사양하였다.

[428] 『맹자(孟子)』「고자장(告子章)」하, 爲其事而無其功者 髡未嘗覩之也.

[429] 기불왈(豈不曰)에서 기(豈)는 반어의 뜻을 나타내므로 '어찌 말하지 않았더냐'이니 그렇게 말했다는 뜻이다.

있다'고 말하지 않았느냐고 했다.[430]

『주역(周易)』에 '선행을 쌓는 집에 반드시 경사스러운 일이 자손에게 까지 미친다'고 하였고,[431] 『서경(書經)』에는 '선행을 하면 상서로움을 내린다'고 했으니[432] 이런 말들은 필연의 이치이거늘 어찌 우리 성인이 함부로 녹(綠)과 경사로운 조짐에 의지하여 사람들에게 과시하였겠는가?

或曰혹왈 하되 始乎爲士시호위사이나 終乎爲聖人종호위성인이라 하고 語어에 不云乎불운호아 學也祿在其中矣학야록재기중의니라

易역에 曰왈 하되 積善之家적선지가에 必有餘慶필유여경이라 하고 書서에 曰왈 하되 作善작선 하면 降祥강상이라 하니 此亦必然之理也차역필연지리야거늘 豈吾聖人기오성인이 妄以祿與慶祥망이록여경상 하야 誇示於人乎과시어인호인저[433]

---

430 『논어(論語)』「위령공편(衛靈公篇)」, '공자께서 말씀하셨다. 군자는 도를 구할 뿐 밥을 구하지 않는다. 농사를 지어도 굶주림이 그 가운데 있으나, 배우면 저절로 녹을 얻을 수 있다. 군자는 도를 염려하되 가난을 염려하지 않는다.'[子曰 君子謀道 不謀食 耕也 餒在其中矣 學也 祿在其中矣 君子憂道 不憂貧](禹玄民 譯, 『論語』, 韓國協同出版公社, 1983, 340~341쪽.)

431 『논어(論語)』「위정편(爲政篇)」, '자장이 녹을 구하는 방법을 묻자, 공자께서 '많이 듣고 의문스러운 것은 빼놓고 나머지를 신중하게 말하면 허물이 적을 것이다. 또 많이 보되 위태로움을 빼고 나머지만을 실천하면 뉘우칠 일이 적으리라. 말에 허물이 적고 행동함에 뉘우칠 바가 적으면 녹이 스스로 그 가운데 있느니라' 하셨다.[子張 學于祿 子曰 多聞闕疑 愼言其餘則寡尤 多見闕殆 愼行其餘則寡悔 言寡尤 行寡悔 祿在其中矣](禹玄民 譯解, 『論語』, 韓國協同出版公社, 1983, 48쪽.)

『주역(周易)』곤위지(坤爲地)「문언전(文言傳)」, '선(善)을 쌓는 집에 반드시 경사스러운 일이 있게 되고, 불선(不善)을 쌓는 집에 반드시 재앙이 있다.'[積善之家 必有餘慶 積不善之家 必有餘殃]

432 『서경(書經)』상서(商書)「이훈편(伊訓篇)」, '…상제(上帝)는 떳떳지 아니하시어 선(善)을 하거든 온갖 상서(祥瑞)를 내리시고, 불선(不善)을 하거든 온갖 재앙(災殃)을 내리시나니…'[…惟上帝不常 作善 降之百祥 作不善 降之百殃…](金冠植 譯解, 『書經』, 玄岩社, 1974, 141쪽)

433 경상(慶祥)은 상서로운 조짐을 말한다.

154

◆ 어떤 사람이 말하기를, 경전을 외우는 것은 귀신에게 바치려는 것이라 생각하는데, 그대는 장차 어디에 쓰려느냐고 물었다.

나는 대답하였다. '그대는 정말로 재물을 베푸는 것은 가볍지만 법으로 베푸는 것은 가장 소중하게 여긴다는 말을 들어보지도 못했는가.

或曰혹왈 하되 誦經송경은 以獻鬼神者이헌귀신자거니[434] 彼피를 將安用장안용이오

余여가 曰왈 하되 子자는 固未聞고미문가 財施재시는 猶輕유경이나 法施법시는 最重최중임을

155

◆ 옛날 사람들이 길을 멀리 떠나면서 이별을 앞에 두고 보물을 구하지 않고 은혜로움이 될 한 마디 말을 청했다고 하는데, 안자(晏子)의[435] 한 마디 일깨움이 제(齊)나라 임금의 형벌을 반성하게 하였고, 경공(景公)의[436] 착한 한 마디 말에 화신(火神)이 집에서 물러났다는[437] 이야기가 그런 예들이다.

古人고인은 蓋有遠行개유원행에 臨別임별 하되 不求珍寶불구진보 하고 而乞一言이걸일언 하되 以爲惠者이위혜자 하니 如晏子一言之諷여안자일언지풍에

---

434 이헌귀신자(以獻鬼神者)에서 이(以)는 '여기다. …하다고 생각하다'는 뜻이다.
435 안자(晏子:B.C.?~B.C.500) 춘추시대 제(齊)나라의 명신(名臣)으로 이름은 영(嬰)이고 자(字)는 평중(平仲)이다. 평소에 검소한 생활을 실천하였으며 영공(靈公), 장공(莊公), 경공(景公)의 재상(宰相)이 되어 국력 배양에 힘썼다.
436 경공(景公)은 춘추시대 송(宋)의 임금, 문공(文公)의 4대손(孫)으로 이름은 두만(頭曼).
437 『사기(史記)』 송세가(宋世家) 경공(景公) 37년의 이야기.

而齊侯이제후가 省刑성형 하고 景公一言之善경공일언지선에 而熒惑이형혹이[438]
退舍퇴사니라

156

◆ 우리 성인 문하의 제자들은 때로는 효(孝)를 묻고, 때로는 인(仁)을 물었으며, 때로는 정치를 물었고, 때로는 친구의 도리를 물었고, 때로는 임금을 섬기는 도리를 물었고, 때로는 나라를 위한 문제를 물었으니, 이 가운데 한 마디 말만 터득해도 선을 키우고 잘못을 고쳐 평생을 군자로 산다. 이것은 평생토록 세상을 다스리는 말뿐이다.

吾聖人之門오성인지문의 弟子제자는 或問孝혹문효 하고 或問仁혹문인 하며 或問政혹문정 하고 或問友혹문우 하며 或問事君혹문사군 하고 或問爲邦혹문위방 하되 有得一言유득일언으로 長善救失장선구실 하며 而終身이종신토록 爲君子者矣위군자자의니라 此차는 止終身지종신 하되 治世之語耳치세지어이니라

157

◆그에 비하면 여래의 대자비한 법의 보시는 정말로 진리의 말씀이니, 팔부천룡(八部天龍)을 감동시키고, 시방세계를 진동시키며, 혹은 한 마디 말에 마음이 밝게 열리고, 한 생각 사이에 타고난 본성이 밝게 트여 높이 삼계를 초월하여 출중하게 육진(六塵)을 벗어난다. 몸과 마음이 맑고 시원해지고, 업과 번뇌를 잘라버리며, 참다운 이치에 들어맞고 근본에 통달하고, 범부를 초월하여 성인의 경지에 들어가 뜻대로 변화할 수 있는 몸을 얻어 자연스럽게 걸림이 없게 된다. 인연을 따라 주체가 되기도

---

438 형혹(熒惑)은 화신(火神)의 이름이다.

하고, 인연을 만나 종사(宗師)가 되기도 한다. 먼저 깨달음을 얻고 다음에 중생 제도의 길에 나선다. 세상에 어떤 가르침이 이보다 나은 것이 있겠는가.

일체 귀신들도 제마다 윤회에서 해탈하기를 원하여 부처님에게 성품에 맞게 사실대로 말씀드려서 기꺼이 추대하고 보호하고 지킨다.

比之如來大慈法語비지여래대자법어 하면 誠諦之語성제지어니 感通八部龍天감통팔부룡천 하고[439] 震動十方世界진동시방세계 하며 或向一言之下혹향일언지하에 心地심지가 開明개명 하며 一念之間일념지간에 性天朗徹성천낭철 하되 高超三界고초삼계 하고 穎脫六塵영탈육진이니라 淸涼身心청량심신 하고 剪拂業累전불업루 하며 契眞達本계진달본 하고 入聖超凡입성초범 하되 得意生身득의생신 하되 自然無礙자연무애니라 隨緣作主수연작주 하고 遇緣卽宗우연즉종 하며 先得菩提선득보리 하고 次行濟度차행제도니라 世間之法세간지법이 復有過此者乎부유과차자호아

一切鬼神일체귀신도 各欲解脫其趣각욕해탈기취 하고자 其於如來기어여래에게 稱性實談칭성실담 하되 欣戴護持也흔재호지야니 宜矣의의로다

158

◆ 더구나 그 이상 없는 법왕(法王)이신 부처님이 금구(金口)로 설하신 성인의 가르침인 신령스런 글을 한번만 외워도 진리를 전달하는 땅이 된

---

439 감통(感通)은 이쪽의 느낌이 저쪽에 통한다는 뜻이고, 팔부천룡(八部天龍)이란 흔히 천룡팔부(天龍八部)라고도 한다. 불법을 수호하는 여덟 신장(神將)을 말하는데, 그 가운데 천룡(天龍)이 으뜸이 되므로 천룡팔부라 한다. 팔부는 천(天)·용(龍)·야차(夜叉)·건달바(乾闥婆)·아수라(阿修羅)·가루라(迦樓羅)·긴나라(緊那羅)·마후라가(摩睺羅迦) 등이다. 가루라는 흔히 금시조(金翅鳥)라 하고, 긴나라는 인비인(人非人)이라 번역하며, 반인반수(半人半獸)이며, 마후라가는 대이행(大履行)이라 번역하며, 사신(蛇神)을 말한다.

다는 것이 당연하다.

又況佛우황불이 爲無上法王위무상법왕 하되 金口所說금구소설 하신[440] 聖教
靈文성교영문을 一誦之일송지라도 則爲法輪轉地즉위법륜전지니라

159

◆ 야차(夜叉)가 하늘에서 노래를 부르고, 사천왕(四天王)이[441] 대답하는
것을 천왕(天王)이 듣는다.[442] 이렇게 반복하여 범천(梵天)에까지 이르게
되면[443] 어두운 세계에 통하고 밝은 세계에 통하여 용신(龍神)이 기뻐함
이 마치 임금의 말씀이 널리 전해지고 황제의 명령이 널리 퍼지는 것과
같으니 천하에 그 누가 기쁨으로 받들지 않겠는가. 하물며 부처님은 사
생(四生)의[444] 자비로운 어버이가 되셨으니, 부처님의 말씀은 마치 아버
지가 자식에게 분부하시는 것과 같거늘 어찌 따르지 않는 것을 용납하
겠는가.

440 금구(金口)는 부처님의 몸이 황금빛이므로 부처님의 입을 금구(金口)라고 하고 부처님의
　　설법을 금구소설(金口所說)이라 한다.
441 사천왕(四天王)은 동·서·남·북의 사방을 지키는 제석천(帝釋天)을 멀리 외곽에서 지키
　　는 장군[外將]으로 동쪽의 지국천왕(持國天王), 서쪽의 광목천왕(廣目天王), 남쪽의 증장천
　　왕(增長天王), 북쪽의 다문천왕(多聞天王)을 말한다. 사찰에 들어가는 문에 사천왕문(四天
　　王門)이 있고, 거기에 모셔진 조상(彫像)이 사천왕이다.
442 여기서 말하는 천왕(天王)은 사천왕을 비롯한 삼십삼천(三十三天)을 통솔하는 제석천왕
　　(帝釋天王)을 뜻한다. 제석천왕은 불교를 수호(守護)하는 호법신(護法神)으로 수미산(須彌
　　山) 정상에 있는 선견성(善見城)의 도리천(忉利天)의 천왕(天王)인데, 불법에 귀의하는 사
　　람들을 보호하며, 아수라(阿修羅)의 군대를 정벌한다고 한다.
443 범천(梵天)은 제석천보다 윗 단계인 색계(色界) 초선천(初禪天)을 관장하는 천왕(天王)을
　　말한다. 자세한 것은 역주자의『고따마 붓다』16~17쪽 각주 3(도서출판 문화문고, 2008)을
　　참고.
444 사생(四生)은 생명체가 태어나는 네 가지 형태를 말하는데, 알에서 태어나는 난생(卵生),
　　태로 태어나는 태생(胎生), 습기에서 태어나는 습생(濕生) 그리고 스스로 업력에 의해 갑자
　　기 화성(化成)하는 화생(化生)인데, 천상이나 지옥에 태어나는 것을 말한다.

경을 외우는 공덕과 뜻이 이와 같다고 교(敎) 가운데에 말씀하셨으니, 만약 7일 낮과 밤으로 경을 읽으면서 마음이 산만하고 혼란스럽지 않으면 하고 싶은 것을 따라 반드시 반응이 있을 것이라고 했다.

夜叉야차가 唱空창공 하고 報四天王보사천왕하니[445] 天王聞已천왕문이 하시니 如是展轉여시전전 하되[446] 乃至梵天내지범천 하되 通幽통유하고[447] 通明통명 하되 龍神용신의 悅懌열역이 猶若綸言誕布유약륜언탄포 하고 詔令橫流조령횡류 하니 寰宇之間환우지 간에 孰不欽奉숙불흠봉이리오 又況佛우황불은 爲四生慈父위사생자부시니 如父命其子여부명기자 하되 奚忍不從해인부종이리오

誦經之功송경지공이 其旨如此기지여차 하니라 敎中교중에 云운 하되 若能七日七夜약능칠일칠야에 心不散亂者심불산란자면 隨其所作수기소작에 定有感應정유감응이라 하니라

160

◆ 그러나 독경하면서 몸뚱이는 꿈쩍도 않고 마음만 움직여 겉으로는 고요하지만 속마음은 소란스러우면 본질을 망각하고 엉뚱한 일에 매달리는 꼴이 되니, 봄 낮에 새들이 울고 가을밤에 벌레들이 우는 것과 무엇이 다르겠는가. 설사 백만 번을 읽은들 결국 무슨 이익이 있겠는가.

若形留神往약형유신왕 하되 外寂中搖외적중요 하면 則尋行數墨而已즉심행수묵이이거니[448] 何異春禽晝啼하이춘금주제 하고 秋蟲夜鳴추충야명이리오 雖百

---

445 야차(夜叉)는 산스끄리뜨 야끄샤(Yakṣa)의 음역인데, 위덕(威德)이나 포악(暴惡)이라 번역한다.

446 전전(展轉)은 거듭되는 모양, 되풀이하는 모양을 말한다.

447 유명(幽明)은 ① 삶[明]과 죽음[幽], 이승과 저승[幽], 어둠[幽]과 밝음 ② 유형과 무형의 사물 ③ 밤[幽]과 낮, 음[幽]과 양 ④ 선과 악, 우매함[幽]과 현명함 ⑤ 귀신[幽]과 사람.

448 심행수묵(尋行數墨)은 자구(字句)에 매달려 이치나 내용을 깊이 따지지 못하는 것을 말한

萬遍수백만편이라도 果何益哉과하익재리오

161

◆ 나는 경공(耿恭)이 우물에 기도하여 샘이 솟았다거나[449] 노양공(魯陽公)이 창을 휘둘러 해를 머물게 했다는[450] 등의 이야기처럼 정성에 대한 감동은 단지 잠깐 사이 있을 뿐이어서 7일의 기간에도 오히려 차이남이 아득하리라고 생각한다.

余謂여위 하되 耿恭경공이 拜井배정 하되 而出泉이출천 하고 魯陽노양이 揮戈而駐日휘과이주일은 誠之所感성지소감이 只在須臾지재수유 하되 七日之期칠일지기도 尙爲差遠상위차원이니라

162

◆ 만 마리의 물고기가 부처님의 이름을 듣고 나서 만 명의 천자(天子)가 되었다고 하고,[451] 오백 마리의 박쥐가 설법하는 소리를 좋아했기 때문에 오 백의 성현(聖賢)이 되었다고 하며,[452] 이무기가 참회를 닦음으로써

다.

449 경공배정이출천(耿恭拜井而出泉)은 후한(後漢) 부풍(扶風) 무릉(茂陵) 출신인 경공(耿恭)이 교위(校尉) 벼슬에 있으면서 흉노(匈奴)가 소륵성(疏勒城)을 침입해 왔을 때, 소륵성을 지키는 동안 우물에 물이 마르자 경공이 기도하여 샘물이 솟았다고 한다.

450 노양휘과이주일(魯陽揮戈而駐日)은 전국시대 초(楚)나라의 노양공(魯陽公)이 한(漢)나라와 격전 중에 해가 지려하자 창을 들어 해를 향하여 휘두르니 저녁 해가 한참 동안 뒤로 물러났다는 고사에서 온 뜻으로 애써 난국을 만회함을 의미한다.

451 『금광명경(金光明經)』「유수장자자품(流水長者子品)」의 물고기 방생 이야기이다. 〈16-353하〉에 時十千魚者 今十千天子是〈그때 십천의 물고기들이 지금 십천의 천자(天子)이다〉라고 했다.

452 『대당서역기(大唐西域記)』제2:〈51-882상〉에 近迦膩色迦王與脇尊者 召集五百賢聖 於迦濕彌羅國 作毘婆沙論 斯並枯樹之中五百蝙蝠也〈근래 카니쉬카왕이 협존자와 함께 5백 명의 현성(賢聖)을 카쉬미르에 소집하여 비판사론을 만들었는데, 이들이 고목나무 안에 있었던

하늘에 태어났고,[453] 용(龍)이 설법을 듣고 도를 깨달았다고도 한다. 옛 사람들이 어찌하여 나를 속였겠는가.

十千之魚십천지어가 得聞佛號득문불호 하되 而爲十千天子이위십천천자 하고 五百之蝠오백지복이 因樂法音인락법음 하되 而爲五百聖賢이위오백성현 하며 蟒망이 因修懺인수참 하되 而生天이생천 하고 龍용이 聞說法문설법 하되 而悟道이오도라 하니 古人고인이 豈欺我哉기기아재리오

163

◆ 삼장(三藏)의[454] 가르침은 중생의 그릇 따라 말씀하신 방편적인 가르침이다. 있는 사실 그대로를 깨달은 처지[實際理地]에서는 오로지 깨달아 부처가 되는 것만이 궁극적인 법이라는 이 하나의 사실이 있을 뿐이다. 모든 설법은 중생을 위해 베푼 것인데, 오늘의 불교에서는 방편적 가르침을 빌려 타고난 성품이 낮은 이들을 가르쳐 이끌어주려고 하지 않고, 있는 사실 그대로를 깨닫는 경지로 급하게 이끌려고만 한다. 이것은 화살을 쏘기도 전에 구운 올빼미를 생각하는 것이 아니겠는가?[455] '물을 건널 때는 뗏목이 반드시 필요하지만 물을 건너면 배는 필요하지 않다'고 한 선혜대사(善惠大士)의 이 말씀이 꼭 그와 같지 않은가?

5백 마리의 박쥐들이다〉라고 한 것을 의미하는 것 같다.
453 『자비도장참법(慈悲道場懺法)』제7:〈45-950하〉龍聞說法便得悟道〈용이설법을 듣고 문득 도를 깨달았다〉.
454 삼장(三藏)은 불교관계 모든 전적을 셋으로 나눈 것인데, 부처님의 말씀을 경장(經藏), 출가자들의 생활 규범을 말씀하신 것을 율장(律藏), 경과 율에 대하여 고승들이 해석하고 설명한 것을 논장(論藏)이라 한다.
455 『장자(莊子)』「제물론(齊物論)」, '계란을 보고 새벽 알리기를 바라고, 탄환을 보고 구운 새를 찾는다.[見卵而求時夜 見彈而求鴞炙]라고 했다.

三藏敎乘者삼장교승자는 權敎也권교야요 實際理地者실제리지자는 唯此一事實也유차일사실야니 唯佛世尊유불세존이 是究竟法시구경법이니라 而一切法者이일체법자는 爲衆生設也위중생설야니 今不藉權敎금부자교권 하되 啓迪初機계적초기 하고[456] 而遽欲臻實際理地者이거욕진실제리지자 하니 不亦見彈而思鴞炙乎불역견탄이사효자호인저 此차는 善惠大士선혜대사가 所謂소위 하되 渡河도하에 須用筏수용벌이나 到岸도안에 不須船也불수선야니 其不然乎기불연호아

164

◆ 부처님의 가르침은 세상을 교화하고 제도함이 맑은 하늘의 태양처럼 밝으나 어리석은 자가 믿지 못하는 것이 마치 장님이 해나 달을 보지 못하는 것과 같다. 장님이 어찌 해나 달을 탓하겠는가.

다만 그릇 따라 자세히 설명하니 방편의 길이 많아서 탐구하기가 쉽지 않을 뿐이다. 불법을 배우는 것은 마치 사람이 활쏘기를 익히는 것과 같으니 오래 오래 하다보면 마침내 명중시키게 되는 것이다.

佛法불법이 化度世間화도세간은 皎如靑天白日교여청천백일이나 而迷者이미자가 不信불신 하니 是猶盲人시유맹인이 不見日月也불견일월야거니 豈日月之咎哉기일월지구재리오

但隨機단수기 하여 演說연설 하니 方便방편이 多門다문 하되 未易究耳미이구이니라 學者학자는 如人習射여인습사 하니 久久구구 하면 方中방중 하리라

---

456 계적(啓迪)은 가르쳐 이끌어 줌. 깨우쳐 인도함.

165

◆ 조백대사(枣柏大士)가[457] 말하기를, '닦는다는 생각에 매달려도 도리어 실패하고, 제멋대로 행동해도 완전히 어긋난다. 서둘러도 이루지 못하고 느슨해도 역시 얻을 수 없다. 오직 쉬지 않고 헛되이 포기하지도 않아야만 한다'고 하였다.

枣柏大士조백대사가 云운 하되 存修존수라도 却敗각패 하고 放逸방일이라도 全乖전괴 하니 急亦不成급역불성이요 緩亦不得완역부득 하니 但知不休단지불휴 하고 必不虛棄필불허기라 하니라[458]

166

◆ 백낙천(白樂天)이[459] 관선사(寬禪師)에게[460] '수행도 없고 깨달음도 없다면 범부와 무엇이 다르냐'고 물으니, 선사(禪師)가 말하기를, '범부는 무명(無明)에 파묻혀 있고, 이승(二乘)인 성문연각(聲聞緣覺)은 작은 법에 집착하는데, 이 두 가지 병을 떨쳐버려야 진정한 수행이 된다. 진정한 수행이란 애써 힘쓰지도 않고, 소홀히 하지도 않아야 한다. 애써 힘쓰는 것은

---

457 조백대사(枣柏大士)는 『화엄경』의 대가 이통현장자(李通玄長者)를 말한다. 매일 대추 10개와 숟가락만한 잣나무 잎 떡 하나를 먹었으므로 사람들이 조백대사(枣栢大士)라고 불렀다. 『신화엄경론(新華嚴經論)』40권을 지었다.

458 『해미현지성비십명론(解迷顯智成悲十明論)』〈45-770상〉 急亦不成 緩亦不得 但知不休 必不虛棄라고 하였다.

459 백낙천(白樂天:772~846)은 당(唐) 나라의 시인 백거이(白居易)의 자(字)이다. 호(號)는 취음선생(醉吟先生) · 향산거사(香山居士) · 섭유옹(囁嚅翁)이다. 한림학사(翰林學士) · 형부상서(刑部尚書)를 지냈다. 시에 뛰어나 원진(元稹)과 함께 원백(元白)으로 불렸고, 유우석(劉禹錫)과 함께 유백(劉白)으로 불렸다. 저서에 『백씨장경집(白氏長慶集)』, 『백씨육첩사류집(白氏六帖事類集)』 등이 있고, 대표작으로 「장한가(長恨歌)」, 「비파행(琵琶行)」이 있다. 불교적으로는 불광여만(佛光如滿)의 제자이고, 불광여만은 마조도일(馬祖道一)의 제자이다.

460 관선사(寬禪師:755~817)는 구주(衢州) 신안(信安) 사람으로 마조도일(馬祖道一)의 법을 이은 경조(京兆) 흥선사(興善寺) 유관선사(惟寬禪師)를 말한다.

집착에 가깝고, 소홀히 하는 것은 무명에 빠져든다. 이것이 마음을 닦는 수행의 요점'이라고 했다.[461] 조백대사나 관선사의 말이 진정 도에 들어가고자 처음 공부하는 이들을 위한 법문(法門)인 것이다.

又白樂天우백낙천이 問寬禪師문관선사 하되 無修무수 하고 無證무증 하면 何異凡夫하이범부리오 하니 師사가 曰왈 하되 凡夫범부는 無明무명이요 二乘이승은 執著집착이니 離此二病리차이병 하야사 是曰시왈 하되 眞修진수니라 眞修者진수자는 不得勤부득근 하고 不得忘부득망 하나니 勤근 하면 則近執著즉근집착이요 忘망 하면 則落無明즉락무명이니 此차가 爲心要耳위심요이며 此차가 眞初學入道之法門也진초학입도지법문야니라

167

◆ 어떤 사람은 말하기를, '불교에는 시식진언(施食眞言)이[462] 있어서 마치 일곱 개의 낱알을 열 개 지방의 말로 바꾸는 것처럼 능히 적은 것을 변화하여 많게 한다고 하는데, 어찌 그럴 리(理)가 있겠느냐'고 말한다.

或謂혹위 하되 佛教불교에 有施食眞言유시식진언 하니 能變少爲多능변소위다 하기를 如七粒變十方之語여칠립변시방지어라 하니 豈有是理기유시리오

168

◆ 여기에 대해 나는 말한다. '그렇지도 않다. 그대는 어찌 구천(句踐)이 한 그릇의 막걸리로 많은 군사를 다 취하게 했고,[463] 난파(欒巴)는 한 모금

---

461 『경덕전등록(景德傳燈錄)』 제7:〈51-255중〉.
462 시식(施食)이란 음식을 준다는 말인데, 죽은 이들[靈駕]을 천도(薦度)하기 위하여 음식을 차리고 경전을 읽거나 염불하는 의식을 말하며, 진언(眞言)은 고혼(孤魂)에게 들려주는 주문(呪文)을 말한다.
463 구천(句踐:B.C.?~B.C.465)은 춘추(春秋)때 월(越)나라의 왕으로 오(吳)나라 왕 합려(闔閭)

의 술을 뿜어 촉(蜀)지방의 들판에 비가 되게 했다는[464] 소리도 듣지 못했는가.

余여가 曰왈 하되 不然불연이외다 子자는 豈不聞기불문가 勾踐구천의 一器之醪일기지료가 而衆軍이중군을 皆醉개취하고 欒巴란파의 一潠之酒일손지주가 而蜀川이촉천에[465] 爲雨위우하니라

169

◆ 심령(心靈)이 지극하면 통하지 못하는 감동이 없는 법인데, 하물며 모든 부처님들의 광대(廣大)한 원력에 의탁하여 착한 마음을 열어 적은 것을 변화하여 많게 한다는 것이 무엇이 의심스럽다는 것인가.

心靈심령이[466] 所至소지 하면 而無感不通이무감불통이니라 況託諸佛廣大願力황탁제불광대원력 하야 廓其善心확기선심 하야 變少爲多변소위다를 何疑之有

를 죽인 뒤 합려의 아들 부차(夫差)에게 회계산(會稽山)에서 사로 잡혀 굴욕을 당하자 와신상담(臥薪嘗膽)하며 나라를 부강하게 만들어서 마침내 오(吳)의 부차(夫差)를 쳐서 멸망시키고 제후(諸侯)의 맹주(盟主)가 되었다.

464 난파(欒巴)는 후한(後漢) 위군(魏郡) 내황(内黃) 사람이다. 일설에는 촉군(蜀郡:秦나라가 蜀나라를 멸하고 성도(成都)에 두었던 군으로 사천성(四川省) 중부 지역을 대부분 포함한다.) 사람이라고도 한다. 자(字)는 숙원(叔元)으로 경전(經典)을 널리 섭렵하였다고 한다. 순제(順帝:재위 125~144)때 황문령(黃門令)이 되고 계양(桂陽), 예장(豫章)의 태수(太守)를 지내며 선정을 베풀어 상서(尚書)에 올랐다. 영제(靈帝:재위 168~189)때 일어난 당고(黨錮)의 화(禍)에서 극간(極諫)하여 진번(陳蕃), 두무(竇武)를 구명하고 자신은 하옥되어 자살하였다.※난파손주(欒巴潠酒)는 도술(道術)에 뛰어났던 난파(欒巴)가 조정의 연회도중에 황제가 하사한 술을 남서쪽으로 뿜어 성도(成都)에서 난 불을 껐다는 고사.

465 촉천(蜀川)에서 천(川)은 넓은 들을 의미한다.

466 심령(心靈)은 사람의 의식(意識)·정신(精神)·지각(知覺)을 이르는 말이다.『대불정여래밀인수증요의제보살만행수능엄경(大佛頂如來密因修證了義諸菩薩萬行首楞嚴經)』〈19-107상〉에는 '너의 심령이 모든 것을 분명하게 아나니, 너의 그 분명하게 아는 마음이 사실은 몸 안에 있다'(汝之心靈 一切明了 若汝現前所明了心實在身内)고 하였고,『대승유가금강성해만수실리천비천발대교왕경(大乘瑜伽金剛性海曼殊室利千臂千鉢大教王經)』〈20-743중〉에는 '심령이 텅 비었고 맑으며 명백하고 뚜렷함을 비추어보라'(照見心靈虛朗瑩淨)고 하였다.

170

◆ 참으로 오묘하도다! 부처님의 지견(知見)이 광대(廣大)하고 심원(深遠)하여 여섯 가지 신통(神通)을 갖추심이시여!⁴⁶⁷ 바로 숙명통(宿命通)을 갖추었기 때문에 한 생각에 여러 겁에 들어가고, 바로 천안통(天眼通)을 갖추었기 때문에 눈 깜박하는 한 순간에 갠지스강의 모래알처럼 많은 세상을 두루 보신다.

妙哉묘재로다 佛之知見불지지견이 廣大광대 하고 深遠심원 하야 具六神通구육신통이여 唯其具宿命通유기구숙명통 하니⁴⁶⁸ 則一念즉일념에 超入於多劫초입어다겁 하고 唯其具天眼通유기구천안통 하니 則一瞬즉일순에 遍周於沙界편주어사계하니라

171

◆ 또한 아나율(阿那律)은⁴⁶⁹ 작은 결과를 얻은 성문(聲聞)일 뿐이지만⁴⁷⁰ 육신통 가운데 오직 천안통 하나를 갖추었는데도 오히려 대천세계(大千

---

467 육신통(六神通)은 부처님이나 보살들이 가지고 있는 여섯 가지 초인적인 능력을 말하는데, 신족통(神足通)·천안통(天眼通)·천이통(天耳通)·타심통(他心通)·숙명통(宿命通)·누진통(漏盡通)을 말한다. 신족통은 신여의통(身如意通)이라고도 하며, 때에 따라 크고 작은 몸을 나타내어 자유자재로 날아다니는 능력을 말한다.

468 유기(唯其)는 '… 때문에, 바로…하였기 때문에'라는 뜻이다.

469 아나율(阿那律)은 부처님의 사촌동생이자 십대제자(十大弟子) 가운데 천안제일(天眼第一)인 아누룻다(Anuruddha)를 말한다. 역주자의 『부처님 말씀』 459쪽과 559쪽을 참고 바람.

470 성문(聲聞)이란 범어 슈라-와까(Śrāvaka)의 번역이다. 부처님의 말씀을 직접 들었다는 뜻으로 부처님 당시의 제자들을 의미하지만 훗날 대승불교(大乘佛教)에서는 부처님의 말씀을 듣기만 하고 수행이 부족하다는 뜻에서 소승(小乘)이라 평가절하(平價切下)하고 있다.

世界)를[471] 손바닥을 들여다보듯이 볼 수 있었거늘 하물며 부처님께서는 진천안(眞天眼)을 갖추셨으니 어떠하랴!

且如阿那律차여아나율은[472] 小果聲聞爾소과성문이나 唯具天眼一通유구천안일통 하나 尙能觀大千世界상능관대천세계를 如觀掌中여관장중 하거늘 況佛황불이 具眞天眼乎구진천안호리오

172

◆ 사리불(舍利弗)[473] 역시 작은 결과를 얻은 성문(聲聞)일 뿐이요 제자들 가운데 지혜 제일이라고 불렀을 뿐인데도 오히려 8천 대겁(大劫)에 이르도록 사람들의 근기(根器)를 살필 수 있었거늘 하물며 정변지(正遍知)를 갖추신 부처님이야 말해 무엇 하랴.

부처님의 지견(知見)은 광대(廣大)하고 심원(深遠)하기 때문에 설법(說法) 역시 광대하고 심원하거늘 어찌 범부의 사려분별(思慮分別)이 미치겠습니까?

舍利弗사리불도 亦小果聲聞爾역소과성문이나 於弟子中어제자 중에 但稱智慧第一단칭지혜제일 하나 尙能觀人根器상능관인근기를 至八千大劫지팔천대겁

---

[471] 대천세계(大千世界)는 삼천대천세계(三千大天世界)를 줄인 말이다. 옛날 인도 사람들은 수미산(須彌山)을 중심으로 한 네 개의 대륙과 해와 달을 포함한 것을 하나의 세계라 했고, 이러한 세계를 천 개를 합한 것이 소천세계(小千世界)이고, 소천세계를 다시 천 개 합한 것이 중천세계(中千世界)이며, 중천세계를 다시 천 개 합한 것이 대천세계(大千世界)이다. 소천세계·중천세계·대천세계를 모두 합하여 삼천대천세계(三千大天世界)이다. 이것이 고대 인도인들의 세계관(世界觀)에 의거한 전 우주(全宇宙)이다.

[472] 차여(且如)는 접속사로 가설을 나타내며, 종속문의 첫머리에 쓰이며 '만일…한다면', '만약…가 된다면' 등으로 해석한다.

[473] 사리불(舍利弗)의 사-리뿟다(Sāriputta)로 부처님의 십대제자(十大弟子) 가운데 지혜제일(智慧第一)로 유명하다. 사리불에 대해서는 역주자의 『고따마 붓다』 245쪽과 387쪽(도서출판 문화문고, 2008)을 참고 바람.

하거늘 況佛황불이 具正遍知乎구정변지호리오

唯其知見유기지견이 廣大광대 하고 深遠심원 하니 則說法즉설법도 亦廣大역광대 하고 深遠矣심원의 하거늘 又豈凡夫思慮之所能及哉우기범부사려지소능급재리오[474]

173

◆ 잠시 작은 것으로 큰 것에 비유하면 같은 사람일지라도 대단히 총명한 사람이 있고 극히 어리석고 아둔한 사람이 있다. 대단히 총명한 사람은 오랜 옛날에 흥하고 망하며, 잘 다스려지고 어지러워진 흔적과 육경자사(六經子史)에 언급하는 일을 다 알고, 심지어 본 일이 없는 바다 밖의 다른 나라의 일까지도 비록 세밀하게 언급하지는 못하더라도 책을 봄으로써 짐작할 수 있다. 그러나 극히 어리석고 아둔한 사람은 참으로 알지 못하거늘 더구나 저 총명한 사람이 아는 것을 어찌 거짓이라 하겠는가?'

試시 하야 以小喩大이소유대 하면 均是人也균시인야라도 有大聰明者유대총명자 하고 有極愚魯者유극우노자 하니 大聰明者대총명자는 於上古興亡治亂之跡어상고흥망치란지적과 六經子史之論육경자사지론 하는 事사를 皆能知개능지 하고 至於海外之國지어해외지국을 雖不及到수불급도나 亦可觀書역가관서 하면 以知之이지지니라 極愚魯者극우노자는 誠不知也성부지야니 又安可以彼知者爲誕也우안가이피지자위탄야리오

474 사려(思慮)에서 사(思)는 '그리워하고 생각을 떠올리는 것'을 의미하고, 려(慮)는 '이리저리 궁리하는 것'을 말한다. 깨달음의 입장에서는 이러한 사려(思慮)는 분별(分別)이요 망상(妄想)이라 보고 있다.

174

◆ 불법(佛法)이 한 차례 이 땅에 들어 온 뒤에 이따금 성인이 출현하여 불법의 유통을 도운 사례가 있었으니, 잠시 뭇사람들이 귀와 눈으로 듣고 보았던 일을 모아 말해보자.

一自佛法入此之後일자불법입차지후에 間有聖人간유성인이 出現출현 하여 流通輔翼유통보익 하니 試시 하야 摭衆人耳目之所聞見者척중인이목지소문견자를 論之논지 하리라

175

◆ 당나라 문종(文宗)때에 관음보살이 시현(示現)한 일이 있었다.[475] 당나라 고종(高宗) 때는 사주(泗州)에[476] 대성(大聖)이 출현했었다.[477] 무주(婺州) 의오현(義烏縣)의 부대사(傅大士)는 제(齊)나라 건무4년 을축(建武四年乙丑) 5월 8일에 태어났다.[478] 당시 인도 스님 숭두타(嵩頭陀)가 와서 '나는 옛적

---

[475] 당 문종(唐文宗)이 조개[蛤蜊]를 무척이나 좋아했다. 어느 날 황제에게 올려 진 반찬 중에 조개가 있었는데, 아무리 조개를 벌리려고 해도 벌려지지 않았다. 황제가 이상하게 여기고 향을 피우고 비니 그때서야 열리면서 아름답고 장엄한 모습을 한 보살이 나타났다. 황제가 돈과 곡식을 향과 함께 싸고 다시 좋은 비단으로 덮어 흥선사(興善寺)로 보내 많은 스님들이 우러러보고 예를 올리도록 했다.[『오등회원(五燈會元)』2:종남산유정선사조(終南山惟政禪師條)][『경덕전등록(景德傳燈錄)』제4:〈51-234상〉.

[476] 사주(泗州)는 북주(北周) 때에 두었던 주(州)로 소재지는 강소성(江蘇省) 숙천현(宿遷縣)의 동남쪽 지역에 있었다. 청대(淸代)까지 치폐(置廢)를 거듭하다가 건륭(乾隆)연간에 안휘성(安徽省) 사현(泗縣)으로 옮겼다.

[477] 사주대성(泗州大聖)은 『경덕전등록(景德傳燈錄)』제27:〈51-433상〉의 사주승가대사(泗州僧伽大師)의 이야기를 말한다. 『송고승전(宋高僧傳)』제18:〈50-822상〉의 『당사주보광왕사승가전(唐泗州普光王寺僧伽傳)』도 마찬가지이다.

[478] 제 건무4년(齊建武四年)이면 제(齊)나라 명제(明帝) 4년으로 을축년(乙丑年)이 아니라 정축(丁丑)이다. 을축년(乙丑年)은 제 무제(齊武帝) 영명(永明) 3년으로 서기485년이다. 그에 비해 정축년(丁丑年)은 건무(建武) 4년으로 서기 497년이다.

에 너와 비바시불(毘婆尸佛)의[479] 처소에서 너와 함께 서원(誓願)했었다. 지금 도솔천궁(兜率天宮)에 옷가지와 밥그릇이 있는 것을 보았는데 어느 날엔가 돌아가자'고 하며, 대사(大士)에게 물에 비친 모습을 보라고 명했다. 부대사가 물에 비쳐진 모습에 원광보개(圓光寶蓋)가[480] 있는 것을 보며 '중생을 제도하는 것이 급하거늘 어찌 도솔천궁의 즐거움을 생각하겠는가'라고 말했다. 부대사는 수행할 때 항상 석가여래(釋迦如來)·금속여래(金粟如來)[481]·정광여래(定光如來)가[482] 빛을 내쏘아 몸을 덮어 가리는 것을 보았다고 한다.

如觀音菩薩여관음보살이 示現於唐文宗朝시현어당문종조 하고 泗洲사주에 大聖대성이 出現於唐高宗朝출현어당고종조 하고 婺州무주의 義烏縣의오현에 傅大士부대사는 齊제의 建武四年乙丑五月八日건무사년을축오월팔일에 生생 하니[483] 時시에 有天竺僧嵩頭陀유천축승숭두타가 來래 하야 謂曰위왈 하되[484] 我昔아석에 與汝여여 하야 毘婆尸佛所비파시불소에 同發誓願동발서원 했나니 今兜

<hr>

[479] 비바시불(毘婆尸佛)은 산스끄리뜨 위빠쉰(Vipaśyin)의 음역으로 석가모니 부처님 이전에 일곱 분의 부처님이 있었는데 그 첫 번째 부처님을 말한다.

[480] 원광(圓光)은 부처님이나 보살님의 머리 위에 나타나는 둥근 모양의 금빛광채를 말하고, 보개(寶蓋)는 부처님이나 왕이 앉는 자리 위에 치는 차일(遮日)을 말한다.

[481] 금속여래(金粟如來)는 유마거사(維摩居士)의 전신(前身)을 여래(如來)로 보고, 그때의 부처님 이름을 금속여래라고 한다.

[482] 정광여래(定光如來)는 아주 오랜 옛적에 출현하여 석가모니에게 미래에 반드시 성불(成佛)하여 중생을 제도하라는 수기(授記)를 주셨다는 연등불(燃燈佛)이라고 한다.

[483] 제 건무4년 을축(齊建武四年乙丑)은 건무 4년(建武四年)이 되려면 제 건무 4년 정축(齊建武四年丁丑)이어야 하고, 을축(乙丑)이 맞다면 제 건무 2년 을축(齊建武二年乙丑)이 되어야 맞다. 그러나 부대사(傅大士)는 497년에 태어났으니 제 건무 4년 정축(齊建武四年丁丑)이라야 한다.

[484] 시유천축승운운(時有天竺僧云云)할 때의 시(時)는 부사로서 동작행위가 발생한 시간을 나타내며, '그때, 당시' 등으로 해석한다. 그러니까 '천축승 숭두타가 찾아왔을 당시'라는 뜻이다.

率天宮금도솔천궁에 衣鉢의발이 見在현재 하니[485] 何日하일에 當還당환 하리오 命명 하기를 大士대사는 臨水觀形임수관형 하라 見有圓光寶蓋견유원광보개 하고 大士대사가 曰왈 하되 度生도생이 爲急위급 하거늘 何思彼樂乎하사피락호오 行道之時행도지 시에 常見釋迦상견석가와 金粟금율과 定光정광 등 三如來삼여래가 放光방광 하야 襲其體습기체니라

176

◆ 괵주(虢州) 문향(閺鄉)의 장만회법운공(張萬回法雲公)은 당나라 정관 6년 (貞觀六年) 5월 5일에 태어났다.[486] 나이 많은 형이 있었는데 아주 오랫동안 요동(遼東)으로 정벌을 가서 서로 만 리(萬里)나 떨어져 있었다. 어머니 정씨(程氏)가 소식을 그리워하니 아들 법운공(法雲公)이 이른 아침에 어머니께 알리고 떠나 저녁 무렵에 편지를 가지고 돌아왔다는 것이다.

虢州閺鄉괵주문향의 張萬回法雲公者장만회법운공자는 生於唐貞觀六年五月五日생어당정관륙년오월오일터이니 有兄萬年유형만년 하야 久征遼左구정요좌 하야[487] 相去萬里상거만리러니 母程氏모정씨가 思其信音사기신음할새 公공이 早晨조신에[488] 告母而往고모이왕터니 至暮지모에 持書而還지서이환 하니라

---

[485] 현재(見在)는 '지금 존재하고 있다'는 뜻이다. 여기서 견(見)은 '드러내다, 드러내 보이다'의 뜻으로 '현'이라 읽는다.

[486] 『석씨계고략(釋氏稽古略)』제3:〈49-818하〉萬回法雲公 太宗貞觀六年五月五日(632) 生虢州閺鄉張氏 至是咸亨四年(673)帝度之爲沙門 回幼時致兄書六千里外 朝往暮回 因號萬回 則天垂拱四年(688) 太后延回入宮 賜以錦衣 令官女給侍 長安二年(702)回所至顯化 玄宗在藩邸 嘗私謁回 回撫其背曰 五十年太平天子可自愛 中宗神龍二年(706) 賜回號法雲公 睿宗景雲二年十月(711) 詔回入宮館於集賢院 給二美人奉事之 十二月忽求閺鄉河水 左右不可得 回曰穴堂前地可得也 回飲水畢湛然而逝 壽八十歲 賜司徒號國公.

[487] 요좌(遼左)는 요동(遼東)의 별칭이다.

[488] 조신(早晨)은 동틀 때부터 8~9시까지의 시간.

◆ 풍간선사(豊干禪師)는 평상 시 호랑이를 타고 출입하였는데,[489] 한산(寒山)과 습득(拾得)의 시종을 받았고,[490] 명주(明州) 봉화(奉化)의 포대화상(布袋和尙)은[491] 악림사(嶽林寺)에서 앉아서 죽었는데 다시 다른 지방에 나타났다고 하며, 송(宋) 나라 태시초(泰始初)의[492] 지공선사(誌公禪師)는 금성송씨(金城宋氏)의 아들인데 며칠을 먹지 않아도 굶주린 기색이 없었고, 말하는 것은 대부분 영험했다고 한다.

豊干禪師풍간선사는 居常거상에[493] 騎虎出入기호출입 하고 寒山한산과 拾得습득은 爲之위지 하야 執侍집시 하고 明州奉化명주봉화의 布袋和尙포대화상은 坐亡於嶽林寺좌망어악림사터니 而復現於他州이부현어타주 하고 宋太始初송태시초의[494] 誌公禪師지송선사는 乃金城宋氏之子내금성송씨지자로 數日수일을 不

---

[489] 『경덕전등록(景德傳燈錄)』제27:〈51-433중〉에 천태산(天台山) 국청사(國淸寺)에 살았으나 어떤 사람인지 알 수 없다고 했다. 머리를 이마에서 나란히 자르고 베옷을 입었으며, 누가 불교에 대해 물으면 '시절인연 따라 적당하게'[隨時]라고만 대답했다고 한다.

[490] 한산(寒山)과 습득(拾得)은 당(唐)나라 때의 고승으로 절강성(浙江省) 천태현(天台縣) 천태산(天台山) 국청사(國淸寺) 풍간(豊干)의 제자이다. 특히 한산은 시(詩)를 잘 지어 시승(詩僧)으로 이름이 났고, 시집으로 『한산자시집(寒山子詩集)』3권이 있다. 풍간과 습득의 시를 덧붙였다. 태주자사(台州刺史) 여구윤(閭丘胤)이 국청사의 도교(道翹)에게 수집시켜 간행하였다고 한다.

[491] 포대화상(布袋和尙)은 오대(五代) 후량(後梁)의 고승으로 명주 봉화현 사람이다. 이름은 계차(契此)이고 호(號)는 정응대사(定應大師)로 미륵보살의 응화신(應化身)이라 전한다. 몸에 필요한 도구가 다 들어간 포대를 메고 다녀서 포대화상이라 불렸다.

[492] 여기서 말하는 송(宋)은 남북조(南北朝) 때의 남조(南朝)의 송나라를 말한다. 다시 말해 금군(金軍)에 의해 멸망한 조광윤(趙匡胤)이 세운 북송(北宋)이나 조구(趙構)가 세운 남송(南宋)이 아니라 유유(劉裕)가 건강(建康)에 세운 남조(南朝)의 첫 번째 왕조를 말한다. 각 왕조의 존립기간은 남조의 송은 420~479년이고, 북송은 960~1127년이고, 남송은 1127~1279년이다.

[493] 거상(居常)은 '평소, 항상'이란 말이다.

[494] 송태시초(宋太始初)는 송태시초(宋泰始初)의 오류이고, 송태시초(宋泰始初)는 서기 465년이다.

食불식하야도 無饑容무기용 하고 語어는 多靈應다령응 하였다.

178

◆ 진(晉)의 석륵(石勒) 시대에[495] 불도징(佛圖澄)은[496] 손바닥 가운데 빛이 천리(千里)를 비추었다고 하며, 진주(鎭州)의 선화(善化)는[497] 죽음에 이르렀을 때 요령을 흔들면서 하늘로 날아갔다고 한다.

晉진의 石勒時석륵 시에 佛圖澄불도징은 掌中장중의 照조가 映千里영천리 하였으며 鎭州진주의 善化선화는 臨終之時임종지 시에 搖鈴요령 하며 騰空而去등공이거 하니라

179

◆ 오대산(五臺山)의 등은봉(鄧隱峯)은[498] 관병(官兵)과 오원제(吳元濟)가[499] 교전(交戰)할 때를 만나서 주장자를 타고 허공을 날라서 통과하여 양쪽

[495] 석륵(石勒)은 후조(後趙)의 창업 군주로 자(字)는 세룡(世龍)이고, 시호(諡號)는 명제(明帝)이며, 묘호(廟號)는 고조(高祖)이다. 갈족(羯族) 출신으로 급상(汲桑)과 반란을 일으켜 성(姓)을 석(石) 씨로 썼다. 전조(前趙)에 투항하여 공을 세우며 세력을 키운 뒤 양국(襄國)을 거점으로 조(趙)나라를 세우고 칭왕(稱王)하였다. 그의 재위기간은 319년에서 332년까지 15년이다. 그가 조나라를 세운 해인 319년이 동진(東晉) 원제(元帝) 태흥(太興) 2년[己卯]이므로 진석륵(晉石勒)이라 한 것 같다.
[496] 불도징(佛圖澄:232~348)은 구자국(龜玆國:Kucha)출신으로 속성은 백(帛)이다. 310년에 중국 낙양에 왔다. 후조의 석륵이 그에게 귀의하여 대화상(大和尙)이라 불렀다.
[497] 진주선화(鎭州善化)는 진주보화(鎭州普化)라야 맞다. 보화(普化)의 임종에 대해서는 역주자의 『자유인 임제』 40쪽(현암사, 2007)을 참고바람.
[498] 등은봉(鄧隱峰)은 마조도일(馬祖道一:709~788)의 제자로 죽을 때 거꾸로 서서 죽었다고 한다.
[499] 오원제(吳元濟)는 당(唐)나라 사람으로 소양(少陽)의 아들, 벼슬은 협륭랑(協隆郞), 거짓으로 병권 장악을 청하여 반란을 일으켰다가 이소(李愬)에게 잡혀 장안(長安)에서 참형을 당했다.

군대가 드디어 화해하게 했다고 하며,[500] 숭산(崇山)의 산신(山神)은 원규
선사(元珪禪師)에게 계를 받았다고 한다.[501]

　　五臺오대의 鄧隱峯등은봉은 遇官兵與吳元濟우관병여오원제가 交戰교전 하니
飛錫비석 하고 乘空而過승공이과 하야 兩軍양군이 遂解수해 하니라 嵩嶽帝숭악
제는[502] 受戒法於元珪禪師수계법어원규선사 하니라

180

◆ 작은 석가라고 불렸던 앙산(仰山)은[503] 나한(羅漢)이 와서 안부를 물었
고 또한 두 왕이 계를 받았다고 하며, 파조타(破竈墮)의 무리는 모두 귀신
(鬼神)이 수행을 쌓아 깨달음의 경지를 얻을 수 있게 하였다고 한다.[504]

　　仰山小釋迦앙산소석가는 有羅漢來參유나한래참 하고 幷受二王戒法병수이왕
계법 하였으며 破竈墮之類파조타지류는 皆能證果鬼神개능증과귀신 하니라

---

500 『불조통기(佛祖統紀)』제41:〈49-381하〉당 헌종(唐憲宗) 12년〈816〉은봉선사가 회우(淮右)
　　에서 오원제의 병사와 만났을 때의 사건이다.

501 원규 선사(元珪禪師:644~716)는 혜안국사(慧安國師)의 법을 이었고, 숭악산(嵩嶽山)에 머
　　물 때, 숭악산의 산신(山神)에게 계를 준 것을 말한다.〔『경덕전등록(景德傳燈錄)』제4:〈51-
　　233중〉〕

502 숭악제(嵩嶽帝)에서 숭악(嵩嶽)은 하남성(河南省) 등봉현(登封縣)의 북쪽에 있는 숭산(嵩
　　山)을 말한다. 숭산은 오악(五嶽) 가운데 중악(中岳)으로 가운데에 준극(峻極), 동쪽에 태실
　　(太室), 서쪽에는 소실(少室)의 세 봉우리가 있다. 소실에는 위(魏)나라 효문제(孝文帝)가
　　천축의 불타선사(佛陀禪師)를 위해 지은 절이 소림사(少林寺)인데, 달마대사가 소림사에서
　　설법한 법문이 소실법문(少室法門)이다. 그리고 제(帝)는 산신(山神)을 말한다.

503 『경덕전등록(景德傳燈錄)』제11:〈51-282〉에 앙산혜적선사(仰山慧寂禪師)에 대하여 자세히
　　전한다.

504 『경덕전등록(景德傳燈錄)』제4:〈51-232하〉숭악(嵩嶽) 파조타화상(破竈墮和尙)이 조왕신을
　　깨부수는 이야기가 전한다.

181

◆ 달마대사(達磨大師)는 백오십 살이 넘은 나이로 후위(後魏) 효명제(孝明帝) 태화(太和) 19년에 죽어 웅이산(熊耳山)에 장사를 지냈는데 3년 뒤 위(魏)의 송운(宋雲)이[505] 사신(使臣)으로 서역(西域)을 갔다 오다가 총령(葱嶺)에서 신발 한 짝을 손에 들고 서역으로 돌아가는 것을 뵙고 왔는데, 뒤에 효장(孝莊)이[506] 그 말을 듣고 묘를 열고 살펴보니 과연 한 쪽 신발만 남아 있었다고 한다.

達磨大師달마대사는 一百五十餘歲일백 오십여 세에 滅於後魏孝明帝太和十九年멸어후위효명제태화십구년 하야 葬於熊耳山장어웅이산 하니 後三歲후삼세에 魏宋雲위송운이 奉使西域봉사서역 하고 回회에 遇於葱嶺우어총령 하니[507] 携一革履휴일혁리 하고 歸西而去귀서이거 하니 後후에 孝莊효장이 聞奏문주 하고 啓墳계분 하야 觀之관지 하니 果只一履存焉과지일리존언 하니라

182

◆ 문수사리(文殊師利)는 부처님이 돌아가신 뒤 400백 년이나 여전히 인간에 있었다고 하며,[508] 천태(天台)의 남악(南嶽)은[509] 나한(羅漢)이 사는 곳에서 인천(人天)의 공양을 받으며 여러 차례 성인의 자취를 드러냈다고

---

505 송운(宋雲)은 북위(北魏)의 돈황(敦煌) 출신 스님이다. 효명제(孝明帝:515~528)때 인도에서 낙양(洛陽)으로 불전(佛典)을 전했다. 저서에 『송운행기(宋雲行記)』가 있다.

506 효장(孝莊)은 효명제(孝明帝:515~528)를 이어 등극한 북위(北魏) 효장제(孝莊帝:528~530)를 말한다.

507 총령(葱嶺)은 중앙아시아의 파미르(Pamir)고원과 곤륜산맥(崑崙山脈) · 천산산맥(天山山脈) 등을 총칭하는 말이다.

508 『화엄경탐현기(華嚴經探玄記)』제2:〈35-126중〉 文殊師利般涅槃經中 佛般涅槃後四百年時 文殊師利猶在世間《문수사리반열반경』중에 부처님이 열반에 드신 뒤 4백년에 문수사리가 아직세간에 있다〉이라 했다.

509 남악(南嶽)은 천태종 제2조 혜사(慧思:515~577)를 말한다.

한다.

文殊師利문수사리는 佛불이 滅度後멸도 후에 四百年사백 년을 猶在人間유재 인간 하였고 天台천태의 南嶽남악은 羅漢所나한소에 居거 하며 應供人天응공인 천 하며 屢顯聖跡루현성적 하니라

183

◆정주(汀州) 남안암주(南安巖主)는[510] 신령스런 이적(異蹟)이 아주 많았고, 담주(潭州)의 화림선각선사(華林善覺禪師)나[511] 무령(武寧)의 신흥엄양존자(新興嚴陽尊者)는[512] 모두 호랑이를 시종(侍從)으로 삼았다고 한다.

汀州정주의[513] 南安巖主남안암주는 靈異영이가 頗多파다 하였고 潭州담주의 華林善覺禪師화림선각선사나 武寧무녕의 新興嚴陽尊者신흥엄양존자는 俱以 虎爲侍從구이호위시종 하였느니라

184

◆ 또 도선율사(道宣律師)는[514] 율(律)을 지킴이 순결하고 엄숙하여 비사문

---

[510] 『영각원현선사광록(永覺元賢禪師廣錄)』제15:〈卍續藏經:125-572하〉『중건정광암기(重建定光巖記)』에 의하면, 남안암주(南安巖主)는 운문(雲門)의 법손(法孫)인 정광대사(定光大師)라고 하였다.
[511] 『경덕전등록(景德傳燈錄)』제8:〈51-261하〉 어느 날 관찰사인 배휴(裴休)가 찾아와 '스님 시자가 있습니까?'라고 물으니, '한 쌍이 있다'고 했고, '어디 있느냐?'고 물으니, 선각(善覺)스님이 '대공(大空)아, 소공(小空)아'하고 부르니, 그때 호랑이 두 마리가 암자 뒤에서 나왔다고 한다. 『불조역대통재(佛祖歷代通載)』제69:〈49-638하〉]
[512] 『경덕전등록(景德傳燈錄)』제11:〈51-287상〉 師常有一蛇一虎 隨從左右 手中與食〈스님은 항상 뱀 한 마리와 호랑이 한 마리가 좌우에서 따랐는데 손에다 먹을 것을 주었다〉※ 신흥 엄양 존자는 조주 종심(趙州 從諗)의 법손(法孫)이다.
[513] 정주(汀州)는 당나라 때 둔 주(州)인데, 복건성(福建省) 장정현(長汀縣) 지역에 있었다.
[514] 『신승전(神僧傳)』제6:〈50-988하〉.

천왕(毘沙門天王)의 아들이 감동하여 계를 보호하는 신이 되어 하늘에 있는 부처님의 치아[佛牙]를 빌려다 지금 인간 세상에 있게 하여 휘종황제(徽宗皇帝)가[515] 처음 등극(登極)할 때 맞아들여 그것을 보니 사리(舍利)가 수정으로 만든 상자를 가르고 빗방울처럼 떨어졌다. 그 때문에『태평성전(太平盛典)』에는 다음과 같은 휘종황제의 어제송(御製頌)이 있다.

거룩하신 석가모니 부처님이시여!

허공이나 한 티끌이나 다를 바 없으시어

얻으려 하면 모두 다 감응하시니

이 세상 분신(分身) 아닌 곳이 없으시나이다.

옥같이 영롱하여 천 번을 굴러도 밝게 빛나시고

금강처럼 단단하여 백 번을 불리어도 새롭기만 합니다.

내 이제 받들어 머리 조아리오니

온갖 중생 빠짐없이 건져 주옵소서.

황제께서 내가 부처님을 좋아함을 아시고 일찍이 나에게 친히 말씀해 주신 것이다.

道宣律師도선율사는 持律지율이 精嚴정엄 하야 感毘沙門天王之子감비사문천왕지자 하니 爲護戒神위호계신 하야 借得天上佛牙차득천상불아 하야 今在人

間금재인간 하니 徽宗皇帝휘종황제가 初登極時초등극 시에 因取인취 하야 觀之
관지 하니 舍利사리가 隔水晶匣격수정갑 하고 落如雨點낙여우점 하였느니라 故
고로 太平盛典태평성전에 有御製頌유어제송 하야 云운 하되

　大士釋迦文대사석가문이시여

　虛空허공이 等一塵등일진 하고

　有求유구에 皆感應개감응 하시니

　無剎不分身무찰불분신이로다

　玉瑩옥영 하니 千輪皎천륜교 하고

　金剛금강은 百煉新백련신이로다

　我今아금에 恭敬禮공경례 하오니

　普願보원으로 濟群倫제군륜 하소서

皇帝황제께서 知余好佛지여호불 하시고 而嘗爲余이상위여 하야 親言其事친
언기사시니라

185

◆ 앞에서 예를 들었던, 보살 성인들은 모두 부처님의 가르침을 받든 이
들이다. 내 이른바, 만일 부처님이 털끝만큼이라도 허망한 마음을 가지
고 있다고 한다면 어떻게 신통을 갖춘 성인을 포섭하여 굴복시킬 수 있
었겠는가.

如前所摭여전소척의 諸菩薩聖人제보살성인은 皆學佛者也개학불자야니라[516]

---

[516] 『고금도서집성 석교부휘고(古今圖書集成 釋教部彙考)』券第一:〈卍續藏經: 133-294상〉按
魏書釋老志 所謂佛者本號釋迦文者 譯言能仁.『위서(魏書)』의 「석노지(釋老志)」를 살펴보

余所謂여소위 하되 若使佛약사불 하야 有纖毫妄心유섬호망심 하면 則安能攝伏
於具神通聖人也즉안능섭복어구신통성인야리오

186

◆ 불교에 도안(道安)[517] · 혜원(慧遠)[518] · 도생(道生)[519] · 승조(僧肇) · 도융
(道融)[520] · 승예(僧睿)[521] · 진(陳)의 혜영(慧榮)[522] · 수(隋)의 법현(法

니, 소위 부처는 본래 석가모니라 불렀다. 번역하면 능인(能仁)을 말한다.〉

[517] 도안(道安:314~385)은 16국 시대 전진(前秦)의 고승으로 이제까지 서역 출신들에 의해
불교가 연구되던 것을 도안 때부터 중국인에 의한 불교의 연구가 시작되었으니 중국 초기
불교의 개척자이다. 승려는 모두 석 씨(釋氏)가 되어야 한다고 주장하였고, 경전을 해석할
때 서분(序分) · 정종분(正宗分) · 유통분(流通分)으로 나누어야 한다고 했으며, 승려생활의
규범을 정하기도 했다. 진왕(秦王) 부견(苻堅)이 군대를 동원하여 장안(長安)으로 모셔왔
다. 인수보살(印手菩薩)이라 불렀다. 도안이 양양(襄陽)에 있을 때에 재사(才士) 습착치(習
鑿齒)가 와서 '나는 사해습착치(四海習鑿齒)요.'라고 하자 도안이 '나는 미천석도안(彌天釋道
安)이요.'라고 대답하였다고 한다.

[518] 혜원(慧遠:334~416)은 동진(東晉) 때의 고승으로 도안(道安)을 찾아가 공부했고, 여산 백
련사(廬山 白蓮社)의 개조이다. 여산의 동림사(東林寺)에 살면서 법정(法淨) · 법령(法領)
등을 서역에 보내 범본(梵本)을 구했고, 계빈국 승려 승가파제(僧伽婆提)에게 청하여『아비
담심론(阿毘曇心論)』·『삼법도론(三法度論)』을 다시 번역하였고, 담마유지(曇摩流支)에게
청하여『십송율(十誦律)』을 완역하였다. 노장학(老莊學)에 정통하였다. 당 선종(唐宣宗)이
변각대사(辨覺大師)라고 시호(諡號)하였고, 송(宋) 태종(太宗)은 원오대사(圓悟大師)라고
시호하였다.『사문불경왕자론(沙門不敬王者論)』을 썼다.

[519] 도생(道生)은 남조송(南朝宋)의 고승, 축법태(竺法汰)를 따라 출가하고 위 씨(魏氏) 성을 축
(竺)으로 바꾸었다. 구마라집의 제자로 구마라집 문하의 사성(四聖) 또는 십철(十哲)로 꼽
혔다. 선불수보설(善不受報說) · 돈오성불설(頓悟成佛說) · 천제성불설(闡提成佛說)을 주장
하여 다른 이들의 배척을 받았으나『대반열반경(大般涅槃經)』이 번역되어 나오면서 그의
주장이 인정받게 되었다. 저서에『법화의소(法華義疏)』·『주유마경(註維摩經)』·『선불수보
의(善不受報義)』·『돈오성불의(頓悟成佛義)』·『법신무색론(法身無色論)』·『불성상유론(佛
性常有論)』이 있다.

[520] 도융(道融)은 도생(道生) · 승조(僧肇) · 승예(僧叡)와 함께 구마라집 문하의 4철(四哲)의
한 사람으로 저서에『법화경의소(法華經義疏)』·『대품경소(大品經疏)』·『금광명경의소(金光
明經義疏)』·『유마경소(維摩經疏)』·『십지론소(十地論疏)』등이 있다.

[521] 승예(僧睿)는 승예(僧叡)로 승현(僧賢)의 제자이며 구마라집에게『삼론(三論)』을 배웠다.
『성실론(成實論)』을 강의하여 구마라집의 칭찬을 받았다.『십이문론(十二門論)』·『소품경

顯)[523] · 양(梁)의 법운(法雲)[524] · 지문(智文)[525] 등과 같은 이들이 있는데, 그들 모두가 매일 수만 개의 말을 기억했고, 강의를 하면 하늘의 꽃이 설법하는 자리에 떨어졌으며, 돌멩이마저도 머리를 끄덕였다는데, 어찌 평범한 사람들이 감동하지 않겠는가.

釋석에 有유 하되 如彌天道安여미천도안과 東林慧遠동림혜원과 生생과 肇조와 融융과 睿예와 陳진의 慧榮혜영과 隋수의 法顯법현과 梁양의 法雲법운과 智文之徒지문지도도 하니 皆개가 日記數萬言일기수만언 하였고 講강 하면 則天華즉천화가 墜席추석 하였고 頑石완석이 點頭점두 하였으니 亦豈常人哉역기상인재리오[526]

187

◆ 이통현장자(李通玄長者)나 방온거사(龐蘊居士) 같은 이들 역시 성인의

(小品經)』·『선경(禪經)』·『대지도론(大智度論)』·『대품경(大品經)』·『법화경(法華經)』·『사익경(思益經)』·『자재왕경(自在王經)』등의 서문(序文)을 썼다.

522 혜영(慧榮)은 혜영(慧永:332~414)인 듯하다. 속성 반 씨(潘氏) 하내(河内) 사람, 혜원(慧遠)과 같이 도안(道安)의 제자가 되었다.

523 법현(法顯)은 파미르고원을 넘은 최초의 중국인으로『법현전(法顯傳)』또는『불국기(佛國記)』가 있다.

524 법운(法雲:465~527)은 남조양(南朝梁)의 스님으로 속성은 주 씨(周氏)인데, 처음 장엄사(莊嚴寺)에 있다가 천감연간(天監年間:502~519)에 광택사(光宅寺)의 사주(寺主)가 되었고, 보통연간(普通年間:520~526)에 대승정(大僧正)이 되었다. 승제(僧制)를 처음 만들었고, 승민(僧旻)·지장(智藏)과 함께 양대 삼대법사(梁代 三大法師)라 했다.

525 지문(智文)은 지장(知藏)과 승민(僧旻)을 말하는 것 같다. 지장(智藏:458-522)은 중국 송나라 승려로 속성은 고 씨(顧氏)이고,『반야경(般若經)』·『열반경(涅槃經)·『법화경(法華經)·『십지경(十地經)·『금광명경(金光明經)』·『성실론(成實論)』·『백론(百論)』·『아비담심론(阿毘曇心論)』등의 의소(義疏)가 있다. 승민(僧旻)은 속성이 손 씨(孫氏)로 479년에 출가하였다.

526 역기…재(亦豈…哉)에서 역(亦)은 의미 없는 어조사이고, 기(豈)는 반문을 나타내고 재(哉)와 호응하여 '어찌, 어떻게'의 뜻이다.

무리가 아니었겠나? 손사막(孫思邈)은[527] 『화엄경』을 사경(寫經) 하였고, 또한 스님을 청하여 『법화경』을 토론했다고 하며, 여동빈(呂洞賓)은[528] 참선하고 공양을 베풀었다는데, 그는 신선(神仙)이거늘 어찌 허망을 수긍하고 아무런 이익도 없는 일을 했겠는가. 하물며 오늘의 범부가 감히 방자하게 불법을 헐뜯고 배척하겠는가.

如李長者여이장자나 龐居士방거사도 非聖人之徒歟비성인지도여인저 孫思邈손사막은 寫華嚴經사화엄경 하고 又請僧우청승 하야 誦法華經송법화경 하였으며 呂洞賓여동빈은 參禪참선 하고 設供설공 하였으니 彼피는 神仙也신선야거늘 豈肯妄기긍망 하고 爲無益之事乎위무익지사호리오 況茲凡夫황자범부가 敢恣毀斥감자훼척이리오

188

◆ 다만 부처님의 말씀은 현실을 말하고 이상을 설명하며, 진실도 있고 방편도 있으며, 때로는 반쯤 설명하고 때로는 지루하게 말하며, 점진적인 깨달음을 설명하기도 하고 순간적인 깨달음을 말하기도 하나 각각 합당한 이치가 있다. 진실로 큰 믿음의 뿌리를 갖추지 않으면 미혹하지 않을 수 없다.

但佛之言단불지언은 表事표사 하고 表理표리 하며 有實유실 하고 有權유권 하며 或半혹반 하고 或滿혹만 하며 設漸설점 하고 設頓설돈 하나 各有攸當각유유당이니라 苟非具大信根구비구대신근 하면 未能無惑미능무혹 하니라

---

527 손사막(孫思邈:581~682)은 당의 의학자(醫學者)로 『천금방(千金方)』·『천금익방(千金翼方)』을 썼다.
528 여동빈(呂洞賓)은 당나라 때 경조(京兆) 사람이라 전해지며, 이름은 암(巖), 호는 순양자(純陽子)이고, 동빈(洞賓)은 자(字)이다. 신선이 되어 많은 기적을 남겼다는 전설적인 팔선(八仙)의 한 사람이다.

◆ 공자께서 괴력난신(怪力亂神)은 말씀하지 않는다고 하였듯이[529] 우리 유교에서는 귀신을 말하지 않지만 춘추(春秋)에는 진(晉)나라 위유(魏楡)라는 곳에서는 돌이 말을 하였다고 했고,[530] 괵(虢)나라의 신(莘)이라는 곳에 신(神)이 내렸다고 했으며,[531]『주역(周易)』에는 돼지가 등에 진흙을 진 것과 귀신을 수레에 가득 실은 것을 본다고 하였으니,[532] 이것이 이상하고 괴이한 것이 아니고 무엇이랴.

亦猶吾儒所謂역유어유소위 하되 子자는 不語怪力亂神불어괴력난신 하나 而春秋이춘추에 石言于晉석언우진 하였고[533] 神降於莘신강어신 하니라[534] 易역에 曰왈 하되 見豕負塗載鬼一車견시부도재귀일거라 하니 此차가 非神怪비신괴면 而何이하리오

529『논어(論語)』「술이편(述而篇)」, '공자께서는 괴력난신(怪力亂神)은 말씀하시지 않았다'[子不語 怪力亂神](禹玄民 譯解,『論語』, 韓國協同出版公社, 1983, 154쪽) ※괴(怪)는 비현실적(非現實的)이고 비이성적(非理性的)인 괴이(怪異)함을 말하고, 력(力)은 초인적(超人的)인 완력(腕力)으로 무력(武力), 폭력(暴力)을 말하며, 난(亂)은 사회질서를 파괴하는 반란(反亂), 난동(亂動), 무질서(無秩序)를 말하며, 신(神)은 비인간적(非人間的)인 귀(鬼)를 말한다.

530『춘추좌전(春秋左傳)』소공 8년(昭公八年)에 石言於晉魏楡 晉侯問於師曠曰 石何故言 對曰 石不能言 或馮焉…[晉의 위유(魏楡)라는 곳에서 돌이 말을 하였다. 진나라 임금이 사광(師曠)에게 묻기를 '돌이 어떻게 말을 하는가?'하니, 대답하기를, '돌은 말을 하지 못합니다. 다른 무엇이 붙어 있는 것입니다.]

531『춘추좌전(春秋左傳)』장공 32년(莊公三十二年)에 秋七月 有神降于莘…[가을 7월에 괵(虢)나라의 신(莘)이라는 곳에 신(神)이 내렸다]

532『주역(周易)』화택규(火澤睽) 상구(上九)에 '서로 엇갈리어 외롭다. 돼지가 등에 진흙을 진 것과 귀신을 수레에 가득 실음을 본다. 먼저는 활을 당겼으나 나중에는 활을 벗겨놓는다. 침공하려는 것이 아니라 혼인을 청하는 것이다. 가다가 비를 만나면 길할 것이다.'[睽孤 見豕負塗 載鬼一車 先張之弧 後說之弧 匪寇 婚媾 往遇雨則吉](徐相潤 譯解,『周易』, 韓國協同出版公社, 1983, 195~196쪽.)

533 석언(石言)은 신(神)이 돌에 붙어 말을 한다고 억지로 붙인 말이다.

534 신(莘)은 땅이름으로 지금의 하남성(河南省)에 있었던 춘추(春秋)때 괵(虢)의 땅.

◆ 맹자(孟子)는 이익[利]을 말하지 않지만[535] 좋은 가르침이 백성들의 재산을 얻는다고 했으며[536] 송나라에서는 더 비싼 금을 받았으니[537] 이것이 이익이 아니고 무엇이겠는가?

　　孟子맹자는 不言利불언리나 而曰이왈 하되 善敎선교가 得民財득민재라 하고 於宋어송에서 受兼金수겸금 하니 此차가 非利비리면 而何이하리오

◆ 대개 성인의 말씀은 방편에 따라 변화에 적응하므로 이치에서 벗어

[535] 『맹자(孟子)』 「양혜왕장(梁惠王章)」 상, '맹자께서 양(梁) 혜왕(惠王)을 만나시니 왕이 물었다. '노인(老人)께서 천리(千里)를 멀게 여기지 않고, 찾아오셨으니 역시 장차 우리나라에 이익(利益)을 주시려는 것입니까?' 맹자께서 대답하여 말씀하셨다. '왕께선 하필이면 왜 이익을 말씀하십니까. 오직 인의(仁義)가 있을 뿐입니다.'[孟子見梁惠王 王曰 叟不遠千里而來 亦將有以利吾國乎 孟子對曰 王何必曰利 亦有仁義而已矣](蔡義順 譯解, 『孟子』 韓國協同出版公社, 1983, 33~34쪽.)

[536] 『맹자(孟子)』 「진심장(盡心章)」 상, '인자한 말은 인덕(仁德)이 있다는 소문이 백성들에게 깊이 파고드는 것만은 못하다. 잘하는 정치는 잘 가르치는 것이 민심(民心)을 얻는 것만은 못하다. 선정(善政)은 백성들이 그것을 두려워하고 선교(善敎)는 백성들이 그것을 사랑한다. 그리하여 선정(善政)으로는 백성들의 재산을 얻고 선교(善敎)는 민심을 얻는다.'[仁言不如 仁聲之入人深也 善政不如善敎之得民也 善政民畏之 善敎民愛之 善政得民財 善敎得民心](蔡義順 譯解, 『孟子』 韓國協同出版公社, 1983, 355쪽.)

[537] 『맹자(孟子)』 「공손추장(公孫丑章)」 하, '진진(陳臻)이 맹자(孟子)에게 말하였다. '지난 날 제(齊)나라에 계실 때에는 왕이 좋은 황금 일백일(一百鎰)을 보내 왔는데 받지 않으셨고, 송(宋)에서는 칠십일(七十鎰)을 보내 왔었는데 받으셨고, 설(薛)에서는 오십일(五十鎰)을 보내 왔었는데 받으셨습니다. 지난날에 받지 않으신 것이 옳았다면 오늘날에 와서 받으신 것은 그릇된 것이고 오늘날에 와서 받으신 것이 옳았다면 지난날에 받지 않으신 것은 그릇된 것입니다. 선생께서는 반드시 이 둘 중의 어느 한 가지만을 택하셨어야 했습니다.'[陳臻問曰 前日於齊 王饋兼金一百而不受 於宋七十鎰而受 於薛 饋五十鎰而受 前日之不受是則今日之受非也 今日之受是則 前日之不受非也 夫子必居一於此矣](蔡義順 譯解, 『孟子』 韓國協同出版公社, 1983, 127~128쪽.) ※일(鎰)은 무게의 단위로 29냥(兩)또는 24냥(兩) 쌀 1되[升]의 24분의 1이라 한다.

나도 도리에 맞는 것이 있는데, 어찌 앞과 뒤가 다르거나 같은 말을 가
지고 성인의 경지에 대해 따질 수 있겠는가?

蓋聖人之言개성인지언은 從權종권 하야 適變적변 하니 有反常유반상이나 而
合道者이합도자거니 又安可以前後異同之言우안가이전후이동지언으로 議聖人
也의성인야리오

192

◆ 나와 뜻이 같은 여러 사람들은 다행하게도 부처님과 조사의 말씀에
대하여 자세하게 분석하고 확실하게 믿으면서 지식이나 경험을 참되게
쌓는 노력이 오래되면 자연히 그것을 깨달아 마침내는 거짓이 아니라는
사실을 경험하리라.

諸同志者제동지자는 幸於佛祖之言행어불조지언에 詳披諦信상피체신 하니
眞積力久진적력구 하면[538] 自當證之자당증지 하야 方驗不誣방험불무 하리라

193

◆ 세상 사람들이 비방하는 것을 나 홀로라도 바로 잡으려 한다. 그것은
마치 설거주(薛居州)[539] 혼자서 송(宋)나라의 왕을 어떻게 할 수 있겠느냐
고 한[540] 맹자의 말처럼 내 어찌 그와 같지 않겠는가?

[538] 진적(眞積)은 능력이나 지식, 또는 경험 등을 참되게 쌓는 것을 말한다.
[539] 설거주(薛居州)는 전국시대 송(宋)나라의 선사(善士)로 대불승(戴不勝)의 뜻에 따라 왕의
　　　처소에서 지내면서 왕을 보필하였다.
[540] 『맹자(孟子)』「등문공장(滕文公章)」하, ‘맹자(孟子)께서 대불승(戴不勝)에게 말씀하셨다.
　　　‘선생이 나라의 왕을 선(善)해지게 하고자 하시렵니까? 그렇다면 내가 분명히 선생께
　　　일러드리겠습니다. 만일 여기에 초(楚)나라의 대부(大夫)가 있어서 그 아들이 제(齊)
　　　나라 말을 하도록 하려면 제나라 사람을 시켜서 그를 가르치게 할 것입니까? 초나라
　　　사람을 시켜서 그를 가르치게 할 것 입니까?’ ‘제나라 사람을 시켜서 그를 가르치게 할

天下人천하인이 非之비지라도 而吾欲正之이오욕정지 하니 正如孟子所謂정여맹자소위 하되 一薛居州일설거주가 獨如宋王독여송왕을 何하리오하니 余여가 豈有他哉기유타재리오

194

◆ 다만 공적인 것을 위해서 개인적인 것을 희생해서라도 모든 사람들로 하여금 얻기 어려운 이 몸으로 위없는 깨달음을 얻을 수 있다는 것을 알아 각자마다 자신의 보배창고를 인식하고 미친듯한 마음을 스스로 쉬도록 하려는 것뿐이다. 지극히 맑고 밝은 마음은 남들을 따라 얻는 것이 아니거늘 내 어찌 그들을 미워하겠는가?

但欲以公滅私단욕이공멸사라도 使一切人사일체인 하야 以難得之身이난득지신으로 知有無上菩提지유무상보리 하야 各識自家寶藏각식자가보장 하고 狂情自歇광정자헐이로다 而勝淨明心이승정명심은 不從人得也부종인득야거늘 吾何畏彼哉오하외피재리오

것입니다.''제나라 사람이 혼자 가르치고 초(楚)나라 사람 여럿이 그에게 떠들어댄다면 비록 매일같이 때려주면서 그가 제나라 말을 하도록 요구할 지라도 그것을 해내지 못할 것입니다. 또한 그를 끌어다가 수년 동안 제나라의 장(莊), 악(嶽)거리에 놓아둔다면 비록 매일같이 때려주면서 그가 초(楚)나라 말을 하도록 요구할지라도 그것을 해내지 못할 것입니다. 선생께서는 설거주(薛居州)를 선한 선비라 하여 왕이 있는 곳에 거처하게 했습니다. 왕이 있는 곳에 있는 사람들이 어른, 아이, 낮은 사람, 높은 사람 할 것 없이 다 설거주(薛居州)와 같다면 왕이 누구와 더불어 선(善)하지 못한 짓을 할 수 있겠습니까? 왕이 있는 곳에 있는 어른, 아이, 낮은 사람, 높은 사람 할 것 없이 다 설거주(薛居州)와 같지 않다면 왕이 누구와 더불어 선(善)한 일을 할 수 있겠습니까? 설거주 혼자서 송(宋)나라의 왕을 어떻게 할 수 있겠습니까.?'[孟子謂載不勝曰 子欲子之王之善與 我明告子 有楚大夫於此 欲其子之齊語也則使齊人傳諸 使楚人傳諸 曰使齊人傳之 曰 一齊人傳之 衆楚人咻之 雖日撻而求其齊也 不可得矣 引而置之莊嶽之間數年 雖日撻而求其楚 亦不可得矣 子謂薛居州 善士也 使之居於王所 在於王所者 長幼卑尊 皆薛居州也 王誰與爲不善 在王所者 長幼卑尊 皆非薛居州也 王誰與爲善 一薛居州 獨如宋王何](蔡義順 譯解,『孟子』韓國協同出版公社, 1983, 177~178쪽.)

195

◆ 혹자는 말하되, 천당도 거짓말이요 지옥도 진실한 말이 아니라 하는데, 어찌 이토록 어리석을 수 있는가?

或云혹운 하되 天堂천당은 是妄造시망조요 地獄지옥도 非眞說者비진설자야라 하니 何愚如此하우여차리오

196

◆ 부처님이 말씀하시기를, 육도윤회(六道輪廻)의 길에서 사람[人]과 천상[天]과 귀신[鬼]과 축생[畜]은 불을 보듯 분명히 알 수 있다고 했다. 육도(六道) 중에 네 가지는 이미 분명해 졌으나 수라(修羅)나 지옥(地獄), 이 두 가지 길은 오직 범부의 육안(肉眼)으로 볼 수가 없다고 해서 어찌 거짓이라 하겠는가. 단지 신기하고 괴이한 일이라 하더라도 어느 세상인들 그것이 없었으랴.

佛불이 言언 하되 六道육도에서 而人이인이나 天천이나 鬼귀나 畜축은 灼然작연 하야 可知가지로니 四者사자는 旣已明矣기이명의로다 唯修羅유수라와 地獄지옥 등 二道이도는 但非凡夫肉眼可見耳단비범부육안가견이라 하야 豈虛也哉기허야재리오 只如神怪之事지여신괴지사 하야 何世無之하세무지리오

197

◆ 또한 역사책이나 주석서(註釋書)에 실려 있는 기록들을 널리 훑어보더라도 어떻게 귀로 듣고 눈으로 보는 것을 없다고 하겠는가. 설사 어리석은 이라 할지라도 그런 것이 있다는 것을 알 터요, 대부분의 사람들은 이것을 믿고 있다. 만약 그것을 의심하는 자가 있다고 하더라도 이런 이는 하루 내내 열을 세면서도 둘에 다섯을 곱하면 열이 된다는 것을 알지

못하는 것과 같거늘 그런 자를 현명하다고 말하겠는가.

亦涉史傳之載錄역섭사전지재록이라도[541] 豈無耳目之聞見기무이목지문견 하
리오 雖愚者수우자라도 亦知其有矣역지기유의요 人인이면 多信於此다신어차니
라 而疑於彼者이의어피자라도 是시는 猶終日數十유종일수십이나 而不知二五
也이부지이오야니 可謂賢乎가위현호리오

198

◆ 진(晉)나라 혜제(惠帝) 때 왕부(王浮)라는[542] 사람이 거짓으로 『노자화호
경(老子化胡經)』이란 책을 지었으니,[543] 아마도 부처님이 주(周)나라 소왕
(昭王) 24년에 태어나 목왕(穆王) 52년에 돌아가셨다는 것을 모르기 때문
인 것 같다.[544]

晉진의 惠帝時혜제 시에 王浮왕부가 僞作化胡經위작화호경 하니 蓋不知佛
生於周昭王二十四年개부지불생어주소왕이십 사년 하야 滅於穆王五十二年멸
어목왕오십 이년이니라

541 전(傳)은 경서(經書)의 글을 주해(註解)한 글을 말한다.

542 왕부(王浮)는 진(晉)나라 혜제(惠帝:재위290~306)때 도사(道士)로 일찍이 백법조(帛法祖)
와 불교에 대하여 논쟁을 하였는데, 백법조에게 논쟁에서 패배한 것이 분하여 서역전(西域
傳)을 고쳐서 '노자가 일찍이 인도에 들어가 석가모니 부처님을 교화하였다는 내용의 『노
자화호경(老子化胡經)』을 위작(僞作)하였다.〈晉世雜錄云 道士王浮 每與沙門帛遠抗論 王浮
屢屈焉 遂改換西域傳爲化胡經:『변정론(辯正論)』제5:〈52-522중〉.

543 에릭 쥐르허 저/최연식 역『불교의 중국정복』(도서출판 씨 아이 알, 2011) 581쪽에는 '따라
서 화호경 은 290년에서 304년 사이에 위조되었음이 틀림없다'고 하였고, 586쪽에는 '당나
라 고종 때인 668년에 화호경 은 금서로 정해졌다. 하지만 696년에는 도사들이 측천무후
를 설득하여 이 결정을 철회시켰다. 9년 후인 705년에는 승려 혜징(慧澄)이 이 책의 금지를
요구하는 상주문을 올렸고, 같은 해에 친도교적 관료들의 항의에도 불구하고 화호경 및 비
슷한 성격의 다른 문헌들이 다시 공식적으로 금지되었다. 하지만 이러한 금지는 성공하지
못하였고, '화호' 문헌들은 송나라 때에 이르러 더욱 발전하였다.'고 한다.

544 주 소왕(周昭王) 24년은 B.C. 1028년이고, 목왕(穆王) 52년은 B.C. 949년이다. 그리고 노자
가 태어났다는 정왕(定王) 3년은 B.C. 604년이다.

◆ 공(恭)[545] · 의(懿) · 효(孝) · 이(夷) · 여(厲) · 선(宣) · 유(幽) · 평(平) · 환(桓) · 장(莊) · 희(僖) · 혜(惠) · 양(襄) · 경(頃) · 광(匡) · 정(定) 등 열여섯 분의 왕을 지나서,[546] 부처님이 돌아가시고 242년[547] 후인 정왕(定王) 3년에 이르러서야 드디어 노자(老子)가 태어났다.[548]

[545] 이들 열여섯 분의 왕은 주(周) 왕조의 왕으로 공(恭)은 공(共)의 오기(誤記)인 것 같다.

[546] 이들 열여섯 왕들의 재위기간은 다음과 같다. 공왕(共王) B.C. 946~935 의왕(懿王) B.C. 934~910 효왕(孝王) B.C. 909~895 이왕(夷王) B.C. 894~879 여왕(厲王) B.C. 878~828 선왕(宣王) B.C. 827~782 유왕(幽王) B.C. 781~771 평왕(平王) B.C. 770~720 환왕(桓王) B.C. 719~697 장왕(莊王) B.C. 696~682 희왕(僖王) B.C. 681~677 혜왕(惠王) B.C. 676~652 양왕(襄王) B.C. 651~619 경왕(頃王) B.C. 618~613 광왕(匡王) B.C. 612~607 정왕(定王) B.C. 606~586이다.

[547] 242년이 아니라 345년이라야 맞는다.

[548] 송(宋)의 지반(志磐)이 편찬한『불조통기(佛祖統紀)』제38:〈49-355하〉에는 다음과 같이 전하고 있다. 북위(北魏) 효명제(孝明帝) 정광원년(正光元年) 즉 서기 520년에 도교(道敎)의 청도관(淸道觀) 도사(道士) 강빈(姜斌)과 융각사(融覺寺) 스님 담무최(曇無最) 사이에 노자(老子)와 부처님이 누가 먼저 태어났느냐를 가지고 논쟁하다가 강빈이 논쟁에 져서 마읍(馬邑)이란 곳으로 귀양을 갔다. 이때 도사 강빈이 말하기를,『개천경(開天經)』에 노자는 정왕(定王) 3년(B.C. 604)에 태어나 85세에 서쪽으로 가서 호(胡)로 화현하여 부처를 시자로 삼았다고 하자, 담무최가 말하기를, 우리 부처님은 소왕(昭王) 26년에 태어나 목왕(穆王) 52년에 돌아가셨다. 그러니까 부처님이 돌아가시고 정왕(定王) 3년 까지는 무려 345년이나 지나 노자가 태어난 것이니 노자가 호인으로 화현했다는 말은 기만이 심한 것이 아니겠는가라고 반박하였다. 황제가 많은 신하들에게 누구의 주장이 맞고 틀리는지를 자세히 따져 정하도록 했고, 태위(太尉) 소종(蕭綜) 등이『개천경(開天經)』은 위경(僞經)이고, 죄는 많은 사람들을 미혹하게 한 것에 해당한다고 탄핵하여 황제에게 보고하였다. 황제는 강빈을 마읍(馬邑)으로 유배시켰다.
※여기서 주 정왕(周定王) 3년은 기원전 604년이고, 주 소왕(周昭王) 26년은 기원전 1026년이며, 주 목왕(周穆王) 52년은 기원전 949년이니, 노자는 부처님보다 422년 늦게 태어난 셈이며, 부처님이 돌아가시고 345년 뒤에 태어난 셈이다. 그러나 부처님이 주 소왕 26년, 즉 B.C. 1026년에 태어났다는 것도 역사적 사실과 맞지 않고, 노자가 주 정왕 3년, 즉 B.C.604년에 태어났다는 것도 억설에 지나지 않는다. 그가 실재인물인지조차 의심스럽다고 하는 학자도 왕왕 있을 정도다. 사마천(司馬遷)의『사기(史記)』「노자한비자열전(老子韓非子列傳)」에 노자는 초(楚)나라 고현(苦縣) 여향(厲鄕) 곡인리(曲仁里) 사람으로 성은 이씨(李氏)이고, 이름은 이(耳)이며, 자는 백양(伯陽)이고, 시호(諡號)는 담(聃)이다. 그는 주나

歷恭역공과 懿의와 孝효와 夷이와 厲려와 宣선과 幽유와 平평과 桓환과 莊장과 僖희와 惠혜와 襄양과 頃경과 匡광과 定정 등 一十六王일십육왕 하고 滅後二百四十二年멸후이백 사십 이년 하야 至定王三年지정왕 삼년에 方生老子방생 노자니라[549]

노자화호설

노자화호설에 대해서는 최연식 교수가 번역한 에릭 쥐르허의 『불교의 중국 정복』 제6장에 자세하게 언급되어 있다.[550]

고환(顧歡)은 『이하론(夷夏論)』에서 '공자나 노자가 부처가 아니라면 누가 부처이겠는가? 도교는 불교이고 불교는 곧 도교이다'라고 하였는

라의 장서를 관리하는 사관이었다. 공자가 주나라에 머무를 때 노자에게 예(禮)를 묻자 노자는 이렇게 대답했다.

'당신이 말하려는 그 성현들은 이미 뼈가 다 썩어 없어지고 오직 그 말만이 남아 있을 뿐이오. 또 군자는 때를 만나면 관리가 되지만, 때를 만나지 못하면 바람에 이리저리 날리는 다북쑥처럼 떠돌이 신세가 되오. 훌륭한 성인은 물건을 깊숙이 숨겨두어 아무 것도 없는 것처럼 보이게 하고, 군자는 아름다운 덕을 지니고 있지만 모양새는 어리석은 사람처럼 보인다고 나는 들었소. 그대는 교만과 지나친 욕망, 위선적인 표정과 끝없는 야심을 버리시오. 이러한 것들은 그대에게 아무런 도움도 되지 않소. 내가 그대에게 할 말은 다만 이것뿐이오' 공자는 돌아와서 제자들에게 이렇게 말했다.

'새는 잘 난다는 것을 나는 알고, 물고기는 헤엄을 잘 친다는 것을 나는 알며, 짐승은 잘 달린다는 것을 나는 안다. 달리는 짐승은 그물을 쳐서 잡을 수 있고, 헤엄치는 물고기는 낚시를 드리워 낚을 수 있고, 나는 새는 화살을 쏘아 잡을 수 있다. 그러나 용이 어떻게 바람과 구름을 타고 하늘로 올라가는지 나는 알 수 없다. 오늘 나는 노자를 만났는데, 그는 마치 용 같은 존재였다.' 〈사마천 지음 김원중 옮김, 『사기열전』1, 민음사, 2011, 81~82쪽.〉

[549] 청(淸)나라 때 초명(超溟)이 쓴 『만법귀심록(萬法歸心錄)』〈卍續藏經: 114-810상〉에는 '佛生於周昭王二十六年甲寅 滅於穆王五十三年壬申 歷恭懿孝夷厲宣幽平桓莊僖惠襄項匡定共十六王 滅後三百四十四年 定王三年方生老子'라고 하였다.

[550] 『불교의 중국 정복』은 2010년에 도서출판 씨 · 아이 · 알이 발행하였다.

데,[551] 바로 이런 것이 승우(僧祐:444~518)가 말하는 '좌도(左道)들이 교묘한 말로 같은 법이라고 이끌어 들이는 붉은색과 보라색을 분별할 줄 모르는 혼란'이 아니겠는가.[552]

배자야(裴子野)의 『고승전』에 이르기를, 진(晉) 혜제(惠帝: 재위290~306) 때 사문 백원(帛遠: 字가 法祖)이 늘 좨주(祭酒) 왕부(王浮:일설에는 道士)가 공구(公求)에 터를 잡고 함께 정사(正邪)의 논쟁을 하였는데, 왕부가 누차에 굴복했다. 이에 화를 참지 못하고 마침내 『서역전』에 의탁하여 『화호경』을 만들어서 불법을 왜곡하여 당시에 유행시켰으나 아는 사람이 없었다고 한다.

원굉(袁宏)의 『후한기』나 황보밀(皇甫謐)의 『고사전(高士傳)』 등을 살펴봐도 모두 노자가 오랑캐를 교화하고 부처가 되었다는 글은 없다고 한다.[553]

----

551 『홍명집(弘明集)』제7:〈52-45하〉孔老非佛誰則當之 道則佛也 佛則道也.
552 『弘明集』序文:〈52-1상〉巧言左道 則引爲同法… 引有朱紫之亂.
553 『集沙門不應拜俗等事』卷五:〈52-470상 脚註〉裴子野高僧傳云 晉惠帝時沙門帛遠字法祖每 與祭酒王浮一云道士基公求共諍邪正 浮屢屈焉 旣瞋不自忍 乃託西域傳爲化胡經 以誣佛法 遂行於代 人無知者… 又案袁宏後漢記皇甫謐高士傳等 竝無老子化胡作佛之文.〈배자야의 고승전에 이르기를, 진(晉)나라 혜제(惠帝) 때 사문 백원(帛遠)은 자(字)를 법조(法祖)라 하였는데, 언제나 좨주(祭酒) 왕부(王浮)-〈일설에는 도사(道士)라고 함〉-와 공구(公求)에 터를 잡고 정사(正邪)의 논쟁을 벌였는데 왕부가 여러 번 무릎을 꿇었다. 그는 노여워하면서 스스로 참지 못하고 마침내 서역전(西域傳)에 의탁하여 화호경(化胡經)을 만들어 불법(佛法)을 왜곡하여 드디어 그 시대에 유행했으나 아는 사람이 없었다.… 또 원굉(袁宏)의 후한기(後漢記)와 황보밀(皇甫謐)의 고사전(高士傳) 등을 고찰해 보아도 노자(老子)가 오랑캐를 교화하면서 부처가 되었다는 글은 없다.〉

◆ 노자가 서역(西域)에 도달했을 때는 불법(佛法)이 멀리 오천축(五天竺)에 퍼졌을 뿐만 아니라[554] 인접한 모든 나라에 까지 보급되어 천하에 널리 소문이 난지 이미 3백여 년이 되었는데, 어떻게 부처님이 노자(老子)가 와서 교화하기를 기다렸다는 것인가.[555]

過流沙時과유사 시는[556] 佛法불법이 遐被五天竺하피오천축 하고 及諸隣國급제린국 하야 著聞天下저문천하 하고 已三百餘年矣이삼백여 년의거늘 何待老子化胡哉하대노자화호재리오

◆ 여하경(呂夏卿)은[557] 『팔사경(八師經)』[558] 서문(序文)에

'소인(小人)은 형벌과 감옥의 두려움은 알지 못하면서도 지옥의 비참함만은 겁을 낸다. 비록 살아서는 세상을 속일 수도 있지만 죽어서는 역시 지옥에 떨어지는 것을 면하지 못한다고 생각하기 때문이다. 요즘 어

---

554 오천축(五天竺):천축(天竺)은 중국의 한(漢)나라 때부터 오늘의 인도를 부르던 말이다. 오천축은 인도에 있었던 다섯 나라를 의미하지만 통틀어 인도를 뜻한다.

555 『집사문불응배속등사(集沙門不應拜俗等事)』제5:〈52-470상 각주(脚註)〉에 前漢哀帝元狩中 秦景使月氏 國王令太子口授於景 所以浮圖經教前漢早行 後六十三年 明帝方應瑞夢也 秦景傳經不云老子化胡〈전한의 애제가 정월달에 순시하는 중에 진경(秦景)을 월지국에 사신으로 보냈다. 그곳 왕이 태자를 시켜 진경(秦景)에게 입으로 전수케하였다. 그런 까닭에 불교는 전한(前漢)에 일찍이 행해졌다고 하겠는데, 그후 63년이 지나 명제(明帝)가 비로소 상서로운 꿈에 감응한 것이다. 진경(秦景)이 전한 경(經)에는 노자화호(老子化胡)는 언급하지 않았다.

556 유사(流沙)는 사막의 모래가 항상 바람을 따라 유동하는 것을 뜻하지만 여기서는 서역(西域)을 말한다. 보다 구체적으로 말하면 중국 서쪽의 고비사막을 의미한다.

557 여하경(呂夏卿)은 송(宋)의 진강(晉江) 사람으로 자(字)는 진숙(縉叔)으로 당서(唐書)를 편수하였다. 벼슬은 비서각동지예원(秘書閣同知禮院)을 거쳐 대신(大臣)이 되었다.

558 『팔사경(八師經)』은 오월지국(吳月支國) 거사(居士) 지겸(支謙)이 번역한 『불설팔사경(佛說八師經)』〈14-965〉을 말한다.

떤 사람은 어쩌면 남보다 뛰어난 언변으로 충분히 사람들을 도탄(塗炭)
에 빠뜨릴 수 있으면서도 감히 그렇게 하지 못하는 것은 지옥이 있어서
과보를 피할 수 없다고 생각하기 때문이다. 만약 천하 사람들이 일의 크
고 작음을 따질 것도 없이 거기에는 인과(因果)가 있다고 생각하기 때문
에 계속해서 감히 스스로 마음을 속일 수 없도록 하고, 중생들의 마음을
잘 보호하여 사람마다 침해하여 욕보이고 싸워서 빼앗는 풍속을 없앤다
면 형벌을 두고 쓰지 않아도 극도로 잘 다스려지는 세상이 어찌 되지 않
겠는가?'라고 하였다.[559]

따라서 부처님은 천하에 아무 소용이 없다는 말을 나는 믿지 않는다.

呂夏卿여하경이 序八師經서팔사경에 曰왈 하되

小人소인은 不知刑獄之畏부지형옥지외나 而畏地獄之磣이외지옥지참이니라
雖生得수생득에 以欺於世이기어세나[560] 死사에 亦不免於地下矣역불면어지하의
니라

今有人焉금유인언에 姦雄氣焰간웅기염 하야[561] 足以塗炭於人족이도탄어인이
나[562] 而反不敢爲者이반불감위자는 以有地獄報應이유지옥보응을 不可逃也불가
도야니라

若使天下之人약사천하지인이 事無大小사무대소 하야 以有因果之故이유인과

---

559 『삼교평심론(三教平心論)』上:〈52-786상〉 呂夏卿得八師經曰 小人不畏刑獄而畏地獄. 若使
天下之人事無大小以有因果不敢自欺其心. 無侵陵爭奪之風, 則豈不刑措而爲極治之世乎. 由
是觀之, 則釋教之有裨於世教也大矣.

560 이(以)는 '여기다, …하다고 생각하다'라는 뜻이다.

561 간웅(姦雄)은 시비를 흐리는 달변가, 또는 속임수와 말재주로 높은 지위를 얻은 사람을 말
하고, 기염(氣焰)은 불이 타오르기 시작할 때의 형세로 사람이나 사물의 위세나 성세(聲勢)
를 비유한다. 그러니까 간웅기염(姦雄氣焰)은 남의 판단을 흐리는 말재주가 불길처럼 왕성
하다는 의미이다.

562 족이(足以)는 조동사로서 능력이 있거나 어떤 일을 할 조건이 갖추어져 있음을 나타내고
동사 앞에 쓰여 '충분히…할 수 있다'라고 해석한다.

지고로 比不敢自欺其心비불감자기기심 하고[563] 善護衆生之念선호중생지념 하야 各無侵凌爭奪之風각무침릉쟁탈지풍 하면[564] 則豈不刑措즉기불형조라도[565] 而爲 極治之世乎이위극치지세호리오

謂佛無益於天下者위불무익어천하자를 吾不信矣오불신의니라

202

◆ 살필지어다! 인간과 천상의 길에는 복(福)이 우선이고, 나고 죽음의 바다에선 도(道)를 닦는 것이 시급하다. 인간과 천상을 기뻐하고 즐거워 하면서도 복(福)을 닦지 않고, 나고 죽음을 벗어나려고 하면서도 도(道)를 밝히려 하지 않으니, 이는 마치 날개 없는 새가 하늘을 나르려는 것 이요, 뿌리 없는 나무가 무성해 지기를 바라는 것과 같으니, 어떻게 가능 하겠는가.

諒哉양재로다 人天路上인천로상에 以福爲先이복위선 하고 生死海中생사해중에 修道是急수도시급이니라 今有欲快樂人天금유욕쾌락인천이나 而不植福이불식복 하고 出離生死출리생사 하나 而不明道이불명도 하니 是시는 猶鳥無翼유조무익이 而欲飛이욕비요 木無根목무근이 而欲茂이욕무거니 奚可得哉해가득재리오

203

◆ 예나 지금이나 오복(五福)을 누리는 것이 선행(善行)의 보답이 아니면

---

[563] 비(比)는 부사로서 동작 행위가 한 차례 또 한 차례 계속되는 것을 나타낸다. 예문: 人有賣駿馬者 比三旦立市 人莫之知[좋은 말을 팔려고 나온 사람이 있었는데, 계속해서 3일 아침 동안 시장에 서 있었지만 사람들은 그가 무엇을 하는지 알지 못했다]
[564] 침릉(侵凌)은 남을 침해하여 욕보임, 침릉(侵陵)도 같은 뜻이다.
[565] 형조(刑措)는 형법을 두고도 쓰지 않음. 나라가 잘 다스려져서 죄인이 없음을 비유.

무엇이란 말이며, 어린아이가 육극(六極)을[566] 만나는 것이 악행의 과보
가 아니면 무엇이란 말이냐? 이 모두가 과거에 닦았던 것을 오늘에 갚음
을 받는 것임을 어찌 믿지 않는가.

古今고금에 受五福者수오복자가 非善報비선보라면 而何이하며 嬰六極者영
육극자가 非惡報비악보면 而何이하리오 此차가 皆過去所修개과거소수를 而於
今이어금에 受報수보임을 寧不信哉영불신재리오

204

◆ 일찍이 동료(同僚)가 나에게 말하기를, '불교의 계는 사람들에게 고기
를 먹지 말라고 했는데, 사리에 맞지 않는 것이 아니냐'며 , '잠시 공(公)
과 자세히 토론해 보려 한다. 닭은 울어서 새벽을 알리고, 살쾡이는 쥐를
잡고, 소는 애써 밭을 갈고, 말은 걷는 것을 대신하고, 개는 집을 지키니,
마땅히 죽이지 않는 것이 옳겠지만 돼지나 양, 거위나 오리, 물고기들은
본래 부엌으로 가는 것들이라 정말로 죽이지 않게 되면 번식이 지나쳐
서 해가 될 것이니, 장차 어찌 관리 할 것이냐'고 말했다.

曾有同僚증유동료가 謂余위여 하야 曰왈 하되 佛之戒불지계는 人不食肉味인
불식육미 하니 不亦迂乎불역우호라 하며 試시 하야 與公여공과 詳論之상론지니라
雞之司晨계지사신 하고[567] 狸之捕鼠리지포서 하고 牛之力田우지력전 하며 馬之
代步마지대보 하고 犬之司禦견지사어 하니 不殺불살이 可也가야나 如猪여저나

---

566 『서경(書經)』 주서(周書) 「홍범(洪範)」에 六極 一曰 凶短折 二曰疾 三曰憂 四曰貧 五曰惡
　　 六曰弱이라 하였는데, 재난을 당해 죽는 것은 흉(凶)이고, 나이 60세 전에 죽는 것은 단(短)
　　 이며, 30세 전에 죽는 것은 절(折)이라 한다. 질(疾)은 병(病)으로 신음하는 것이고, 우(憂)
　　 는 근심 걱정이며, 빈(貧)은 가난을 말하고, 악(惡)은 추한 몸차림으로 생활하는 것을 말하
　　 며, 약(弱)은 병은 없지만 허약함을 뜻한다.
567 사신(司晨): 수탉이 울어 새벽을 알림.

羊양이나 鵝아나 鴨압이나 水族之類수족지류는 本只供庖廚之物본지공포주지물이거늘 苟爲不殺구위불살 하면 則繁植즉번식 하야 爲害위해 하거니 將安用哉장안용재리오

205

◆ 나는 대답하기를, '그렇지 않다. 그대가 아직 불법의 이치를 잘 모르니, 내 그대를 위해 그 대략(大略)을 말하리라. 선과 악에 대한 갚음을 받음은 분명하고 뚜렷하게 나타나지만 오직 부처님의 천안통(天眼通)이나 숙명통(宿命通)이라야 그것을 능히 알 수 있고, 지금도 악도(惡道)는 쉬지 않고 있어서 삼도(三塗)는[568] 늘 물이 끓듯이 떠들썩하게 일어나고 있다고 하는데, 진실로 일리가 있다고 생각한다. 일체 생명들이 돌고 돌며 서로 씹고 삼키는 것은 지난날 서로 빚졌던 것을 은연중에 서로 갚는 것이다. 어찌 그렇지 않겠는가.

余여가 曰왈 하되 不然불연이니라 子자는 未知佛理者也미지불리자야니라 吾當爲子오당위자 하야 言其涯略언기애략 하리라[569] 章明較著善惡報應장명교저선악보응이나[570] 唯佛以眞天眼宿命通유불이진천안숙명통이라야 故能知之고능지지 하고 今금에도 惡道악도는 不休불휴 하야 三塗삼도가 長沸장비라 하니 良有以也양유이야니라[571] 一切衆生일체중생이 遞相吞噉체상탄담은 昔석에 相負상부 하야 而冥相償이명상상이니라 豈不然乎기불연호인저

---

568 삼도(三塗)는 삼도(三途)라고도 하며, 화도(火塗), 도도(刀塗), 혈도(血塗)로 지옥, 아귀, 축생을 말한다. 삼도(三道)나 삼악취(三惡趣)라고 말하기도 한다.
569 애략(涯略): 대략, 개요.
570 장명교저(章明較著):분명하고 뚜렷하게 나타남.
571 유이(有以)에서 이(以)는 '여기다. …하다고 생각하다'라는 뜻이다.

◆ 또한 업보에 따라서 몸뚱이가 큰 중생이 있으니 고래, 바다 큰 거북, 사자, 코끼리, 큰 구렁이, 큰 물고기, 커다란 새와 같은 부류가 이것이고, 몸뚱이가 작디작은 중생이 있으니 모기, 파리, 초명(蟭螟)[572], 땅강아지, 개미, 벼룩, 이 등과 같은 부류가 이것이다. 등급과 부류는 크고 작음이 비록 다르지만 하나의 성품을 고루 갖추었다는[573] 점에서는 다르지 않다.[574] 비록 사람이 가장 신령스럽다고 하지만 그 역시 특별한 하나의 부류일 뿐이다.

且有大身衆生차유대신중생 하니 如鯨여경과 鼇오와 師사와[575] 象상과 巴蛇파사와 鯤곤과 鵬之類붕지류가 是也시야며 細身衆生세신중생은 如蚊여문과 蚋예와 蟭螟초명과 螻루와 蟻의와 蚤조와 蝨之類슬지류가 是也시야니라 品類품류는 巨細거세 하야 雖殊수수나 均具一性也균구일성야니라 人雖最靈인수최령이라 하나 亦只別爲一類耳역지별위일류이니라

◆ 만일 선행을 쌓고 덕을 밝히며 마음을 알아 도를 깨닫지 못하여 무지 몽매할지라도 좋아하고 욕심내는 데는 힘쓸 줄 알기 때문에 이삼 십 년이란 어느 사이에 이런저런 악업(惡業)의 습기(習氣)가[576] 이루어졌으니

---

572 초명(蟭螟):전설상의 아주 작은 벌레.
573 당(唐)나라 때 도성(道誠)은 『석가여래성도기주(釋迦如來成道記註)』〈卍續藏經:130-230상〉에서 하나의 성품이란 불성[一性者佛性也]이라고 했다.
574 『대반열반경(大般涅槃經)』제18:〈12-727중〉에 '비록 인간과 짐승이 존엄하고 비천함의 차별은 있지만 생명을 보존하고 죽기를 두려워함에는 둘 다 다를 것이 없다[雖復人獸尊卑差別 保命畏死二俱無異]고 하였다.
575 사(師)는 사야(獅也).
576 악업습기(惡業習氣)란 나쁜 행동을 하는 것이 습관이 되고 쉽게 바뀌지 않는 기질(氣質)이

저 축생들과 견주어 무엇이 다르겠는가.

儻不能積善明德당불능적선명덕 하고 識心見道식심견도 하야 瞀瞀然무무연이
나[577] 以嗜慾이기욕으로 爲務위무 하야 成就種種惡業習氣성취종종악업습기 하나
니 於倏爾三二十年之間어숙이삼이십년지 간에[578] 則與彼즉여피와 何異哉하이
재리오

208

◆ 또한 가루라왕(迦樓羅王)은[579] 날개를 펴면 길이가 336만 리(里)이고,
아수라왕(阿修羅王)은[580] 몸길이가 8만 4천 유순(由旬)이라고 한다.[581] 그것
으로 살펴보건대, 인간 또한 터럭 끝에 맞먹지 않을 뿐인데 어찌 생각과
계책의 차이로 심식(心識)이[582] 가장 신령스러움을 뽐내면서 몸집이 아주

되었다는 뜻이다. 『성실론(成實論)』제1:〈32-240하〉에 중생들은 오랫동안 좋아하는 것을
익혀 성품을 이룬다[衆生久習所樂則成其性]고 하였다.

577 무무(瞀瞀):눈이 어두움, 혼미한 모양. 눈을 내리뜨고 공손하게 보는 모양. 무지몽매한 모양.

578 숙이(倏爾)는 갑자기, 문득이란 뜻이다.

579 가루라는 범어 가루다(garuḍa)의 음역이고, 천룡팔부(天龍八部)의 하나이다. 불경에 나오
는 상상의 큰 새로 매와 비슷한 머리에 여의주가 박혀 있으며, 금빛 날개의 길이가 펴면
336만 리나 되고, 몸은 사람을 닮고 불을 뿜는 입으로 용(龍)을 잡아먹는다고 한다. 금시조
(金翅鳥)라고도 한다.

580 아수라(阿修羅)는 인도 신화에 나오는 귀신의 하나인데, 불교에서는 무주신(無酒神)·무선
신(無善神)이라 이름을 붙였다. 아수라는 범어 아수라(Asura)의 음역이고, 의역하여 부단
정(不端正)·무주(無酒)·비천(非天)이라 한다.

581 유순(由旬)은 요자나(yojana)의 번역으로 황소가 멍에를 걸고 하루에 가는 거리라고 했다.
7마일(mile)이라하기도 하고 9마일(mile)이라 보기도 한다.

582 심식(心識)이란 심즉식(心卽識)으로 마음을 말하는데, 이 마음은 외부세계를 인식하는 마
음을 의미한다. 이 식(識)은 지(知)를 말한다. 이 지(知)는 마음의 본질(以知爲心體)이라고
했다.[『종경록(宗鏡錄)』78:〈48-846상〉] 그런데, 이 분별하는 지(知)에 대한 견해가 다르니,
당나라 때의 하택신회(荷澤神會)는 '지지일자 중묘지문(知之一字 衆妙之門)'이라 하여 마음
이 가지고 있는 분별하고 따지는 인식능력을 긍정적으로 보았던데 비하여 송(宋) 나라 때
임제종(臨濟宗)의 황룡사심(黃龍死心)과 같은 이는 '지지일자 중화지문(知之一字 衆禍之門)'

작고 왜소하며 신령스럽지 못한 다른 부류를 업신여겨 멋대로 살육(殺
戮)을 저지르겠는가.

且迦樓羅王차가루라왕은 展翅전시 하면 闊활이 三百三十六萬里삼백 삼십 륙
만 리요 阿修羅王아수라왕은 身長신장이 八萬四千由旬팔만 사천 유순이라 하니
以彼이피로 觀之관지컨대 則此즉차는 又不直毫末耳우부직호말이거늘 安可以
謀畫之差안가이모화지차로[583] 大心識之最靈대심식지최령이라 하야 欺他類之眇
小不靈기타류지묘소불령 하며 而恣行殺戮哉이자행살륙재리오

209

◆ 지금 세상의 감옥은 오로지 죄가 있는 사람만을 다스리고, 사고가 없
으면 당연히 간섭하지 않는다. 지혜로운 사람이라면 끝끝내 '도(都)나 현
(縣)을 세우고 관직을 만들고 부서를 두어 한가하고 쓸쓸하게 할 수 없으
니 한두 가지 사건을 조작해서라도 이따금 저들이 서로 함께 흥분하고
감정이 격해지도록 해야 할 것'이라고 말하지 않을 것이다.

只如世間지여세간의 牢獄뇌옥은 唯治有罪之人유치유죄지인이라 其無事者기
무사자는 自不與焉자불여언이니라[584] 智者지자라면 終不曰종불왈 하리라[585] 建立
都縣건립도현 하고 設官置局설관치국 하야[586] 不可閑冷불가한랭 하니 却須作一

이라 하여 떨쳐버려야 할 대상으로 보았다. 선교(禪敎)의 융화를 시도하였던 규봉종밀(圭
峰宗密)은 마음을 '영지불매(靈知不昧)'라 했다. 신령스럽게 알고 어둡지 않다는 뜻이다.

[583] 모화지차(謀畫之差)에서 모(謀)는 무엇을 도모하는 생각으로 보고, 화(畫)는 계책으로 보았
다.

[584] 자불여언(自不與焉)의 자(自)는 부사로 당연한 이치를 나타내므로 '당연히, 본래, 물론'이라
해석한다.

[585] 종불왈(終不曰)은 끝내 말하지 않는다는 뜻이다.

[586] 설관(設官):새로이 관직이나 작위를 마련함. 관부(官府)를 설치함.

兩段事각수작일량단사라도 往彼相共鬧熱也왕피상공뇨열야라고[587]

210

◆ 비록 중생들은 끝이 없고 악도(惡道)는 넓고 아득하지만 원통함을 반드시 갚고야 말겠다는 생각이 없으면 이내 스스로 해탈하는 것이거늘 다시 무엇을 두려워하겠느냐'고 말해주었다.

　오로지 절실하게 수행하여 결정코 무상보리(無上菩提)를 속히 얻으려 하면서 도리어 중생의 피와 고기를 먹으려는 것은 옳지 못하다. 비록 부귀(富貴)한 사람이면서 봉지(封地)를 지배하는 사람일지라도 다만 한 가닥의 도리만은 통달할 필요가 있다.

　今雖衆生금수중생이[588] 無盡무진 하고 惡道악도는 茫茫망망 하나 若無冤對약무원대 하면 卽自解脫즉자해탈이거늘 復何疑哉부하의재리오

　若有專切修行약유전절수행 하야 決欲疾得阿耨菩提者결욕질득아뇩보리자가 更食衆生血肉갱식중생혈육은 無有是處무유시처니라 唯富貴之人유부귀지인으로[589] 宰制邦邑者재제방읍자라도 又須通一線道우수통일선도니라

211

◆ 옛날 육긍대부(陸亘大夫)가[590] 남전보원(南泉普願)에게[591] '제가 고기를

---

587 요열(鬧熱):번성하고 번화함을 말한다. 鬧는 시끌럽고 혼란한 것을 말하고, 熱은 감정이 격해져서 떠들썩한 것을 말한다.

588 금수중생무변(今雖衆生無盡)에서 금(今)은 글머리에 놓여 어기(語氣)를 고르는 발어사이다.

589 유부귀지인(唯富貴之人)에서 유(唯)는 접속사로 '비록 …하더라도, 아무튼, 그러나'의 뜻이다.

590 육긍대부(陸亘大夫)는 남전보원(南泉普願:748~834)의 법을 이은 재가제자이지만 자세한 것은 알 수가 없다. 『벽암록(碧巖錄)』제5: 제40칙(則):〈48-178상〉에 육긍대부가 남전보원

먹는 것이 옳습니까? 먹지 않는 것이 옳습니까?'라고 물으니, 남전이 '고기를 먹는 것은 대부의 녹(祿)이요, 먹지 않는 것은 대부의 복(福)'이라고 했다.[592]

昔석에 陸亘大夫육긍대부가 問南泉문남전 하여 云운 하되 弟子제자는 食肉식육이 則是즉시야 不食불식이 則是즉시야 하니 南泉남전이 曰왈 하되 食식은 是大夫祿시대부록이요 不食불식은 是大夫福시대부복이니라 하다

212

◆ 또 송(宋)의 문제(文帝)가[593] 구나발마(求那跋摩)에게[594] '제가 국사(國事)를 살피면서도 유독 재계(齋戒)만은 하고 싶은데, 살생하지 않으려면 어

에게 '승조법사가 말하기를, 천지와 나는 같은 뿌리요, 만물과 나는 한 몸이라고 하니, 꽤나 기괴합니다'라고 하자, 남전보원이 뜰 앞에 있는 꽃을 가리키면서 '대부시여! 지금 사람들이 한 그루 꽃을 보는 것이 마치 꿈만 같소'라고 말했다고 한다. 이것이 남전모란(南泉牡丹)이란 화두이다.

591 남전보원(南泉普願:748~834)은 마조도일(馬祖道一) 법제자이다. 南泉은 '남천'이라 읽지 않고 '남전'이라 읽는다. 남전보원의 제자 중에는 조주종심(趙州從諗:778~897)이라는 유명한 고승이 있다.

592 『보왕삼매염불직지(寶王三昧念佛直指)』券下:〈47-367하〉 陸亘大夫問南泉云 弟子食肉是 不食是 泉云 食是大夫祿 不食是大夫福.〈육긍대부(陸亘大夫)가 남전(南泉)에게 묻기를, 제가 육식을 해도 됩니까? 하지 않아야 됩니까? 남전이 대답하기를, 먹는 것은 대부의 록(祿)이요, 먹지 않는 것은 대부의 복(福)일세〉라고 했다. ※록(祿)은 나라에서 주는 관리의 봉급이라는 뜻이고, 복(福)은 하늘이 내리는 타고난 운수라는 뜻이다.

593 송문제(宋文帝:424~453)는 남조(南朝) 송(宋)의 제3대 임금으로 제1대 임금인 무제(武帝:420~422)의 셋째 아들로 이름은 유의륭(劉義隆)이다. 어릴 때의 자(字)는 거아(車兒)이고, 시호(諡號)는 문(文)이다. 의군왕(宜君王)으로 봉해졌다가 무제의 큰 아들로 제2대왕이었던 소제(少帝)가 폐위당한 뒤 부양(傅亮) 등에게 추대되어 제위(帝位)에 올랐으나 태자 소(劭)에게 시해 당했다.

594 구나발마(求那跋摩:Guṇavarman)는 계빈국 출신으로 송(宋) 원가 8년(元嘉八年:431)에 혜관(慧觀) 등의 초청으로 중국에 왔다고 한다. 『보살선계경(菩薩善戒經)』등 10부 18권을 번역했다.

떻게 하는 것이 법다운 것입니까?'라고 묻자, 구나발마가 '나라의 왕과 일반 사람들은 수행하는 것이 달라야만 합니다. 나라의 왕은 다만 말을 하고 명령을 내림에 있어서 올바르게 하여 백성과 신령이 편안하고 기쁘도록 해야 합니다. 백성과 신령이 편안하고 기쁘면 비바람이 시기 적절하게 따르고, 비바람이 시기 적절하면 만물(萬物)의 태어남이 순조로워집니다. 이렇게 재(齋)를 지켜야 재(齋) 역시 지극해 지고, 이렇게 살생하지 않음으로써 덕도 또한 크게 됩니다. 반드시 한나절 먹거리를 줄여서 한 마리 짐승의 목숨을 온전하게 해야 하는 것은 아닙니다.'라고 하자, 이때 문제(文帝)가 옥좌를 만지작거리면서 '속인은 원대한 이치에 헷갈리고, 스님들은 알기 쉬운 가르침에 막혔는데, 그대의 말이야말로 천하의 원대한 도리를 통달한 것 같으니 천하의 문제를 토론할 만하구료'라며 칭찬하였다. 이것을 근거로 따져보면, 임금과 제후(諸侯)는 큰 은덕이 있어야 온 천하를 양성할 수 있다고 하겠다.

又宋우송의 文帝문제가 謂求那跋摩위구나발마 하야 曰왈 하되 孤媿身고괴신이[595] 徇國事순국사라도 雖欲齋戒수욕재계 한데[596] 不殺불살을 安可得如法也안가득여법야리오 하니 跋摩발마가 曰왈 하되 帝王與匹夫제왕여필부는 所修소수가 當異당이 하니 帝王者제왕자는 但正其出言단정기출언 하고 發令발령 하야 使人神悅和사인신열화 할지니 人神인신이 悅和열화 하면 則風雨즉풍우가 順時순시 하고 風雨풍우가 順時순시 하면 則萬物즉만물이 遂其所生也수기소생야니다 以此이차로 持齋지재 하면 齋亦至矣재역지의니다 以此이차로 不殺불살 하면 德亦

---

⁵⁹⁵ 고괴신(孤媿身)는 황제가 자신을 낮추는 겸사이다.
⁵⁹⁶ 수욕재계(雖欲齋戒)에서 수(雖)는 부사로 유(惟)와 통하고 어떤 범위에 제한됨을 나타내고 술어 앞에 쓰인다. '다만…하는 데 불과하다. 겨우, 근근이, 오직, 다만, 유독'이라고 해석한다.

大矣덕역대의니다 何必輟半日之餐하필철반일지찬 하야[597] 全一禽之命乎전일금
지명호니까 帝제가 撫机무궤 하며 稱之칭지 하야 曰왈 하되 俗속은 迷遠理미원리
하고 僧승은 滯近敎체근교 하거늘 若公之言약공지언은 眞所謂天下之達道진소
위천하지달도 하니 可以論天人之際矣가이론천인지제의로다 由是유시로 論之논
지컨대 帝王제왕이나 公侯공후는 有大恩德유대은덕 하야사 陶鑄天下者도주천하
자가[598] 則可矣즉가의니라

213

◆ 일반인들의 집에서는 봄가을로 제사할 적에 때를 따라 고기를 써도
도리어 참회해야 하는데, 머리를 깎고 법복을 입고 부처님의 계율을 받
드는 승려가 사람들이 믿음으로 베푸는 보시를 받으면서 도리어 속인과
비슷하게 술을 마시고 고기를 먹는다면 사람들의 업신여김을 당할 뿐
아니라 하늘에 죄벌(罪罰)을 초래할 것이다. 이미 가사를 입었으면서 사
람의 몸을 잃는 것은 무엇보다 심한 고통이 될 것이니 차마 생각조차 하
기 싫다.

士庶之家사서지가도 春秋祭祀춘추제사에 用之以時者용지이시자면 尚可懺
悔상가참회거늘 圓顱方服者원로방복자로[599] 承佛戒律승불계율 하야 受人信施수
인신시 하며 而反例塵俗이반례진속 하게[600] 飮酒食肉음주식육 하면 非特取侮於

---

[597] 하필(何必)은 ①반드시…한 것은 아니다. ② 구태여 그럴 필요가 있는가라고 반문하는 말
이다.

[598] 도주(陶鑄)는 육성하거나 양성함을 비유하는 말이다.

[599] 원로방복(圓顱方服)에서 원로(圓顱)는 삭발한 머리를 뜻하고, 방복(方服)은 출가자들이 입
는 가사(袈裟)를 의미한다.

[600] 반례(反例)에서 반(反)은 부사로 동사나 형용사 앞에 쓰여 '오히려, 반대로'라는 뜻이고, 예
(例)는 '마치…과 같다'는 뜻이다. 그러니까 반례진속(反例眞俗)이란 '오히려 속인과 비슷하
다'는 말이다.

人비특취모어인 하고 而速戾於天이속려어천이리라 亦袈裟下역가사하에 失人身

者실인신자는 是爲最苦시위최고니 忍不念哉인불념재로다

214

◆ 우리 유교는 살생을 끊으라고 하지 않고, 술과 고기를 삼가라고 하지
도 않으며, 도둑질에 대해서는 다만 재물을 잘 보관하지 못하고 소홀히
하는 것은 도둑에게 도둑질 하라고 말하는 것에 지나지 않고, 음탕함에
대해서는 다만 훌륭한 행실을 보이지 않는 것은 정욕(情慾)을 좋아하는
것과 같다고 말할 뿐인데,[601] 어떻게 사람들이 위반하지 않도록 할 수 있
겠는가.

吾儒오유는 則不斷殺生즉부단살생 하고 不戒酒肉불계주육 하며 於盜어도에
則但言즉단언 하되 慢藏만장이 誨盜而已회도이이요[602] 於婬어음에 則但言즉단
언 하되 未見好德미견호덕은 如好色而已여호색이이거늘 安能使人不犯哉안능
사인불범재리오

215

◆ 부처님의 가르침은 선행하는 사람은 표창하고 악한 일을 하는 사람
을 미워하는 것이 매우 절실하고 분명하다. 과보(果報)를 드러냄에 지옥
은 참으로 무섭고 지엄하다고 말하더라도 음험하고 사특하며 오만 방자

---

601 『주역(周易)』「계사상전(繫辭上傳)」제8장에 '간수하는 물건을 허술히 하면 도둑에게 와서
　　도둑질하라고 가르치는 것이 되고, 얼굴의 화장을 난삽하게 하는 것은 남에게 와서 음탕한
　　짓을 하라고 가르치는 셈이 된다'[慢藏誨盜 冶容誨淫]고 했다.
602 만장(慢藏)은 갈무리를 소홀히 함이고, 회도(誨盜)는 재물을 허술하게 보관하여 도둑을 부
　　르게 됨을 말한다. 만장회도(慢藏誨盜)는 단속을 소홀히 하는 것은 도둑에게 훔쳐가라고 가
　　르치는 것과 같다는 말이다.

하고 흉포한 자들은 여전히 회개하는 마음도 없으니 어떻게 그들을 깨우칠 방도도 없을 것이다.

佛爲之敎불위지교는 則彰善癉惡즉창선단악이 深切著明심절저명 하야[603] 顯果報현과보에 說地獄極峻至嚴설지옥극준지엄이라도 而險詖强暴者이험피강폭자는[604] 尙不悛心상부전심 하거늘[605] 況無以警之乎황무이경지호니라[606]

216

◆ 비록 오계(五戒)는 다만 몸뚱이를 단속하는 조잡한 자취요 수행의 첫걸음이지만 만약 높이 올라가려면 반드시 낮은 곳에서 시작해야 하고, 멀리 갈려면 반드시 가까운 곳에서 가듯이 구도하여 성인이 되려는 사람 역시 이 오계로부터 시작하지 않고서는 높고 아득한 경지에 들어갈 수는 없다.

然연이나 五戒오계는 但律身之麤跡단률신지추적이요 修行之初步수행지초보나 若升高약승고면 必自下필자하 하고 若陟遐약척하 하면 必自邇필자이 하니 求道구도하야 證聖之人증성지인은 亦未始不由此역미시불유차 하야 而入也이입야니라

217

◆ 마음속으로 분별하는 것을 없애고 선악의 분별마저 없어져 진실과 거짓이 융합하고, 범부와 성인이 하나가 되어 깨달음의 오묘한 경지를

---

603 심절저명(深切著明)은 매우 절실하고 분명함을 말한다. 심절저백(深切著白)도 같은 뜻이다.
604 험피강포(險詖强暴)는 음험하고 사특하며 완강하고 포악함을 말한다,
605 전심(悛心)은 회개하는 마음이다
606 무이(無以)는 '…할 방도가 없다'는 뜻이다.

마음으로 전하는 경지에 이르러서는 또한 글로 서술하거나 말로 두루
미칠 수도 없다.

至於亡思慮지어망사려 하고 泯善惡민선악 하야 融眞妄융진망 하고 一聖凡일
성범 하야 單傳密印之道단전밀인지도는[607] 又非可以紙墨우비가이지묵으로 形容
형용 하고[608] 而口舌辯也이구설변야니라

218

◆ 문장(文章)은 대개 세상의 헛된 이름에 머물고, 세상 사람들이 좋아하
고 하늘마저 놀랠만한 권세나 명성은 오직 업의 습기(習氣)만 늘릴 뿐이
다. 만약 선정과 지혜로써 본래 타고난 마음을 다스려 세상을 뛰어넘어
삼계를 초월하는 사람이 되는 것과 비교하면 어떤 것이 이것보다 낫겠
는가?

文章문장은 蓋世止是虛名개세지시허명 하고 勢望驚天세망경천은[609] 但增業
習단증업습이니라 若比以定慧之法약비이정혜지법으로 治本有之神明치본유지신
명 하야 爲過量人위과량인 하고 超出三界초출삼계 하면 則孰多於此哉즉숙다어
차재리오

219

◆ 사농공상(士農工商)은 각기 그 업이 나누어져있지만 가난하고 부귀하

---

607 단전(單傳)은 정법을 글이나 말에 의하지 않고 직접 마음에서 마음으로 전하는 것이고, 밀
    인(密印)은 부처나 보살이 그의 본래의 서원을 나타내기 위하여 열 손가락으로 꾸미는 형
    상이다.
608 형용(形容)은 어떤 사물을 묘사하여 서술함을 말한다.
609 세망(勢望)은 세력과 인망이다. 인망(人望)은 많은 사람들이 원하고 바라는 것이니, 세망은
    세상 사람들로부터 우러러 존경받는 사람, 명성, 명망을 의미한다.

며 장수하고 요절함은 전생의 인연에서 나오는 것이니, 설사 불법이 망한다고 해도 나에게 무슨 이익이 될 것이며, 설사 불법을 마음에 둔들 나에게 무슨 손해가 되겠는가.

士사와 農농과 工공과 商상은 各分其業각분기업 하고 貧富빈부나 壽夭수요도 自出前定자출전정이니[610] 佛法불법이 雖亡수망한들 於我어아에 何益하익이며 佛法불법이 雖存수존인들 於我어아에 何損하손이리오

220

◆ 공명(功名)과 부귀복록(富貴福祿)은 본래 운명에 달린 것이지 불교를 비방한다고 얻어지는 것이 아니고, 영화(榮華)나 부귀(富貴)를 갖추는 것은 시운(時運)에 있는 것이지 불교를 배척한다고 끌어들이는 것이 아니다. 한 때 좋지 않은 마음을 가지고 함부로 입의 재앙을 저질렀으니 아무런 이익이 없을 뿐만 아니라 장차 후환을 어찌 받아야 할지 걱정이다.[611]

功名공명이나 財祿재록은 本繫乎命본계호명이라 非由謗佛而得비유방불이득이요 榮貴則達영귀즉달은 亦在乎時역재호시거늘 非由斥佛而致비유척불이치이며 一時之間일시지 간에 操不善心조불선심 하야 妄爲口禍망위구화 하니 非唯無益비유무익 하고[612] 當如後患당여후환은 何하리오

---

610 자출전정(自出前定)은 미리 확정된 전생의 인연으로부터 나온다는 뜻이다.

611 『맹자(孟子)』「공손추장(公孫丑章)」상, '화나 복은 제 손으로 불러들이지 않는 것이 없다'[禍福 無不自己求之者]고 하였고, 『서경(書經)』태갑 중(太甲 中)에는 '하늘이 내린 재앙은 어길 수 있으나 스스로 지은 재앙은 도피 할 수가 없다.'[天作孽 猶可違 自作孽 不可逭]고 하였다.

612 비유(非唯): …뿐만 아니라.

◆ 지혜로운 자는 조심하고 미치광이는 제멋대로 하라. 육도를 윤회하면서 받아야할 과보를 좋고 나쁨으로 구별한 것은 내가 교묘한 말로 꾸민 것이 아니니, 바라건대 모든 뜻 있는 이들이 함께 번뇌를 등지고 깨달아 도(道)에서 하나가 된다면 더할 나위 없이 훌륭하고 아름답지 않겠는가?

智者지자는 愼之신지 하고 狂者광자는 縱之종지 하라 六道報應육도보응의 勝劣승열로 所以分也소이분야는 余非佞也여비녕야니 願원컨대 偕諸有志者해제유지자는 背塵合覺배진합각 하야 同底於道동저어도 하면 不亦盡善불역진선 하고 盡美乎진미호아[613]

◆ 혹시라도 천제(闡提)의 성품이 있어서 마음에 뿌리가 박힌 사람이면 이 말을 받아들이지 않을 것이니, 나도 어찌할 수 없다.

或有闡提之性혹유천제지성이 根於心者근어심자면 必不取於是說필불취어시설하리니[614] 余여도 無恤焉무휼언이니라

---

613 불역…호(不亦…乎): '어찌…이 아니겠는가'라는 뜻이고, 진선진미(盡善盡美)는 더할 나위 없이 훌륭하고 아름다움을 말한다.

614 필불취어시설(必不取於是說)에서 필(必)은 '…면, …하면'의 뜻으로 앞과의 인과관계를 나타낸다.

호법론 후서
護 法 論 後 序

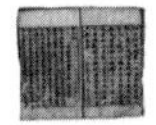

교화를 수립한 성인은 가르침을 펼치는 방법이 비록 다르더라도 사람을 교화함에 있어서 허물을 고쳐서 선하게 하고 악을 버린다는 점에서 하나이다. 그래서 말하기를 가르침은 같지 않지만 선으로 돌아가는 것은 마찬가지라고 말한다. 세간을 초월하여 나고 죽음을 분명하게 깨닫는 것으로 말하면 오로지 부처님의 가르침이다.

樹敎聖人수교성인은[1] 其設敎기설교가 雖殊수수나 然연이나 於化人어화인에 遷善천선 하고 去惡거악에는 則其一也즉기일야니라 故고로 曰왈 하되 爲敎不同 위교부동이나 同歸於善동귀어선이니라 若夫超出世間약부초출세간 하야[2] 明了生 死명료생사는 惟佛氏之學유불씨지학이니라

무진거사(無盡居士)는 도솔열공(兜率悅公)과 친했지만 마음[旨]을 드러내지 않았다. 대단한 말씀씨로 아무런 구애(拘礙)도 받지 않고 연설하였는데,

---

1 수교(樹敎)에서 수(樹)는 '세우다, 건립하다, 곧추세우다'라는 뜻이다.
2 약부(若夫)는 접속사로 다른 화제를 제시하는 것을 나타내고, 아래 구문이나 아래 단락의 첫머리에 쓰이며 '…에 이르러'라고 해석한다.

마치 부처님이 떠나신 지 이미 오래 되어 사특한 소견을 가진 자는 많고 높을 곳을 향하는 가르침은 알지 못하고 함부로 헐뜯고 비웃는 말이 있는 것을 염려하는 것 같았다. 이『호법론(護法論)』을 짓게 된 과정이다.

無盡居士무진거사는 得兜率悅公득도솔열공이나 不傳之旨부전지지니라 以大辯才이대변재로 縱橫演說종횡연설 하니[3] 猶慮去佛旣遠유려거불기원 하야 邪見者多사견자다 하고 不知向上之宗부지향상지종 하며 妄有謗訕之語망유방산지어니라 此護法之論차호법지론을 所由作也소유작야니라

복건성(福建省) 건영(建寧) 고앙산(高仰山)에 고매선사(古梅禪師)의 제자 혜흠(慧欽)이 지방을 떠돌 때 이『호법론』을 얻어 마침내 주지(住持) 지료(智了)와 덕망이 높은 여러 선비들과 의논하기를, 기술자에게 보내 좋은 판목에 새겨서 인쇄하여 널리 전파하는 것이 좋은 생각인 것 같다고 했다.

閩建寧민건녕의 高仰山고앙산에 古梅禪師고매선사의 弟子제자인 慧欽혜흠이 游方時유방 시에 得此論득차론 하야 乃與住持내여주지인 智了지료와 及諸上士급제상사가 謀之모지 하되 命工繡梓명공수재 하여[4] 以廣其傳이광기전이 可謂善用其心矣가위선용기심의니라

이『호법론』이 한번 출간되어 사람들이 얻어 살펴보게 되면 아마도 가난한 사람이 보물을 얻은 것 같고 어둠속에서 등불을 얻은 것 같을 것이니 정말로 부처님의 정법을 튼튼하게 지켜 무성하게 자라는 사특한 소견을 베어버리는 날카로운 칼이 될 것이다. 후세 사람들이 정말로 무진장한

3　종횡(縱橫)은 구속받지 않고 자유분방함. 꺼릴 것 없이 방자하게 행동함.
4　수재(繡梓):좋은 판목에 새겨서 인쇄함. 판목은 가래나무를 상품으로 여긴데서 비롯되었다.

오묘한 도리를 통달하지는 못하더라도 무진한 도리의 상당한 수준에 이를 것이다.

함부로 부처님을 배척하여 이름이 널리 알려지고 시류(時流)를 따라 명예를 바라는 귀먹고 눈먼 학자가 어찌 마음에 스스로 부끄럽지 않겠는가. 그렇지만 그 무리들은 부처님이나 조사들의 도에 이를 수 있는 힘이 없고 또한 부끄러움마저도 없다.

斯論사론이 一出일출 하야 人得而覽之인득이람지 하면 殆若貧而得寶태약빈이득보요 暗而得燈암이득등이니 眞所謂진소위 하되 護如來正法之金湯호여래정법지금탕 하야[5] 斬邪見稠林之利劍也참사견조림지리검야니라 後世之士후세지사가 苟未達無盡之閫奧구미달무진지곤오라도[6] 臻無盡之造詣진무진지조예니라

妄以斥佛爲高망이척불위고 하고 以要譽時流이요예시류 하는 聾瞽學者농고학자가 寧不自愧於其心哉영부자괴어기심재리오 然연이나 爲其徒者위기도자는 不能致力於佛祖之道불능치력어불조지도며 亦獨無愧乎哉역독무괴호재니라

내 일찍이 고요한 침묵 속에 좌선하여 마음과 세상이 섞이어 융화되더니 어지럽게 일어났으나 유(有)에 빠지지도 않았고, 깡그리 사라졌으나 무(無)에 떨어지지도 않았다. 크다고 말하면 천하에 싣지 못할 것이 없고, 적다고 말하면 천하에 깨뜨리지 못할 것이 없다.

비록 지혜가 있으나 마치 다하지 못한 것이 있는 것과 같았으나 마침내 알게 되었다. 말로 칭찬하기도 하고, 말로 헐뜯기도 하지만 그 도는 아직 어렴풋할 뿐이다.

5 금탕(金湯): 금성탕지(金城湯池)의 준말인데, 금성탕지는 쇠붙이를 부어 만든 성과 끓는 물이 고여 있는 못이란 뜻으로 견고하여 함락시킬 수 없는 성읍(城邑)을 비유한다.
6 곤오(閫奧): 학문이나 이치의 은미하고 심오한 경지의 비유, 깊숙한 내실(內室).

사실적인 이치의 경지에 이르러서는 청정하고 미묘하게 밝아서 침착하고 잠잠하여 무엇 하나도 없음을 깨달으니 다시 또 진실로 무엇을 헐뜯을 것이며 과연 무엇을 보호하겠는가.

혜흠(慧欽)스님이 마침내 흔쾌히 후서(後序)로서 글을 청탁하시니, 지료(智了)스님의 자(字)는 철당(徹堂)이니 확실하게 깨닫고 돌아와 자리를 차지하여 법을 설하는 것이고, 혜흠(慧欽) 스님의 자(字)는 숙암(肅菴)이니 청정한 마음으로 고행하는 것을 사사로이 그치지 않음이다. 모두가 고매선사(古梅禪師)의 도를 진작하기에 충분하여 더불어 그것을 기록했노라.

1345년 2월 16일

전 규장각시서학사(前奎章閣侍書學士)한림시강학사(翰林侍講學士)

통봉대부(通奉大夫) 지제고 겸 수국사(知制誥 兼 修國史)

우집(虞集)이 미소정(微咲亭)에서 씀

吾嘗宴坐寂默오상연좌적묵 하야 心境심경이 混融혼융하더니 紛然而作분연이작 하야 不淪於有불륜어유 하고 泯然而消민연이소 하야 不淪於無불륜어무니라 語大어대 하면 則天下즉천하에 莫能載막능재요 語小어소 하면 則天下즉천하에 莫能破막능파니라

雖有智者수유지자나 其猶有所未盡也기유유소미진야타가 然後乃知연후내지니라 凡可以言譽범가이언예 하고 可以言毁者가이언훼자이나 特其道之麤耳특기도지추이니라

至若實際理地지약실제리지하야는[7]淸淨妙明청정묘명 하고 凝然湛然응연잠연하야 了無一法요무일법 하니 則又果何所毀즉우과하소훼며 果何所護哉과하소호

---

7 지약(至若):접속사로서 다른 화제를 제시함을 나타내고, 뒷단문의 첫머리에 쓰인다. 의미는 '…에 이르러서는,' '…까지 되다'라는 뜻이다.

재리오

慧欽혜흠이 乃欣然내흔연히 請書청서 하니 以爲後序이위후서에 云운 하되 了
요의 字자는 徹堂철당이니 飽參來歸포참래귀 하야[8] 據席說法거석설법이요 欽흠
의 字자는 肅菴숙암이니 淸心苦行청심고행 하야 不私於己불사어기니라 皆足以
恢弘古梅之道개족이회홍고매지도 하야 幷識之병지지니라[9]

至正五年二月旣望[10] 지정오년이월기망

前奎章閣侍書學士翰林侍講學士通奉大夫知制誥兼修國史

전 규장각시서학사한림시강학사통봉대부지제고겸수국사

虞集[11]微咲亭書우집 미소정서

---

8 포참(飽參): 사리를 충분히 이해하고 깨달음.

9 여기서 지(識)는 기록한다는 뜻이고 '지'로 읽는다.

10 지정(至正) 5년은 을유년(乙酉年)이고 원(元)나라 순제(順帝)때로 1345년이고, 기망(旣望)
   은 은(殷) · 주(周) 때의 역법(曆法)에서는 음력 매월 15 · 16일로부터 22 · 23일까지의 기
   간을 말했으나 후대에는 16일을 일컬었다.

11 우집(虞集)은 원(元)나라 때 임천(臨川) 숭인(崇仁) 사람으로 자(字)는 백생(伯生)이고, 호
   (號)는 소암(邵庵)이며, 별호(別號)는 도원(道園)이고, 시호(諡號)는 문정(文靖)이다. 벼슬은
   대도로유학교수(大都路儒學敎授) · 한림대제(翰林待制) · 규장각시서학사(奎章閣侍書學士)
   를 지냈다. 재주가 높고 박식하며 시문(詩文)에 뛰어났다.

原道
원 도 [1]

널리 사랑하는 박애(博愛)를 인(仁)이라 하고, 행동하여 누구라도 받아들일 수 있는 옳은 방향으로 가는 것을 의(義)라 하며, 인(仁)과 의(義)를 통해 가는 것을 도(道)라 하고, 자기 자신에게 만족하여 밖에서 무엇인가를 기대하지 않는 것을 덕(德)이라 한다.

인(仁)과 의(義)는 구체적인 내용을 가진 개념이고, 도(道)와 덕(德)은 구체적인 내용이 없이 이름만 있는 추상적 개념이다. 그래서 도(道)에는 군자(君子)도 있고, 소인(小人)도 있으며, 덕(德)에는 재앙(災殃)도 있고, 복(福)도 있다.

博愛之謂仁박애지위인이요 行而宜之행이의지를 之謂義지위의요 由是而之焉유시이지언을 之謂道지위도요 足乎己족호기 하야 無待於外무대어외를 之謂德지위덕이니 仁與義인여의는 爲定名위정명이요 道與德도여덕은 爲虛位위허위라 故고로 道도는 有君子유군자 하고 有小人유소인 하며 而德이덕은 有凶유흉 하고

---

1 『한문대계(漢文大系)』제3권 한유(韓愈) 퇴지(退之) 권1.

노자(老子)가 인의(仁義)가 작다고 인의를 비방(誹謗)하는 것은 인의를 보는 견해가 작기 때문이니 마치 깊은 우물에 앉아 하늘을 보고 말하기를, 하늘이 작다고 하는 것과 같다. 사실 하늘이 작은 것은 아니다. 노자는 작은 은혜를 베푸는 것으로 인(仁)이라 여기고, 남과 관계를 끊고 홀로 우뚝한 것을 의(義)라고 여기니 노자의 소견이 작다고 말하는 것도 타당하다고 하겠다.

老子之小仁義노자지소인의는 非毀之也비훼지야라 其見者기견자가 小也소야일새 坐井而觀天좌정이관천 하야 曰왈 하되 天小者천소자는 非天小也비천소야니라 彼피는 以煦煦이후후로[2] 爲仁위인 하며 孑孑혈혈로[3] 爲義위의 하니 其小之也기소지야는 則宜즉의로다

노자가 말하는 도(道)는 그가 말하는 것을 도(道)라고 하는 것이니 내가 말하는 도(道)가 아니고, 노자가 말하는 덕(德)은 그가 말하는 것을 덕(德)이라 하는 것이니, 내가 말하는 덕(德)은 아니다. 내가 말하는 도덕(道德)은 인(仁)과 의(義)를 합(合)하여 말하는 것이니 온 세상 사람들이 공통적으로 하는 말이지만 노자(老子)가 말하는 도덕(道德)은 인(仁)과 의(義)를 버리고 말하는 것이니, 노자(老子) 한 사람이 개인적으로 하는 말이다.

其所謂道기소위도는 道其所道도기소도니 非吾所謂道也비오소위도야요 其所謂德기소위덕은 德其所德덕기소덕이니 非吾所謂德也비오소위덕야니라 凡吾所

---

2 후후(煦煦)는 따뜻함이니 작은 은혜를 베푸는 모양을 말한다.
3 혈혈(孑孑)은 외롭고 쓸쓸한 모양이니 사람과 접촉이 없어 외로운 처지에 놓이는 것을 말하니 독립하여 우뚝 뛰어난 모양이다.

謂道德云者범오소위도덕운자는 合仁與義합인여의 하야 言之也언지야니 天下之
公言也천하지공언야요 老子之所謂道德云者노자지소위도덕운자는 去仁與義거
인여의 하야 言之也언지야니 一人之私言也일인지사언야라

주(周)나라에 도(道)가 쇠퇴하고, 공자(孔子)도 돌아가시고, 진시황(秦始
皇)이 분서갱유(焚書坑儒)를 하고, 한(漢)나라 때에 노장(老莊)이 있었으며,
진(晉)·송(宋)·제(齊)·양(梁)·위(魏)·수(隋)나라 때에는 불교(佛敎)가
있었다. 그간에 말하는 도덕(道德)과 인의(仁義)는 양주(楊朱)의 견해에 들
어가지 않으면 묵자(墨子)의 견해에 들어가고, 묵자의 견해에 들어가지
않으면 노자(老子)의 견해에 들어가고, 노자의 견해에 들어가지 않으면
불교(佛敎)에 들어갔다.

周주에 道도가 衰쇠하고 孔子공자가 沒몰 하시니 火于秦화우진 하며[4] 黃老于
漢황노우한 하며[5] 佛于晉宋齊梁魏隋之間불우진송제양위수지간 하야 其言道德
仁義者기언도덕인의자는 不入于楊불입우양이면 則入于墨즉입우묵 하고 不入于
墨불입우묵 하면 則入于老즉입우로 하고 不入于老불입우로면 則入于佛즉입우불
이라

저들의 견해에 들어가면 반드시 이쪽 유가(儒家)의 견해에서 벗어난

---

4 화우진(火于秦)은 진시황(秦始皇)의 분서갱유(焚書坑儒)를 말한다. 진시황 34년에 이사(李
   斯)가 진언(進言)하여 시서백가(詩書百家)의 서(書)를 불태우고, 남은 것은 의약(醫藥), 복
   서(卜筮), 종수(種樹)의 서(書)뿐이었다고 한다. 시황은 유자(儒者)를 구덩이에 묻어서 죽였
   다.
5 유가(儒家)에서는 도(道)가 요순(堯舜)에서 비롯되었다고 보는데, 도가(道家)에서는 황제
   (黃帝)에서 비롯된다고 보아 황노(黃老)라 하였다. 위(魏) 이후에 와서 노장(老莊)이라 하
   였다.

다. 들어가는 자들은 그들의 주장을 주인으로 하고, 벗어나는 자들은 우리의 주장을 종으로 하며, 들어오는 자는 그것을 따르고, 벗어나는 자는 그것을 더럽히니, 아 슬프다. 훗날의 사람들이 인의(仁義)와 도덕(道德)의 가르침을 듣고자 하나 누구에게 들을 것인가.

入于彼입우피면 必出于此필출우차 하야 入者입자를 主之주지 하고 出者출자를 奴之노지 하며 入者입자를 附之부지 하고 出者출자를 汚之오지 하니[6] 噫희라 後之人후지인이 其欲聞仁義道德之說기욕문인의도덕지설인들 孰從숙종 하야 而聽之이청지리오

노자의 추종자들이 말하기를 공자는 우리 스승님의 제자였다고 하고, 불교도들도 말하기를 공자는 우리 스승님의 제자였다고 하니 공자를 공부하는 이들마저도 그런 말을 듣는 것이 익숙해져서, 그와 같은 헛된 소

---

6 『맹자(孟子)』「등문공장(滕文公章) 하에 '성왕이 나오지 않으니 제후는 방자해져 가고 학자들이 사상의 통제 없이 자기 이론을 주장하고 논의하니 양주와 묵적의 주장이 천하를 채워 천하의 언론이 양주의 이론에 찬성하지 않으면 묵적의 이론에 돌아간다. 양씨는 위아를 주장했으니 이는 임금을 무시하는 것이 되고, 묵씨는 겸애를 주장했으니 이는 아비를 무시하는 것이다. 자기 아비를 무시하고 임금을 무시하는 자는 금수라 할 것이다.… 양주와 묵적의 도가 없어지지 않으면 공자의 도는 드러나지 않을 것이니 이는 사설(邪說)이 백성들을 속이고 인의(仁義)를 막아버리는 것이 되기 때문이다. 인의를 막는 것은 짐승을 몰아다 사람을 잡아먹게 하고 장차는 사람들 서로가 잡아먹게 될 것이다. 나는 이것이 두려워서 먼저 옛 성인의 도를 바로 잡고 양주와 묵적을 배척하여 방자스런 언사를 내몰아 사설을 내세우는 자가 나오지 못하게 할 것이다. 만일 사설이 마음에 작용하면 하는 일을 해롭게 하고, 사설이 그 일에 작용하면 정치에 해롭게 된다. 옛 성인이 다시 나타난다고 해도 내 말은 바뀌지 않을 것이다.… 언론으로 양주와 묵적을 막아낼 수 있는 사람이 성인의 무리라고 했다.[聖王不作 諸侯放恣 處士橫議 楊朱墨翟之言 盈天下 天下之言 不歸楊則歸墨 楊氏爲我 是無君也 墨氏 兼愛 是無父也 無父無君 是禽獸也… 楊墨之道不息 孔子之道不著 是邪說誣民 充塞仁義也 仁義充塞則率獸食人 人將相食 吾爲此懼 閑先聖之道 距楊墨 放淫辭 邪說者 不得作 作於其心 害於其事 作於其事 害於其政 聖人復起 不易吾言矣… 能言距楊墨者 聖人之徒也](蔡義順 譯解, 『孟子』 韓國協同出版公社, 1983, 181~183쪽.)

리를 즐겨 스스로 비하하여 말하기를, 우리 스승도 일찍이 그렇게 말했다고 한다. 그런 소리를 입에 올릴 뿐만 아니라 책에도 쓰고 있다.

老子노자가[7] 曰왈 하되 孔子공자는 吾師之弟子也오사지제자야라 하고 佛者불자도[8] 曰왈 하되 孔子공자는 吾師之弟子也오사지제자야라 하니 爲孔子者위공자자도[9] 習聞其說습문기설 하고 樂其誕락기탄 하야[10] 而自小也이자소야 하고 亦曰역왈 하되 吾師오사도 亦嘗云역상운 하되 爾이니라 不惟擧之於其口불유거지어기구 하고 而又筆之於其書이우필지어기서니라

슬프다. 훗날 사람들이 인의(仁義)와 도덕(道德)의 가르침을 듣고자 한들 그것을 누구에게서 듣겠는가. 사람들이 이상야릇한 것을 좋아함이 너무 심하다. 그 말의 원인을 찾아보지도 않고 그 말의 끝을 캐묻지도 않으면서 오로지 이상야릇한 소리만을 듣고 싶어 한다.

噫희라 後之人후지인이 雖欲聞仁義道德之說수욕문인의도덕지설인들 其孰從기숙종 하야 而求之이구지리오 甚矣심의라 人之好怪也인지호괴야여 不求其端불구기단 하며 不訊其末불신기말 하며 惟怪之欲聞유괴지욕문이니라

옛날에는 백성들이 네 부류더니 오늘날에는 백성들의 부류가 여섯이나 되었다. 옛날에는 가르치는 사람이 하나였으나 오늘날에는 가르치는 사람들이 셋이나 된다. 농사짓는 집은 하나인데 곡식을 먹는 집은 여섯이요, 물건을 만드는 집은 하나인데 만든 물건을 쓰는 집은 여섯이며, 장

---

7 여기서 노자(老子)는 노자 개인이 아니라 노자를 추종하는 사람들을 말한다.
8 불자(佛者)는 부처님을 말하는 것이 아니라 불자(佛子), 즉 불교도들을 말한다.
9 공자자(孔子者)도 공자를 공부하는 사람들을 말한다.
10 탄(誕)은 거짓말로 남을 현혹시키다. 참이 아닌 말을 하다라는 뜻이다

사하는 집은 하나인데 물자를 지급받는 집은 여섯이니, 어떻게 백성들이 궁핍해서 훔치지 않겠는가.

古之爲民者고지위민자는 四사이러니 今之爲民者금지위민자는 六육이오[11] 古之敎者고지교자는 處其一처기일이나 今之敎者금지교자는 處其三처기삼이로다[12] 農之家농지가는 一일이나 而食粟之家이식율지가는 六육이오 工之家공지가는 一일이나 而用器之家이용기지가는 六육이며 賈之家고지가는[13] 一일이나 資焉之家자언지가는 六육이니 奈之何내지하 하야 民민이 不窮且盜也불궁차도야리오

옛날에는 사람들에게 자연재해가 많았었다. 성인이라는 분이 나타나고 나서 사람들에게 서로 돕고 살아가는 길을 가르쳐서 군주가 되기도 하고, 스승이 되기도 하며 사람에게 피해를 주는 곤충이나 짐승들을 물리치고 그 중앙의 땅에 사람들을 살게 하였는데, 추위를 경험하고 나서 옷을 만들고, 굶주림을 경험하고 나서 음식을 만들었고, 나무에서 떨어지고 땅에서 병들고 앓은 뒤에 집을 만들고 기술자를 시켜 가구들을 만들어 보급하여 쓰게 하고 장사꾼들을 시켜 있고 없는 것을 유통시켰고, 의사나 약사를 시켜 일찍 죽는 것을 구제하였으며, 시신을 묻고 제사를 지내게 하여 은혜와 사랑을 북돋았으며, 예절로 선후(先後)가 차례와 질서가 있게 하고, 약을 써서 마음 답답함을 풀게 하고, 정치로 나태하고 게으름을 다스리고, 형벌로 사납고 난폭함을 없애며, 서로 속임에 신표

---

11 육(六)은 사농공상(士農工商) 넷에 도교를 따르는 도사(道士)와 불교의 화상(和尙)을 말한다.
12 옛날에 교육을 맡았던 이들은 선비(士) 하나였는데, 이제는 선비, 도사, 승려 셋이라는 뜻이다.
13 다니면서 파는 것을 상(商)이라 하고, 점포를 가져 일정한 장소에서 파는 것을 고(賈)라고 하여 행상좌고(行商坐賈)라고 한다.

(信標)나 말이나 저울 등으로 믿게 하고, 서로 쳐들어가고 빼앗음에 성벽을 쌓고 군사를 두어 지켰다. 해가 이르니 그것에 대비하고 재난이 발생하니 그것을 방지했다.

古之時고지시에 人之害인지해가 多矣다의이니라 有聖人者유성인자가 立입 하야 然後연후에 敎之교지 하야 以相生養之道이상생양지도 하고 爲之君위지군 하고 爲之師위지사 하며 驅其蟲蛇禽獸구기충사금수 하야 而處之中土이처지중토 하며 寒然後한연후에 爲之衣위지의 하며 飢然後기연후에 爲之食위지식 하며 木處而顚목처이전 하고 土處而病也토처이병야일새 然後연후에 爲之宮室위지궁실 하며 爲之工위지공 하야 以贍其器用이첨기기용 하며 爲之賈위지고 하야 以通其有無이통기유무 하며 爲之醫藥위지의약 하야 以濟其夭死이제기요사 하며 爲之葬埋祭祀위지장매제사 하야 以長其恩愛이장기은애 하며 爲之禮위지례 하야 以次其先後이차기선후 하며 爲之樂위지락 하야 以宣其湮鬱이선기인울 하며[14] 爲之政위지정 하야 以率其怠倦이솔기태권 하며 爲之刑위지형 하야 以鋤其强梗이서기강경 하며[15] 相欺也상기야일새 爲之符璽斗斛權衡위지부새두곡권형으로[16] 以信之이신지하며 相奪也상탈야일새 爲之城郭甲兵위지성곽갑병으로 以守之이수지 하고 害至해지에 而爲之備이위지비 하고 患生환생에 而爲之防이위지방 하니라

이제 장자가 말하되, 성인이 죽지 않으면 도둑이 그치지 않고, 말[斗]을 쪼개버리고 저울을 분질러버려야 백성들이 싸우지 않는다고 하니, 아 그 또한 사려 깊지 못함이로다. 만약에 옛날에 그 성인들이 없었다

---

14 인울(湮鬱)은 가슴이 꽉 막혀 답답함을 말하는데, 인(湮)은 잠기는 것(沒也)이고, 울(鬱)은 막혀서 통하지 않는 것을 말한다.
15 서(鋤):없애다. 제거하다. 강경(强梗)은 교만하고 사나움 또는 그런 사람.
16 부(符)는 어음, 새(璽)는 도장, 두(斗)는 말(열되(十升)들이), 곡(斛)은 열 말(十斗)들이 말, 권(權)은 저울추, 형(衡)은 저울대를 말한다.

면 인류는 이미 사라진지 오래일 터이니, 왜냐하면 깃털이나 비늘로 추위와 더위를 견뎌낼 수 없고, 손톱이나 이빨만으로 먹이 쟁탈에 이길 수 없기 때문이다.

今其言금기언에 曰왈 하되 聖人성인이 不死불사면 大盜대도가 不止부지니[17] 剖斗부두 하고 折衡절형 하사 而民이민이 不爭부쟁이라 하니 嗚呼오호라 其亦不思而已矣기역불사이이의로다 如古之無聖人여고지무성인인들 人之類인지류의 滅멸이 久矣구의이니 何也하야오 無羽毛鱗介以居寒熱也무우모린개이거한열야

---

[17] 『장자(莊子)』「거협편(胠篋篇)」에 '성인이 죽지 않으면 큰 도둑도 죽지 않을 것이니, 비록 성인이 거듭 나타나서 천하를 다스린다면 이는 도척(盜跖)을 거듭 이롭게 하는 것이다. 말이나 섬을 만들어 물건을 되면 말이나 섬까지도 훔쳐가고 저울추와 저울대를 만들어 물건을 달면 저울추와 저울대까지도 훔쳐가며, 부절(符節)이나 인장(印章)을 만들어 믿는 표로 만들면 그 부절이나 인장도 훔쳐갈 것이고, 인(仁)과 의(義)로써 바로잡으려 하면 그 인과 의도 아울러 훔쳐갈 것이다. 어째서 그런 줄을 알겠는가? 저 갈구리[鉤]를 훔쳐간 자는 죽음을 당하고 나라를 도둑질한 자는 제후가 된다. 그리고 제후의 문에는 인의가 있으니 이는 인의와 성지(聖知)를 도둑질한 것이 아닌가? 그러므로 큰 도둑을 따라 제후를 내걸고 인(仁)·의(義)와 말·섬·저울추·저울대·부절·인장의 이익을 빼앗을 수 있는 사람이면 바록 높은 벼슬의 상을 주어도 착한 일을 권할 수가 없고, 형벌의 위엄을 가해도 악한 일을 금할 수가 없을 것이다. 이렇게 도척에게 거듭 이익을 주어 금할 수 없도록 까지 한 것은 곧 성인의 잘못이다. 그러므로 「고기는 못에서 태어나면 안 되고, 사람의 이기(利器)는 남에게 보여서는 안 된다」고 했다. 저 성인은 천하의 이기로 천하에 보일 것이 아니다. 그러므로 성인을 말살하고 지혜를 포기하면 큰 도둑이 곧 없어지고, 옥을 버리고 진주를 깨뜨려버리면 좀도둑이 일어나지 않을 것이며, 부절을 태우고 인장을 파기해버리면 백성들이 순박해질 것이고 말을 부숴버리고 저울대를 꺾어버리면 백성들이 다투지 않으며, 천하의 모든 성스러운 법을 없애버리면 백성들은 비로소 도를 말하게 될 것이다.[聖人不死 大盜不止 雖重聖人而治天下 則是重利盜跖也 爲之斗斛以量之 則幷與斗斛而竊之 爲之權衡以稱之 則幷與權衡而竊之 爲之符璽以信之 則幷與符璽而竊之 爲之仁義以矯之 則幷與仁義而竊之 何以知其然邪 彼竊鉤者誅 竊國者爲諸侯 諸侯之門而仁義存焉 則是非竊仁義聖知邪 故逐於大盜 揭諸侯 竊仁義 幷斗斛權衡符璽之利者 雖有軒冕之賞弗能勸 斧鉞之威弗能禁 此重利盜跖而使不可禁者 是乃聖人之過也 故曰 魚不可脫於淵 國之利器 不可以示人 彼聖人者 天下之利器也 非所以明天下也 故絶聖棄知 大盜乃止 摘玉毁珠 小盜不起 焚符破璽 而民朴鄙 掊斗折衡 而民不爭 殫殘天下之聖法而民始可與論議]. (張基槿·李錫浩 譯, 『老子·莊子』, 三省出版社, 1982, 268~269쪽.)

며 無爪牙以爭食也무조아이쟁식야라[18]

그런 까닭에 군주는 명령을 내리고, 신하는 군주의 명령을 실천하여 백성들에게까지 이르게 하고, 백성들은 먹을 곡식을 만들어 내고, 가재도구를 만들며, 재물을 유통하여 윗사람들을 섬긴다. 군주가 명령을 내리지 않으면 군주가 된 이유를 잃게 되고, 신하가 군주의 명령을 실천하여 백성에게까지 이르게 하지 않으면 신하가 된 이유를 잃어버리게 되고, 백성이 먹을 곡식을 만들어내거나 가재도구를 만들거나 재화를 유통하여 윗사람을 섬기기 않는다면 죽임을 당할 것이다.

是故시고로 君者군자는 出令者也출령자야요 臣者신자는 行君之令행군지령하야 而致之民者也이치지민자야요 民者민자는 出粟米麻絲출속미마사 하며 作器皿작기명 하야 通貨財통화재 하며 以事其上者也이사기상자야니 君군이 不出令불출령이면 則失其所以爲君즉실기소이위군이오 臣신이 不行君之令불행군지령 하야 而致之民이치지민 하면 則失其所以爲臣즉실기소이위신이며 民민이 不出粟米麻絲불출속미마사 하고 作器皿작기명 하며 通貨財통화재 하야 以事其上이사기상이면 則誅즉주라

불교의 법에 반드시 너의 군주와 신하를 버려야 하고, 너의 부모와 자식의 관계를 떨쳐버리고, 너의 서로 돕고 살아가는 길을 기피하고 소위 청정적멸(淸淨寂滅)만을 구하라고 말하니, 슬프다 그 역시 다행하게도 하(夏)·은(殷)·주(周) 시대가 지나서 출현하여 우(禹)·탕(湯)·문(文)·무(武)·주공(周公)·공자(孔子)에게 물리침을 당하지 않고, 그 또한 불행히

---

18 羽毛鱗介로 寒熱을 居(경과하다)할 수 없고, 爪牙로 먹을 것을 다툴 수 없다.

하(夏)·은(殷)·주(周) 시대 이전에 출현하지 않아서 우(禹)·탕(湯)·문(文)·무(武)·주공(周公)·공자(孔子)에게 다스림을 당하지 않았다.

今其法금기법에[19] 曰왈 하되 必棄而君臣필기이군신 하며 去而父子거이부자 하야[20] 禁而相生養之道금이상생양지도 하고[21] 而求其所謂淸淨寂滅者이구기소위청정적멸자라 하니 嗚呼오호라 其亦幸而出於三代之後기역행이출어삼대지후 하야[22] 而不見黜於禹湯文武周公孔子也이불견출어우탕문무주공공자야오[23] 其亦不幸而不出於三代之前기역불행이불출어삼대지전 하야 不見正於禹湯文武周公孔子也불견정어우탕문무주공공자야로다[24]

황제와 임금은 그 호칭이 달라도 성인이 된 까닭은 마찬가지다. 여름에는 베옷을 입고, 겨울에는 털옷을 입으며, 목마르면 마시고 배고프면 먹으니 그 하는 일은 비록 다르지만 지혜롭기는 마찬가지다.

19 기(其)는 불교를 지칭하고 있다.
20 『법원주림(法苑珠林)』제22:〈53-448중〉에 流轉三界中 恩愛不能脫 棄恩入無爲 眞實報恩者… 毁形守志節 割愛無所親 棄家入聖道 願度一切人〈삼계에 윤회하는 가운데 은애(恩愛)를 벗어날 수 없다. 은애를 버리고 무위(無爲)에 들어가야 진실로 은애를 갚는 것이다.…몸뚱이를 훼손하여 지조와 절개를 지키고 사랑을 버리고 가까이 하는 것을 없애며 집을 버리고 성도(聖道)에 들어가 모든 사람들 제도하기를 원한다.〉
21 기이…거이…금이…(棄而… 去而…禁而)에서 이(而)는 대명사로 이(爾)나 여(汝)의 뜻이고, 제2인칭으로 '너, 너의'라고 해석한다. 예로 이모비야(而母婢也)[너의 어머니는 노비다] 이수이역지(而誰以易之)[너는 누구와 함께 그것을 바꾸려는가?] 이과기성호(而果其賢乎)[너는 과연 현명하구나] 여지이무죄야(予知而無罪也)[나는 네가 무죄임을 안다]
22 기역행이출어삼대지후(其亦幸而出於三代之後)에서 기(其)는 대명사로 석노(釋老)를 지칭한다. 그러니까 부처나 노자는 다행하게도 삼대 이후에 출현하였다는 뜻이다. 또한 삼대(三代)는 하(夏)·은(殷)·주(周)를 말한다.
23 견출(見黜)은 '물리침을 당하다. 배척당하다'이니 見은 부사로 동사 앞에 쓰여 '…당하다'라는 뜻의 피동을 나타낸다. 예로 見殺[피살되다], 見侮[모욕당하다] 見惡[미움받다] 見欺[사기당하다] 見疑[의심받다] 見稱[칭찬받다].
24 불견정(不見正)에서 정(正)은 동사로 '바로잡다, 다스리다, 시비를 가리다, 제지하다'는 뜻이니, 不見正은 제지당하지 않았다, 비판받지 않았다는 뜻이다.

帝之與王제지여왕이 其號名기호명이 殊수이나[25] 其所以爲聖기소이위성은 一也일야요 夏葛而冬裘하갈이동구 하며[26] 渴飮而飢食갈음이기식이 其事雖殊기사수수나 其所以爲智기소이위지는 一也일야니라

노장의 말에 어찌 태고적의 일없이 한가로운 삶을 살지 않느냐고 하니 이것은 겨울에 털옷 입는 것을 꾸짖어 말하되 어찌 삼베옷을 입는 쉬운 삶을 살지 않느냐고 하는 격이다. 굶주린 사람이 밥 먹는 것을 꾸짖어 말하되 어찌하여 쉽게 마셔버리는 것으로 하지 않느냐고 말한다.

今其言금기언에[27] 曰왈 하되 曷不爲太古之無事갈불위태고지무사오 하니 是시는 亦責冬之裘者역책동지구자가 曰왈 하되 曷不爲葛之之易也갈불위갈지지이야며 責飢之食者책기지식자가 曰왈 하되 曷不爲飮之之易也갈불위음지지이야로다

『대학(大學)』에 이르되, 옛날의 명덕(明德)을 천하에 밝히고자 하는 이

---

25 『위지(魏志)』열전 13(列傳十三)「왕숙전(王肅傳)」云漢總帝皇之號 號曰皇帝 有別稱帝 無別稱皇, 注, 孫盛曰 化合神者曰皇 德合天者曰帝 是故三皇創號 五帝次之, 桓譚神論云, 夫上古稱三皇五帝而次有三王五伯 此天下君之冠首也 故言 三皇以道理而五帝用德化 三王由仁義五伯以勸智 其說之曰無制令刑罰 謂之皇 有制令而無刑罰 謂之帝 賞善誅惡 諸侯朝事 謂之王云云〈한나라 때는 제황(帝皇)이란 이름을 통틀어 황제(皇帝)라고 불렀다. 별칭이 있으면 제(帝)이고 별칭이 없으면 황(皇)이다. 주(注)하여 손성(孫盛)이 이르기를, 교화가 신(神)과 화합하면 황(皇)이라 하고, 덕이 하늘[天]고 화합하면 제(帝)라 한다. 그러므로 삼황(三皇)을 처음으로 불렀고, 오제(五帝)를 다음으로 불렀다. 환담신론(桓譚神論)에 이르기를, 아주 옛날에는 삼황오제(三皇五帝)라 불렀고, 다음에 35백(伯)이 있었다. 이는 천하 임금의 우두머리이다. 그래서 말하기를, 삼황(三皇)은 도(道)로 다스렸고, 오제(五帝)는 덕(德)으로 교화했으며, 삼왕(三王)은 인의(仁義)로 다스렸고, 오백(五伯)은 권지(權智)로 다스렸다.그래서 말하되, 제령(制令)과 형벌(刑罰)이 없으면 황(皇)이라 하고, 제령은 있으나 형벌이 없으면 제(帝)라 하고, 선을 상주고 악을 응징하며 제후(諸侯)를 거느리면 왕(王)이라 한다.〉

26 갈(葛)은 칡의 섬유로 짠 여름옷이고, 구(裘)는 모피(毛皮)로 만든 겨울옷이다.

27 기(其)는 도가(道家)를 지칭한다.

는 먼저 나라를 다스리고, 나라를 다스리려는 이는 먼저 집안을 다스리고, 집안을 다스리려는 이는 먼저 먼저 몸뚱이를 수련하고, 몸뚱이를 수련하려는 이는 먼저 그 마음을 바르게 하고, 마음을 바르게 하려는 이는 그 뜻을 성실하게 하라 하였다.

傳전에[28] 曰왈 하되 古之欲明明德於天下者고지욕명명덕어천하자는 先治其國선치기국 하고 欲治其國者욕치기국자는 先齊其家선제기가 하며 欲齊其家者욕제기가자는 先脩其身선수기신 하며 欲脩其身者욕수기신자는 先正其心선정기심 하고 欲正其心者욕정기심자는 先誠其意선성기의라 하니라

하지만 옛날에 이른바 마음을 바르게 하고 그 뜻을 성실하게 한 이는 장차 무엇인가 하고자 한 것이 있었으나 오늘날에 마음을 다스리고자 하여 천하국가를 버리고 인륜[天常]을 없애고 자식으로서 아버지를 아버지라 하지 않고, 신하로서 군주를 군주라 하지 않고, 백성으로서 해야 할 일을 하지 않으니, 공자께서 『춘추(春秋)』를 지었으니 제후(諸侯)들이 오랑캐의 예를 시행하면 그를 오랑캐라 하고, 오랑캐로서 중국에 동화하면 중국이라 했다.

然則연즉이나 古之所謂正心而誠意者고지소위정심이성의자는 將以有爲也장이유위야러니[29] 今也금야엔 欲治其心욕치기심 하여 而外天下國家이외천하국가 하고[30] 滅其天常멸기천상 하고[31] 子焉자언이 而不父其父이불부기부 하고 臣焉신

---

28 전(傳)은 『대학(大學)』를 가리킨다. 전(傳)은 옛날부터 내려오는 말을 쓴 서책(書册)을 말하거나 성인(聖人)의 경전(經典)을 해설한 것을 말한다. 『대학』은 본래 『예기(禮記)』의 한 편이다.

29 장이유위(將以有爲)는 장차 무엇인가 하고자 하는 것이 있다.

30 외(外)는 버리다, 제외시키다, 초탈하다. 멀리하다 등의 뜻이다

31 천상(天常)은 하늘이 정한 인륜, 오상(五常)의 도(道), 인(仁) · 의(義) · 예(禮) · 지(智) · 신

언이 而不君其君이불군기군 하며 民焉민언이 而不事其事이불사기사 하니 孔子
之作春秋也공자지작춘추야에 諸侯제후가 用夷禮용이례 하면 則夷之즉이지 하고
夷狄이적이 進於中國진어중국 하면[32] 則中國之즉중국지 하시니라

『논어』「팔일편(八佾篇)」에 이르되, 오랑캐에게 군주가 있는 것이 중국
여러 나라에 군주가 없는 것만 못하다고 했고, 『시경(詩經)』에는 '북쪽 오
랑캐를 무찌르고, 남쪽의 형서(荊舒)를 징계(懲戒)한다'고 했다. 오늘에 오
랑캐의 법을 들먹여 선왕(先王)들의 가르침을 높이려 한다면 과연 몇이
나 그것을 받아들여 오랑캐가 되지 않겠는가!

經경에 曰왈 하되[33] 夷狄之有君이적지유군이 不如諸夏之亡불여제하지망이라
하고 詩시에 曰왈 하되[34] 戎狄是膺융적시응 하고 荊舒是懲형서시징이니라[35] 今也
금야엔 擧夷狄之法거이적지법 하야 而加之於先王之敎之上이가지어선왕지교지
상 하니 幾何기하에[36] 其不胥而爲夷也기불서이위이야리오[37]

소위 선왕의 가르침이라는 것이 무엇인가?

(信), 부의(父義)·모자(母慈)·형우(兄友)·제공(弟恭)·자효(子孝).
32 진(進)은 가까이 하다, 동화하다, 친근하게 하다라는 뜻이다.
33 『논어(論語)』「팔일편(八佾篇)」
34 『시경(詩經)』「노송(魯頌)」민궁(閟宮), 융(戎)은 서쪽의 융족(戎族), 적(狄)은 북쪽의 적족
   (狄族), 형(荊)은 춘추시대 초(楚)나라, 서(舒)는 춘추시대 서(舒)나라.
35 『맹자(孟子)』「등문공장(滕文公章)」하에 '시경에 융적을 무찌르고 형서를 징계하니 감히 대
   항하려도 못하는 구나라고 했으니 아비를 무시하고 임금을 무시하는 자는 주공의 정벌대
   상이었다. [詩云 戎狄是膺 荊舒是懲 則莫我敢承 無父無君是周公之所膺也].
36 기하(幾何)는 수식어나 술어로 쓰여 수량을 묻거나 정확하지 않은 수를 나타내며 '몇이나,
   얼마나, 약간, 다소'로 해석한다. 부사로 쓰여 원인을 묻거나 반문을 나타내며, '어찌하여', '왜'
   라고 해석한다.
37 서(胥)는 '뒤따르다, 추종하다'라는 뜻이다.

널리 사랑하는 박애(博愛)를 인(仁)이라 하고, 행동하여 누구라도 받아들일 수 있는 타당한 방향으로 가는 것을 의(義)라 하며, 인(仁)과 의(義)를 통해 가는 것을 도(道)라 하고, 자기 자신에게 만족하여 밖에서 무엇인가를 기대하지 않는 것을 덕(德)이라 하는 것이니, 그 글은『시경(詩經)』·『서경(書經)』·『주역(周易)』·『춘추(春秋)』이고, 그 법은『예악(禮樂)』과『형정(刑政)』이며, 그 백성은 선비[士]·농사꾼[農]·장인[工]·장사꾼[商]이고, 그 사회적 관계는 군주와 신하[君臣]·부모와 자식[父子]·스승과 친구[師友]·손님과 주인[賓主]·형과 동생[兄弟]·남편과 아내[夫婦]이고, 그 입는 것은 삼과 고치실로 짠 것이요, 그 주거는 가옥(家屋)이고, 그 먹는 것은 곡식류·채소와 과일·물고기나 육류이고, 그 도(道)란 밝히기 쉽고, 그 가르침이란 실천하기 쉬운 것이다.

所謂先王之敎者소위선왕지교자는 何也하야오 博愛之謂仁박애지위인이오 行而宜之행이의지를 之謂義지위의요 由是而之焉유시이지언을 之謂道지위도요 足乎己족호기 하야 無待於外무대어외를 之謂德지위덕이니 其文기문은 詩시와 書서와 易역과 春秋춘추요 其法기법은 禮樂예악과 刑政형정이요 其民기민은 士사와 農농과 工공과 賈고요 其位기위는 君臣군신이요 父子부자며 師友사우요 賓主빈주며 昆弟곤제고[38] 夫婦부부니라 其服기복은 麻絲마사요 其居기거는 宮室궁실이요 其食기식은 粟米율미요 蔬果소과며 魚肉어육이라 其爲道기위도는 易明이명이요 而其爲敎이기위교는 易行也이행야니라

그런 까닭에 이 선왕의 가르침으로 자신을 다스리면 도리를 따르면서 상서로울 것이요, 이것으로 남들을 남을 위하면 사랑하면서 공평할 것

---

38 곤제(昆弟)에서 곤(昆)은 형야(兄也), 친하고 우애가 깊음의 비유이다.

이며, 이것으로 마음을 다스리면 화목하고 평온할 것이며, 이것으로 천하국가를 다스리면 옳지 못한 것이 없을 것이다. 그러므로 살아서는 인정(人情)을 얻게 되고, 죽을 때는 그 인륜의 도리를 다하는 것이다. 임금이 하늘에 제사하니 천신(天神)에 이르고, 사당(祠堂)에서 제사를 하면 조상의 혼령이 감응하여 제사를 받는다.

是故시고로 以之이지로 爲己위기 하면 則順而祥즉순이상 하고 以之이지로 爲人위인 하면 則愛而公즉애이공 하고 以之이지로 爲心위심 하면 則和而平즉화이평 하고 以之이지로 爲天下國家위천하국가 하면 無所處而不當무소처이부당이라 是故시고로 生則得其情생즉득기정 하고 死則盡其常사즉진기상하야 郊焉교언이[39] 而天神이천신이 假격하고[40] 廟焉묘언이 而人鬼이인귀가 饗향이니라[41]

여기서 말하는 도(道)란 어떤 도인가? 이는 내가 말하는 도요, 앞에서 말한 노자(老子)나 부처의 도가 아니다. 요(堯)임금은 내가 말한 이 도로써 순(舜)임금에게 전했고, 순임금은 이것으로 우(禹)임금에게 전했으며, 우임금은 이것으로 탕(湯)임금에게 전했고, 탕임금은 이것으로 문(文)·무(武)·주공(周公)에게 전했으며, 문(文)·무(武)·주공(周公)은 공자(孔子)에게 전했고, 공자는 맹자(孟子)에게 전했는데, 맹자가 죽음에 그것을 전하지 못하니 순자(荀子)와 양웅(揚雄)을 가려냄에 정밀(精密)하지 못하고 말함에 상서롭지 못하다.

曰왈 하되 斯道也사도야는 何道也하도야오 曰왈 하되 斯사는 吾所謂道也오소

위도야요 非向所謂老與佛之道也비향소위노여불지도야라 堯요는 以是이시로[42]
傳之舜전지순 하시고 舜순은 以是이시로 傳之禹전지우 하시며 禹우는 以是이시
로 傳之湯전지탕 하시고 湯탕은 以是이시로 傳之文武周公전지문무주공 하시고[43]
文武周公문무주공이 傳之孔子전지공자 하시고 孔子공자는 傳之孟軻전지맹가 하
사 軻之死가지사에 不得其傳焉부득기전언 하니 荀與揚也순여양야는[44] 擇焉택언
이 而不精이부정 하고 語焉어언이 而不祥이불상이니라

　주공(周公) 이전에는 그 위는 군주가 되었다. 그래서 그 일을 실천하였
다. 주공 이후에는 그 아래는 신하가 되었다. 그래서 그 가르침이 길어
졌다. 그러니 이를 어찌하면 좋겠는가! 나는 말한다. 노불(老佛)의 도(道)
를 막지 않으면 유가(儒家)의 도가 널리 퍼지지 않을 것이며, 노불(老佛)이
하는 일을 멈추게 하지 않으면 유가(儒家)의 도가 실행되지 않을 것이다.

42　시(是)는 한유가 말하는 도(道)를 뜻한다.
43　문(文)은 주(周)나라 문왕(文王)으로 성은 희(姬)이고 이름은 창(昌)이다. 은(殷)나라 주왕
　　(紂王)때 서백(西伯)이 되어 선(善)을 쌓고 인(仁)을 베풀어 정치와 교화가 크게 떨치자 많
　　은 제후와 인재가 귀부(歸附)하였다. 그 후 숭후호(崇侯虎)의 참소를 받아 유리(羑里)에 유
　　폐되었다가 풀려난 후 더욱 선정을 베풀어 천하의 3분의 2를 차지하였다. 아들 무왕(武王)
　　이 주왕(紂王)을 멸하고 나라를 세운 뒤 문왕으로 추존하였다. 무(武)는 주(周)나라 제1대
　　왕, 즉 앞에서 말한 문왕(文王)의 아들 희발(姬發)을 말한다. 은(殷)의 폭군 주(紂)를 친 뒤
　　에 호(鎬)에 도읍하여 주나라를 세우고 19년간 재위하였다. 주공(周公)은 주(周)나라 문왕
　　의 아들이자 무왕의 아우로 희단(姬旦)을 말한다. 무왕을 도와 주(紂)를 토벌하고, 조카 성
　　왕(成王)을 대리하여 정사(政事)를 맡아 무경(武庚)·관숙(管叔)·채숙(蔡叔)의 반란을 진
　　압하였다. 제도(制度)·예악(禮樂)을 정하고 관혼상제의 의례(儀禮)를 제정하여 후대에 성
　　현(聖賢)의 모범으로 꼽힌다.
44　순(荀)은 성악설(性惡說)을 주장한 순자(荀子)이고 그 제자에 한비자(韓非子), 이사(李斯)
　　가 있다. 양(揚)은 양웅(揚雄)이다. 양웅은 한(漢)의 성도(成都) 사람으로 자(字)는 자운(子
　　雲)이며, 학식이 넓고 아는 것이 많았으며, 시부(詩賦)에 능하였다. 성제(成帝) 때 출사하였
　　고, 뒤에 왕망(王莽)에게 나아가 벼슬하였다. 저서에『태현경(太玄經)』,『양자법언(揚子法
　　言)』이 있다.

노불(老佛)의 신봉자를 환속토록 하여 일반 백성이 되게 하고, 노불(老佛)의 책들을 불에 태우고, 사원(寺院)과 도관(道觀)을 헐어서 백성들의 집으로 만들어 선왕(先王)의 도를 밝게 하여 그것으로 그들을 인도하고, 홀아비[鰥]·과부[寡]·고아[孤]·자식 없는 노인[獨]·불치병자[廢疾者]를 잘 보호하여 잘 살아가도록 하면 그 또한 정도(正道)에 거의 가까워질 것이다.

由周公而上유주공 이상은 上而爲君상이위군이라 故고로 其事기사를 行행하고 由周公而下유주공 이하는 下而爲臣하이위신이라 故고로 其說기설이 長장이니라 然則연즉이면 如之何而可也여지하이가야오 曰왈 하되 不塞불색이면 不流불류요 不止부지면 不行불행이니 人其人인기인 하고 火其書화기서 하며 廬其居려기거 하야[45] 明先王之道명선왕지도 하야 以道之이도지 하고[46] 鰥寡孤獨廢疾者환과고독폐질자를 有養也유양야면 其亦庶乎기역서호가[47] 其可也기가야니라[48]

---

45 려(廬)는 나라에서 농사일의 편의를 위하여 밭 가운데 지어주던 농막, 오두막집을 말한다.
46 도자(道者) 도야(導也).
47 서호(庶乎)는 부사로서 추측의 어기를 나타내고 '대개, 어쩌면, 거의 가까움'이라 해석한다.
48 기가(其可)는 충분하지는 않지만 그로서 어느 정도 목적을 달성할 수 있다는 의미이다.

論佛骨表
논 불 골 표 [1]

신(臣) 모(某)가 아뢰옵나이다. 엎드려 생각하건대 불교는 오랑캐의 한 법일 뿐입니다. 후한 때에 중국에 흘러들어 왔을 뿐 아주 오랜 옛날에는 아직 있지도 않았습니다.

臣某言신모언 하노이다 伏以복이컨대 佛者불자는 夷狄之一法耳이적지일법이 라 自後漢時자후한 시에 流入中國유입중국 하니 上古상고에 未嘗有也미상유야 니라

옛날 황제(黃帝)께서는 재위(在位) 100년에 연세는 110세이셨습니다. 소호(少昊)께서는 재위 80년에 연세는 100세이셨습니다. 전욱(顓頊)께서는 재위 79년에 연세는 98세이셨습니다. 제곡(帝嚳)께서는 재위 70년에 재위 70년에 연세는 105세이셨습니다. 요(堯) 임금은 재위 98년에 연세가 118세이셨습니다. 순(舜)임금과 우(禹)임금께서 연세가 두 분 다 100

---

1 『한문대계(漢文大系)』 제3권 한유(韓愈) 퇴지(退之) 권2.

세이셨습니다. 이때에는 천하가 태평하고 백성들의 삶이 편안하고 즐거웠고 장수를 누렸습니다. 그러나 중국에 아직 불교가 있지 않았습니다.

昔者석자에 黃帝황제가 在位百年재위백년 하니 年년이 百一十歲백일십 세요 少昊소호가 在位八十年재위팔십년 하니 年년이 一百歲일백 세이며 顓頊전욱이 在位七十九年재위칠십구 년 하니 年년이 九十八歲구십팔 세요 帝嚳제곡이 在位七十年재위칠십 년 하니 年년이 百五歲백오 세이며 帝제인 堯요가 在位九十八年재위구십팔 년 하니 年년이 一百一十八歲일백십팔 세요 帝제인 舜순과 及禹급우의 年년이 皆百歲개백 세이나 此時차시에는 天下천하가 太平태평하고 百姓백성이 安樂안락하야 壽考수고니라

그 후 은(殷)나라 탕(湯)임금 역시 100세이셨고, 탕임금의 손자이신 태무(太戊)임금께서는 75년간 재위하셨고, 무정(武丁)임금께서는 59년간 재위하셨으나 역사서에는 태무임금이나 무정임금의 연세를 언급하지 않고 있으나 연세를 추측하건대 그 분들 역시 100세 이하는 아니셨던 것 같습니다. 주 문왕(周文王)의 연세가 97세이셨고, 무왕(武王)의 연세는 93세이셨으며, 목왕(穆王)께서는 100년 동안 재위하셨으니, 이때까지도 불법은 아직 중국에 들어오지 않았으니 부처님을 섬기셨기 때문에 장수하신 것은 아니었습니다.

然而연이나[2] 中國중국에 未有佛也미유불야이니라 其後기후에 殷은의 湯탕이 亦百歲역백 세요 湯탕의 孫손인 太戊태무는 在位七十五年재위칠십오 년 하고 武丁무정이 在位五十九年재위오십구 년이나 書史서사에는 不言其年壽불언기년수의 所極소극이니라 推其年數추기년수 하면 蓋亦俱不減百歲개역구불감백 세이니

---

2 연이(然而)는 접속사로 전환을 나타내고 아랫구문의 첫머리에 쓰인다. 굳이 번역할 필요는 없으나 '그러나'로 번역할 수 있다.

라 周文王주문왕의 年년이 九十七歲구십칠 세이고 武王무왕의 年년이 九十三歲
구십삼 세이며 穆王목왕이 在位百年재위백년 하니 此時차시에도 佛法불법은 亦
未至中國역미지중국 하니 非因事佛而致然也비인사불이치연야니라

한(漢)나라 명제(明帝)때 비로소 불법이 있게 되었는데, 명제는 겨우 18
년동안 재위했을 뿐입니다. 그 뒤에는 어지러워져 멸망함이 서로 계속
되어 나라의 운명이 길지 못하더니 송(宋)·제(齊)·양(梁)·진(陳)·원위
(元魏) 등의 나라 이후에는 부처를 섬기는 것이 점점 더 정성스럽더니 임
금님의 연세와 나라의 운명이 더욱 짧아졌습니다.

漢明帝時한명제 시에 始有佛法시유불법 하니 明帝명제가 在位纔十八年耳재
위재십팔 년이 하고 其後기후에는 亂亡난망이 相繼상계하야 運祚운조가 不長부장
이니 宋齊梁陳元魏以下송제량진원위 이하에는 事佛漸謹사불점근터니 年代연대
가 尤促우촉이니라

오직 양(梁)나라 무제(武帝)만이 48년을 재위하였는데 그 간에 세 번이
나 불교에 귀의하여 부처를 섬기면서 종묘(宗廟)에 제사를 지낼 때에 고
기를 쓰지 않았고 하루 한 끼니만을 들면서도 야채와 과일에 그쳤는데,
후에 후경(侯景)에게 쫓겨 대성(臺城)에서 굶어 죽었고 나라 또한 오래 지
않아 멸망했으니, 부처를 섬겨 복을 얻으려 했으나 오히려 재앙만 얻게
되었습니다. 이런 것을 통해 살펴보건대 부처를 섬길 것이 못 된다는 것
을 알 수 있겠습니다.

惟梁武帝유양무제는 在位四十八年재위 사십팔 년에 前後三度전후삼도나 捨
身施佛사신시불 하고 宗廟之祭종묘지제에 不用牲牢불용생뢰 하고 晝日주일토록
一食일식으로 止於菜果지어채과나 其後竟기후경에 爲景所逼위후경소핍 하야 餓

死臺城아사대성 하고 國亦尋滅국역심멸 하니 事佛求福사불구복이나 乃更得禍
내갱득화니라 由此유차로 觀之관지컨대 佛不足事불부족사를 亦可知矣역가지의
라

　고조(高祖)께서 옛날에 수(隋)나라로부터 천자의 자리를 물려받을 때
불교를 제거할 것을 논의 하였는데 그 당시 많은 신하들이 식견(識見)이
원대(遠大)하지 못하고 선왕의 도와 옛날과 오늘날에 합당한 일을 깊이
파악하여 임금님의 덕을 드러내 밝혀서 그 폐단을 막지 못함으로써 그
일이 드디어 이 지경에 이르렀으니, 신(臣)은 늘 뉘우치게 됩니다.

　高祖고조가 始受隋禪시수수선 하야 則議除之즉의제지 하니 當時당시 群臣군
신의 材識재식이 不遠불원 하야 不能深知先王之道불능심지선왕지도와 古今之
宜고금지의 하고 推闡聖明추천성명 하야³ 以救斯弊이구사폐 하고 其事遂止기사
수지 하니⁴ 臣신은 常恨焉상한언 하노이다

　엎드려 생각하건대, 예성문무황제폐하(睿聖文武皇帝陛下)의 거룩하고 지
혜로우며 씩씩하심은 수백 수천 년 이래로 비교할 수 있는 분이 아직 없
으십니다. 천자에 오르신 처음에는 사람들이 승려나 도사가 되는 것을
허락하지 않으시고 또 별도로 절이나 도관(道觀)을 건립하는 것을 허락
지 않으시니, 신(臣)은 평소 나라를 창업하신 고조(高祖)의 뜻이 반드시

3　추천(推闡)은 드러내어 밝힘을 말한다.
4　당(唐) 무덕(武德) 9년(626) 4월에 태사령(太史令) 부혁(傅奕)이 불교를 제거할 것을 상주
　하였다. 이때 고조(高祖)가 신하를 모아 의논하니 부혁의 의견에 찬성하는 사람은 태복경
　(太僕卿) 장도원(張道源) 한 사람뿐이었다. 그리하여 고조는 불교사원을 정리하여 통합하
　는데 그쳤다. 장도원은 기(祁) 땅 사람으로 이름은 하(河)이고, 자(字)가 도원(道源)이고, 시
　호는 절(節)이니, 자로써 세상에 더 알려진 사람이다.

폐하의 손에서 실현되는 것이라고 여겼습니다. 지금 비록 바로 시행할 수 없을지언정 어찌 방자하게 방침을 바꾸어 번성토록 할 수 있겠나이까?

伏惟복유컨대 睿聖文武皇帝陛下예성문무황제폐하의[5] 神聖신성이[6] 英武영무하야[7] 數千百年已來수백 천년 이래로 未有倫比미유륜비로다 卽位之初즉위초년에는 不許度人爲僧尼道士불허도인위승니도사 하고 又不許創立寺觀우불허창립사관 하시니[8] 臣신은 常以爲高祖之志상이위고조지지가 必行於陛下之手필행어폐하지수로이다 今금에 縱未能卽行종미능즉행이언정 豈可恣之轉기가자지전 하야[9] 令盛也영성야리오

이제 듣사오니, 폐하께서는 많은 승려들로 하여금 봉상에 있는 불골(佛骨)을 맞이하게 하시고 누각에 오르시어 바라보시며 가마를 메어 궁중에 들게 하시고, 또 여러 사찰로 하여금 돌아가며 맞이하여 공양토록 하셨다고 들었나이다. 신(臣)이 비록 지극히 어리석다 하겠사오나 폐하께서 불교에 미혹되시어 이처럼 높이 받들어 복을 비는 것이 아니라는 것을 분명히 알고 있습니다. 다만 풍년이 들면 백성들이 기뻐하니 백성들의 마음을 따라 서울 장안의 서민들을 위해 진귀한 구경거리를 마련하여 즐거운 놀이감이 되도록 하시려는 것이지 어찌 이처럼 성스럽고 밝으신 폐하께서 이런 일을 바라고 믿으시는 일이 있사오리까

今聞금문 하오니 陛下폐하께서 令群僧령군승 하야 迎佛骨於鳳翔영불골어봉

---

5 예성문무황제(睿聖文武皇帝)는 당(唐)나라 헌종(憲宗)의 존호(尊號)이다.
6 신성(神聖)은 매우 거룩하고 성스럽다는 뜻이나 제왕(帝王)을 높여 부르는 말이기도 하다.
7 영무(英武)는 재주와 지혜가 뛰어나고 씩씩함이나 그러한 사람을 말한다.
8 사(寺)는 불교사원이고 관(觀)은 도교사원이다.
9 기가(豈可)는 어찌…할 수 있는가, 반문을 나타낸다.

상 하시고 御樓어루에 以觀이관 하시고 昇入大內여입대내 하시어 又令諸寺우령
제사로 遞迎供養체영공양케 하시니 臣신이 雖至愚수지우나 必知陛下不惑於佛
필지폐하불혹어불 하야[10] 作此崇奉작차숭봉 하야 而祈福祥也이기복상야니이다 直
以豐年직이풍년으로[11] 人樂인락 하니 狗人之心구인지심 하야[12] 爲京都士庶위경
도사서 하야 設詭異之觀설궤이지관 하야[13] 戲玩之具耳희완지구이지 安有聖明若
此안유성명약차 하야 而肯信此等事哉 이긍신차등사재리오

그러하오나 백성이 우매하여 미혹되기는 쉽고 깨닫기란 어렵사옵니
다. 참으로 폐하께서 이렇게 하시는 모습을 보고 진심(眞心)으로 부처를
믿으신다고 여겨 모두들 말하기를, '아주 총명하신 천자께서도 오히려
일심으로 존경하고 믿으시는데 우리 같은 백성이 무엇이길래 어찌 신명
(身命)을 아끼려 한단 말이냐?'고 하면서 정수리에 향을 사르고 손가락을
태우며 수십, 수백 명이 떼를 지어 옷을 벗어주고 재물을 희사하기를 아
침부터 저녁까지 하고, 더군다나 서로서로 본받아 따라 할 것입니다. 다
만 걱정스러운 것은 훗날 늙은이나 젊은이 할 것 없이 앞을 다투어 생업
을 버리게 될까 봐 걱정입니다.

然연이나 百姓백성이 愚冥우명 하야 易惑難曉이혹난효 하니 苟見陛下如此
구견폐하여차 하고 將謂장위 하되 眞心信佛진심신불은 皆云개운 하되 天子천자가
大聖대성 하야 猶一心敬信유일심경신이거늘 百姓백성이 何人하인이건대 豈合更
惜身命기합갱석신명이리오 焚頂燒指분정소지가 百十爲群백십위군 하고 解衣散

<hr>

10 필지(必知)에서 필(必)은 '모두, 틀림없이,' 또는 '꼭 믿다, 단호하다' 등의 뜻이다.
11 직(直)은 부사로서 어떤 범위에 한정되는 것을 나타내고, '겨우, 단지…만, 다만…하는데 불
　과하다, 겨우…일뿐이다, 그러나' 등으로 해석한다.
12 구(狗)는 순(徇)의 착오가 아닐까?
13 궤이지관(詭異之觀)은 괴상하고 기이한 볼거리라는 뜻이다.

錢해의산전을[14] 自朝至暮자조지모 하야 轉相倣効전상방효러니[15] 唯恐유공은 後時후시에 老幼노유가 奔波분파 하야 棄其業次기기업차하나이다[16]

　만약 지금 즉시 사리에 공양하는 것을 금지하여 막지 않으시고 여러 절을 돌면서 하게 하신다면 반드시 팔을 끊고 살을 저며 공양하려는 자가 반드시 있을 것이오니 결국 미풍양속(美風良俗)은 무너지고 천지사방에 웃음꺼리만 남기게 될 것이니 그냥 지나칠만한 작은 일이 아니옵니다.

　若不卽加禁遏약부즉가금알 하야 更歷諸寺갱력제사 하면 必有斷臂臠身필유단비련신 하야 以爲供養者이위공양자 하리니 傷風敗俗상풍패속 하고 傳笑四方전소사방이 非細事也비세사야로이다

　부처란 본래 오랑캐 출신이라 우리 중국 사람과 말이 통하지 않고 옷을 만드는 방식 또한 다르며, 입에는 옛날 성왕(聖王)의 예법에 맞는 말을 하지 않고, 몸에는 옛날 성왕의 법도에 맞는 옷을 입지 않으며, 임금과 신하 간의 의리나 부모 자식 간의 정마저도 알지를 못합니다.

　夫佛부불은 本夷狄之人본이적지인이라 與中國여중국과 言語언어가 不通불통하고 衣服의복이 殊製수제 하며 口不言先王之法言구부도선왕지법언 하고[17] 身

14　해의산전(解衣散錢)이란 옷을 벗어주고 재물로 은덕을 베푸는 것을 말한다.

15　방효(倣効) =倣傚=倣效는 본받음, 모방함.

16　업차(業次)는 생업(生業)을 말한다.

17　당 현종(唐玄宗)의 『어주본(御註本)』法言謂禮法之言 德行謂道德之行 若言非法行非德則虧孝德 故不敢爲也 [漢文大系 五].〈법언(法言)은 예법(禮法)의 말이고, 덕행(德行)은 도덕적 행동을 말한다. 비법(非法)을 말하고, 비덕(非德)을 행하면 효덕(孝德)을 일그러뜨리기 때문에 감히 하지 않는 것이다.〉

不服先王之法服신불복선왕지법복 하며[18] 不知君臣之義부지군신지의와 父子之
情부자지정 하나이다

만약 그 몸뚱이가 지금까지 여전히 살아 나라의 명을 받들어 중국에
와서 조정을 알현 한다면 폐하께서는 받아들여 접견하시되 선정전(宣政
殿)에서 한 번 만나보시고 예빈원(禮賓院)에서 연회를 한 차례 베푸시고
옷 한 벌을 하사 하시고 호위하여 국경까지 보내주어 우리 백성들을 현
혹하지 않도록 하는 것에 지나지 않아야 할 것 입니다. 하물며 그 몸이
죽은 지가 이미 오래되어 썩은 뼈의 흉측하고 더러운 것에 지나지 않는
것을 어찌 당당하게 궁궐에 들어오게 한 단 말입니까?

假如其身至今尙在가여기신지금상재 하야 奉其國命봉기국명코자 來래 하야
朝京師조경사 한다면[19] 陛下폐하가 容而接之용이접지 하야 不過宣政一見불과선
정일견 하야[20] 禮賓一設예빈일설 하야 賜衣一襲사의일습 하야 衛而出之於境위이
출지어경 하야 不令惑衆也불령혹중야니이다 況其身死已久황기신사이구 하야 枯

---

18 『효경(孝經)』「경대부장(卿大夫章)」제4에 非先王之法服不敢服 非先王之法言不敢道 非先
   王之德行不敢行 是故 非法不言 非道不行 口無擇言 身無擇行 言滿天下無口過 行滿天下無
   怨惡 三者備矣 然後 能守其宗廟 蓋卿大夫之孝也 詩云 夙夜匪懈 以事一人〈선왕의 법에 따
   른 복식이 아니면 감히 입지를 않고, 선왕의 법언(法言)이 아니면 감히 말하지 않고, 선왕의
   덕행(德行)이 아니면 감히 행하지 않는다. 그래서 법이 아니면 말하지 않고 도가 아니면 행
   하지 않으니 입에는 가릴 말이 없고, 몸에는 가릴 행동이 없어서 말이 천하에 가득하나 입
   의 허물이 없고 행동이 천하에 가득하나 원망과 재앙이 없다. 복장·말·덕 이 세 가지가
   갖추어진 뒤에 종묘(宗廟)를 지킬 수 있으니 경대부(卿大夫)의 효다.『시경』에 잠시도 태만
   하지 않고 오직 한 사람을 섬긴다고 했다.〉 ※여기서 말한『시경(詩經)』은「대아(大雅)」증
   민(烝民)을 말한다.
19 경사(京師)는 경도(京都), 조정(朝廷) 또는 천자의 군대를 말한다. 조경사(朝京師)에서 조
   (朝)는 알현하다, 뵙다.
20 선정(宣政)은 당(唐)의 대명궁(大明宮) 안에 있던 궁전(宣政殿), 조정의 중대한 의식을 거행
   하는 곳으로 뒤에 정관전(貞觀殿)으로 고쳤다.

朽之骨고후지골이 凶穢之餘흉예지여거늘 豈宜令入宮禁기의령입궁금 하리오

공자께서 이르시되, 귀신을 공경하면서도 그것을 멀리 하라고 하셨습니다. 옛날 제후들이 나라에서 조문(弔問)을 할 때에도 반드시 무축(巫祝)으로 하여금 먼저 도열(桃茢)로 상서롭지 못함을 떨쳐버리도록 한 뒤에 조문을 했거늘 이제 아무런 까닭도 없이 썩고 더러운 물건을 몸소 관람하시는데 먼저 무축(巫祝)을 앞세우시지 않고, 도열(桃茢)도 사용하지 않으시나 많은 신하들이 그 어긋남을 말하지 않고, 어사(御史)마저 그 과실(過失)을 바로 잡으려 하지 않으니 신(臣)은 참으로 부끄럽습니다.

孔子曰공자왈 하되[21] 敬鬼神而遠之경귀신이원지니 古之諸侯고지제후가 行吊於其國행조어기국에 尙令巫祝상령무축으로[22] 先以桃茢선이도렬로[23] 被除不祥불제불상 하고[24] 然後연후에 進吊진조어늘 今금에 無故무고로 取朽穢之物취후예지물 하야 親臨觀之친림관지 하니 巫祝무축을 不先불선 하고 桃茢도렬도 不用불용 하나 群臣군신이 不言其非불언기비 하고 御史어사도[25] 不擧其失거기실 하니 臣신이 實恥之실치지 하나이다

21 『논어(論語)』「옹야편(雍也篇)」에 樊遲問知 子曰 務民之義 敬鬼神而遠之 可謂知矣 問仁 曰 仁者先難而後獲 可謂仁矣.〈번지(樊遲)가 지혜에 대하여 묻자, 공자가 이르되, 사람이 지켜 나갈 도의에 힘을 쓰고, 귀신을 공손히 다루되 멀리하면 지혜롭다 하리라.〉
22 무축(巫祝)에서 무(巫)는 굿하는 사람이니 신을 섬기는 사람이고, 축(祝)은 제사에 기도하는 사람을 말한다. 그러니까 점치는 일과 제사를 맡은 사람을 말한다. 무(巫)는 무당이고, 축(祝)은 축사(祝史)이니 제사를 맡은 관리이다.
23 도렬(桃茢)은 복숭아나무의 가지와 갈대의 이삭으로 만든 비로 사귀(邪鬼)를 쫓는 데에 썼음.
24 불제(被除)는 신에게 빌어서 죄·부정을 떨쳐버리는 행사.
25 어사(御史):춘추·전국 시대에는 임금 가까이에서 문서의 처리와 기록하는 일을 맡았고 진(秦)나라 때는 승상(丞相)의 다음 가는 지위로 군(郡)을 감독 감독하였으며, 한(漢)나라 이후에는 규찰(糾察)과 탄핵을 전담하였다.

바라옵건대, 이 부처의 뼈는 관리에게 맡기시어 물이나 불속에 던져 영원히 근본을 없애버려 천하의 의구심을 단절하여 후대의 의혹마저 없애시어 온 천하의 사람들로 하여금 아주 지혜로운 사람이 하시는 일이 심상(尋常)치 않다는 것을 널리 알려주소서.

그러시면 어찌 칭송치 않을 것이며, 어찌 통쾌하지 않으오리까?

乞걸 하건대 以此骨이차골을 付之有司부지유사 하야 投諸水火투저수화 하고 永絶根本영절근본 하야 斷天下之疑단천하지의 하고 絶後代之惑절후대지혹 하시어 使天下之人사천하지인으로 知大聖人之所作爲지대성인지소작위 하야 出於尋常출어심상 하야 萬萬也만만야 하소서[26] 豈不盛哉기불성재며 豈不快哉기불쾌재리오

부처에게 만약 신령함이 있어서 재앙을 일으켜 재앙과 허물이 있게 된다면 당연히 신(臣)의 몸에 미칠 것이옵니다. 하늘이 내려다 보실 것이니 신은 원망하거나 후회하지 않을 것입니다. 마음이 격동(激動)하고 지극히 정성스러워짐을 어찌 감당할 수 없기에 삼가 이 표(表)를 받들어 올립니다. 신모(臣某)는 대단히 두렵고 불안하옵나이다.

佛불이 如有靈여유령이라면[27] 能作禍祟능작화수 하면[28] 凡有殃咎범유앙구를 宜加臣身의가신신 하오이다 上天鑑臨상천감림 하사 臣不怨悔신불원회 하소서[29] 無任感激懇悃之至무임감격간곤지지 하사와 謹奉表以聞근봉표이문 하나이다. 臣某신모는 誠惶誠恐성황성공 하나이다[30]

---

26 심상(審常)은 대수롭지 않다는 의미이고, 만만(萬萬)은 '훨씬'이라는 의미이다.
27 여유(如有)는 접속사로 가설을 나타내고, '만일⋯한다면'이라 해석한다.
28 수(祟)는 귀신이 내리는 재앙, 재앙이나 병이 생기는 원인을 말한다.
29 「융흥편년통론(隆興編年通論)」 제22:〈卍續藏經 130-645상〉.
30 성황성공(誠惶誠恐)이란 말은 대단히 두렵고 불안하다는 뜻으로 한(漢)·위(魏)나라 때 임

사리봉안에 대하여

한유는 38살 때인 805년에 쓴 『원도(原道)』에서 '불교와 도교를 막지 못하면 유교가 유통되지 못하고, 불교와 도교를 멈추게 하지 못하면 유교가 행해질 수 없으니, 비구·비구니나 도사는 환속시켜야 하고, 불교나 도교의 책들은 소각해야 하며, 불교의 사찰이나 도관(道觀)은 헐어 일반주택으로 만들어야 한다'[不塞不流 不止不行 人其人 火其書 廬其居]고 했다.

그런가 하면 그의 나이 52살 때인 819년에 쓴 「논불골표(論佛骨表)」에서는 '부처의 유골을 관아에 부촉하여 물이나 불에 던져버려서 영원히 뿌리를 끊어야 천하의 의심을 단절하고 후대의 미혹을 끊게 된다'[以此骨 付之有司 投諸水火 永絶根本 斷天下之疑 絶後代之惑]고까지 말하고 있다. 부처님 사리를 물이나 불에 던져서 영원히 뿌리를 끊어야 한다는 말은 훗날 정도전(鄭道傳)의 「불씨잡변(佛氏雜辯)」에도 인용되고 있다.

그러면 사리(舍利)는 무엇인가? 도선(道宣: 596~667)이 인덕 원년(麟德元年), 즉 661년에 지은 『집신주삼보감통록(集神州三寶感通錄)』에 '사리는 서쪽 인도의 말이며, 중국말로는 골신(骨身)이란 뜻이다. 함부로 범부의 뼈라고 생각할까 염려되어 본래의 명칭에 의지하여 그것을 구별하였다'고 하였다.[31] 그러니까 부처님의 유골(遺骨)인데, 범부들의 유골처럼 생각하여 함부로 대할까 염려되어 번역하지 않고 인도말 그대로 쓴다는 것이다.

당 황실에서는 법문사(法門寺)에 모셔진 불지사리(佛指舍利)를 30년에

금에게 올리는 글의 끄트머리에 사죄사죄(死罪死罪)라는 말과 함께 의례적으로 썼던 말이다.

31 『집신주삼보감통록(集神州三寶感通錄)』〈52-404상〉舍利西梵天言 此云骨身也 恐濫凡夫之骨故依本名而別之 *신주(神州)는 황하유역으로 중원(中原)을 말하니, 지금의 중국을 말한다.

한 번씩 궁궐에 모시고 성대하게 공양을 올렸는데, 기록으로 확인할 수 있는 사리봉안식을 살펴보면 다음과 같다.

차례	年代	皇帝	出典
1	660년(顯慶 5)	高宗	佛祖統紀39:〈49-367중〉 集神州三寶感通錄上:〈52-407중〉
2	704년(長安 4)	武則天	唐大薦福寺故寺主飜經大德法藏和尙傳:〈50-283하〉
3	760년(上元 원)	肅宗	佛祖統紀 40:〈49-376상〉
4	790년(貞元 6)	德宗	佛祖統紀41:〈49-379하〉 佛法金湯編에는 貞元四年(788)이라 했다.[32]
5	819년(元和 14)	憲宗	釋氏稽古略3:〈49-833하〉
6	873년(咸通 14)	毅宗	佛祖歷代通載17:〈49-646상〉

한유가 쓴 「논불골표(論佛骨表)」는 819년 헌종(憲宗)때 있었던 사리봉안을 보고 비판한 것이다.

---

32 『불법금탕편(佛法金湯編)』第七:〈卍續藏經:148-893상〉 四年詔迎鳳翔法門寺佛指骨入禁中供養傳至諸寺瞻禮.〈4년에 칙령을 내려 봉상법문사(鳳翔法門寺)의 부처님 손가락뼈를 궁중에 들여와 공양하고 여러 절에 전하여 예배 하도록 했다.〉

本論
본 론 [1]

佛法불법은 爲中國患千餘歲위중국환천여세이니라 世之卓然세지탁연 하고 不惑而有力者불혹이유력자는 莫不欲去之막불욕거지니라 已嘗去矣이상거의면 而復大集이부대집 하야 攻之공지니라 暫破而愈堅잠파이유견 하니 撲之박지 하야 未滅미멸 하면 而愈熾이유치 하야 遂至於無可奈何수지어무가나하라 是果不可去邪시과불가거사면 蓋亦未知其方也개역미지기방야니라 夫醫者之於疾也부의자지어질야니 必推其病之所自來필추기병지소자래 하야 而治其受病之處이치기수병지처니라 病之中人병지중인은 乘乎氣虛而入焉승호기허이입언이니 則善醫者즉선의자는 不攻其疾불공기질 하고 而務養其氣이무양기기 하니라 氣實기실 하면 則病去즉병거니 此차는 自然之效也자연지효야니라 故고로 救天下之患者구천하지환자는 亦必推其患之所自來역필추기환지소자래 하야 而治其受患之處이치기수환지처니라 佛爲夷狄불위이적이라 去中國거중국이 最遠최원이나 而有佛固已久矣이유불고이구의니라 堯舜요순의 三代之際삼대지제는 王政왕정이 修明

---

1 『한문대계(漢文大系)』제3권 구양수(歐陽修) 영숙(永叔) 권10 [구양수는 본론 3편을 썼다고
  하였는데 여기에 실린 것은 본론 중이다]

수명 하고 禮義之敎예의지교가 充於天下충어천하 하니 於此之時어차지 시는 雖有佛수유불이 無由而入무유이입이니라 及三代衰급삼대쇠 하야 王政왕정이 闕궐 하고 禮義예의가 廢폐 하니 後二百餘年후이백여 년에 而佛至乎中國이불지호중국이니라 由是유시로 言之언지컨대 佛所以爲吾患者불소이위오환자니 乘其闕廢之時而來승기궐폐지시이래 하니 此차가 其受患之本也기수환지본야니라 補其闕보기궐 하고 修其廢수기폐 하며 使王政明사왕정명 하야 而禮義充이예의충 하면 則雖有佛즉수유불이라도 無所施於吾民矣무소시어오민의니 此亦自然之勢也차역자연지세야니라 昔석에 堯舜三代之爲政요순삼대지위정에 設爲井田之法설위정전지법 하고 籍天下之人적천하지인 하야 計其口而皆授之田계기구이개수지전 하니 凡人之力범인지력은 能勝耕者능승경자나 莫不有田而耕之막불유전이경지니 歛以什一감이십일 하야 差其征賦차기정부 하며² 以督其不勤이독기불근 하야 使天下之人力사천하지인력이 皆盡於南畝개진어남묘 하니³ 而不暇乎其他이불가호기타니라 然연이나 又懼其勞且怠우구기로차태 하야 而入於邪僻也이입어사벽야니라 於是어시에 爲制위제 하니 牲牢酒醴생뇌주례로 以養其體이양기체 하고 弦匏俎豆현포조두로⁴ 以悅其耳目이열기이목 하니 於其不耕休力之時어기불경휴력지 시는 而敎之以禮이교지이례니 故고로 因其田獵인기전렵 하야 而爲蒐狩之禮이위수수지례 하고 因其嫁娶인기가취 하야 而爲婚姻之禮이위혼인지례 하며 其死葬기사장 하야 而爲喪祭之禮이위상제지례 하고 因其飮食群聚인기음식군취 하야 而爲鄕射之禮이위향사지례 하니⁵ 非徒以防其亂비도이방기란 하니라 又因

---

2 정부(征賦)는 세금을 징수하거나 납부함.

3 남묘(南畝)는 햇볕을 잘 받는 남향의 농경지를 말한다.

4 조두(俎豆)에서 조(俎)는 날고기를 담고, 두(豆)는 마른 고기나 일반음식을 담는데서 각종 예기(禮器)를 두루 일컬음. 또는 제사를 지냄.

5 향사(鄕射)는 향(鄕)에서 활을 쏘며 술을 마시던 의례(儀禮)로 주대(周代)에는 주(州)의 장관이 봄가을에 주의 학교에 백성을 모아놓고 활쏘기를 익히던 의례와 향대부(鄕大夫)가 3

而教之우인이교지 하야 使知尊卑長幼사지존비장유 하니 凡人之大倫也 범인지대륜야니라 故고로 凡養生送死之道범양생송사지도가 皆因其欲개인기욕 하야 而爲之制이위지제니라 飾之物采식지물채가 而文焉이문언이라 所以悅之소이열지니라 使其易趨也사기이추야 하야 順其情性순기정성 하야 而節焉이절언이니 所以防之소이방지가 使其不過也사기불과야니라 然연이나 猶懼其未也유구기미야니라 又爲立學우위입학 하야 以講明之이강명지 하니 故고로 上自天子之郊상자천자지교 하고 下至鄕黨하지향당이 莫不有學막불유학 하니 擇民之聰明者택민지총명자 하야 而習焉이습언 하고 使相告語사상고어 하야 而誘勸其愚惰이유권기우타 하니 嗚呼오호라 何其備也하기비야리오 蓋堯舜三代之爲政개요순삼대지위정이 如此여차 하니 其慮民之意기려민지의가 甚精심정 하고 治民之具치민지구가 甚備심비 하며 防民之術방민지술이 甚周심주 하고 誘民之道유민지도가 甚篤심독 하니 行之以勤행지이근 하야 而被於物者이피어물자가 洽흡 하고 浸之以漸침지이점 하야 而入於人者이입어인자가 深심 하니 故고로 民之生也민지생야가 不用力乎南畝불용력호남묘리오 則從事於禮樂之際즉종사어예악지제는 不在其家부재기가요 則在乎庠序之間즉재호상서지 간이니[6] 耳聞目見이문목견이 無非仁義樂而趨之무비인의악이추지 하고 不知其倦부지기권 하야 終身不見異物종신불견이물 하니 又奚暇夫外慕哉우해가부외모재아 故고로 曰왈 하되 雖有佛수유불이나 無由而入者무유이입자가 謂有此具也위유차구야니라 及周之衰급주지쇠에 秦幷天下진병천하 하야 盡去三代之法진거삼대지법 하고 而王道이왕도가 中絶중절 하며 後之有天下者후지유천하자가 不能勉强불능면강 하야 其爲治之具기위치지구를 不備불비 하고 防民之漸방민지점이 不周부주 하니 佛불이 於此時어차 시에

년마다 공사(貢士)를 선발한 후 향로(鄕老) 및 향의 백성들과 함께 활쏘기를 익히던 의례가 있었다.

6 상서(庠序)는 고대에 지방에 설치했던 학교.

乘閒而出승간이출 하야 千有餘歲之間천유여세지 간에 佛之來者불지래자가 日益衆일익중 하고 吾之所爲者오지소위자가 日益壞일익괴 하니 井田정전을 最先廢최선폐 하고 而兼幷游惰之姦起이겸병유타지간기 하니 其後기후에 所謂蒐狩소위수수와 婚姻혼인과 喪祭상제와 鄕射之禮향사지례가 凡所以敎民之具범소이교민지구가 相次而盡廢상차이진폐니라 然後연후에 民之姦者민지간자가 有暇而爲他유가이위타 하니 其良者기량자가 泯然민연 하야 不見禮義之及己불견예의지급기니라 夫姦民부간민이 有餘力유여력 하야 則思爲邪僻즉사위사벽 하니 良民양민은 不見禮義불견예의 하야 則莫知所趨즉막지소추니라 佛불이 於此時어차 시에 乘其隙승기극 하고 方鼓其雄誕之說방고기웅탄지설 하야 而牽之이견지 하니 則民즉민이 不得不從而歸矣부득부종이귀의니라 又況王公大人우황왕공대인이 往往倡而崇之왕왕창이숭지 하야 曰왈 하되 佛是眞可歸依者불시진가귀의자라 然則吾民연즉오민이 何疑하의 하야 而不歸焉이불귀언이리오 幸而有一不惑者행이유일불혹자가 方艴然而怒방발연이노 하야[7] 曰왈 하되 佛불이 何爲者하위자오 吾將操戈오장조과 하야 而逐之이축지로다 又曰우왈 하되 吾將有說오장유설 하야 而排之이배지니라 夫千歲之患부천세지환이 偏於天下편어천하어늘 豈一人一日之可爲기일인일일지가위리오 民之沈酣민지침감 하야 入於骨髓입어골수 하니 非口舌之可勝비구설지가승이로다 然則연즉이나 將奈何장내하리오 曰왈 하되 莫若修其本막약수기본 하야[8] 以勝之이승지니라 昔석에 戰國之時전국지 시에 楊墨交亂양묵교란 하니 孟子맹자가 患之환지 하야 而專言仁義이전언인의 하니 故고로 仁義之說인의지설이 勝승 하니 則楊墨之學즉양묵지학이 廢폐 하였고 漢之

---

7 발연(艴然)은 성을 발끈 내는 모양.

8 막약(莫若)은 앞에서 말한 사건이 뒤에서 말하는 사건에 못미침을 나타내며 '…에 미치지 못하다. 차라리…하는데 낫다'라고 해석한다. 또한 수기본(修其本)의 본(本)은 본론(本論)의 본(本)을 뜻한다.

時한지 시에 百家백가가 並興병흥하니 董生동생이[9] 患之환지 하야 而退修孔氏이퇴수공씨하니라 故고로 孔氏之道공씨지도가 明명 하니 而百家이백가가 息식 하니라 此차가 所謂修其本소위수기본 하야 以勝之之效也이승지지효야이니라 今八尺之夫금팔척지부가 被甲荷戟피갑하극 하고 勇蓋三軍용개삼군이라도 然而연이나 見佛則拜견불즉배 하고 聞佛之說문불지설 하야 則有畏慕之誠者즉유외모지성자는 何也하야오 彼誠피성이 壯佼장교 하야 其中心기중심이 茫然망연 하니 無所守而然也무소수이연야니라 一介之士일개지사가 眇然묘연 하고[10] 柔儒유유 하야[11] 進退진퇴에 畏怯외겁 하니 然而연이나 聞有道佛者문유도불자면 則義形於色즉의형어색에 非徒不爲之屈비도불위지굴 하고[12] 又欲驅而絶之者우욕구이절지자는 何也하야오 彼피는 無他焉무타언이니라 學問학문이 明명 하고 而禮義이예의가 熟숙 하야 中心중심에 有所守유소수가 以勝之也이승지야니라 然則연즉이나 禮義者예의자는 勝佛之本也승불지본야니 今一介之士금일개지사라도 知禮義者지예의자면 尚能不爲之屈상능불위지굴이어늘 使天下皆知禮義사천하개지예의면 則勝之矣즉승지의니라 此차가 自然之勢也자연지세야이니라

---

9 동생(董生)은 한(漢)나라 때의 동중서(董仲舒)를 이르는 말이다. 동중서는 호(號)가 계암자(桂巖子)이고 벼슬은 박사(博士)·강도상(江都相)·교서왕상(膠西王相)을 지냈다. 춘추공양학(春秋公羊學)을 연구하여 무제(武帝)에게 유학(儒學)을 국교로 삼도록 하였으며, 음양오행론(陰陽五行論)을 바탕으로 하늘과 사람의 밀접한 관계를 강조하는 천인감응설(天人感應說)을 확립하였다.

10 묘연(眇然)은 약소한 모양, 미세한 모양.

11 유유(柔儒)는 유순함 또는 참고 견딤.

12 비도(非徒)는 접속사로 말한 바의 뜻 이외에 한층 더 나아간다는 뜻을 가지며, 복문의 윗단문에 쓰이고, 항상 아래 단문의 역(亦), 우(又), 차(且) 등과 호응하며 '…뿐 아니라, 단지…뿐만 아니라' 등으로 해석한다.

한글대장경, 東國譯經院, 1971.
『漢文大系』(星野 恒 · 安井小太郎校訂), 富山房, 1984.
禹玄民 譯解, 論語, 韓國協同出版公社, 1983.
蔡義順 譯解, 孟子, 韓國協同出版公社, 1983.
尹永春 譯解, 詩經, 韓國協同出版公社, 1983.
李相玉 譯解, 書經, 韓國協同出版公社, 1983.
金冠植 譯解, 書經, 玄岩社, 1974.
徐相潤 譯解, 周易, 韓國協同出版公社, 1983.
金瑩洙 譯解, 禮記(上), 韓國協同出版公社, 1983.
金瑩洙 譯解, 禮記(下), 韓國協同出版公社, 1983.
張基槿 · 李錫浩 譯, 老子 · 莊子, 三省出版社, 1982.

檀國大學校 東洋學硏究所, 漢韓大辭典, 2008.
大漢韓辭典, 教學社, 2004.
金元中 編著, 虛辭辭典, 玄岩社, 1995.
藤島達朗 · 野上俊靜 編, 東方年表, 平樂寺書店, 1974.

성열 엮음, 부처님 말씀, 현암사, 2002.
성열 지음, 자유인 임제, 현암사, 2007.
성열 지음, 고따마 붓다, 도서출판 문화문고, 2008.
성열 지음, 붓다 다르마, 도서출판 문화문고, 2010.

사마천 지음 김원중 옮김, 사기열전, 민음사, 2007.
노장시 편역, 韓退之評傳, 지식산업사, 1994.
郭正忠지음 黃一權 옮김, 구양수 평전, 學古房, 2009.

ㄱ

가섭(迦葉) 30, 49, 50, 92, 93~94
감택(闞澤) 180
개암거사(鎧菴居士) 56, 144
경공(耿恭) 189
경공(景公) 184, 185
고환(顧歡) 218
공리(孔鯉) 78
공자(孔子) 25~27, 30, 33, 37~42, 44. 45,
　　58, 66, 72, 73, 78, 132, 135, 136, 156,
　　161, 164, 175, 177~180, 183, 211,
　　218, 247~249, 253, 254, 256, 257,
　　259, 260, 270
관선사(寬禪師) 192, 193
구나발마(求那跋摩) 229, 230
구마라집(鳩摩羅什) 58, 60, 62, 93, 94,
　　208
구양수(歐陽脩) 6, 35, 53~56, 63, 64, 87,
　　141~144, 146, 147, 149, 150~153,
　　274
구천(句踐) 193, 194

ㄴ

남안암주(南安巖主) 205
남전보원(南泉普願) 170, 228, 229
노동(盧仝) 83
노자(老子) 39, 44, 113, 136, 141, 142,
　　164~168, 170~177, 180, 197,
　　216~220, 246~249, 254, 259

ㄷ

대전(大顚) 60, 61, 179
도생(道生) 61, 208
도선(道宣) 5, 79, 205, 206, 272
도성(道誠) 92, 225
도솔열공(兜率悅公) 237, 238
도솔종열선사(兜率從悅禪師) 33
도안(道安) 208, 209
도융(道融) 61, 208
동안찰선사(同安察禪師) 165
동파거사(東坡居士) 68
두보(杜甫) 83
등은봉(鄧隱峯) 202, 203

ㅁ

마조도일선사(馬祖道一禪師) 63, 192, 202,
　　229
맹자(孟子) 26~29, 37, 46, 55, 58, 72, 74,
　　75, 86, 118, 119, 123, 178, 212~214,
　　259, 277
무진거사(無盡居士) 6, 26, 33, 237, 238
묵적(墨翟) 26, 27, 248
민손(閔損) 72

불교를 위한 변명
장상영의 호법론

발행일 초판 1쇄 2013년 9월 5일

지은이 장상영
역주자 성열
펴낸이 고진숙
펴낸곳 도서출판 문화문고
책임편집 김종만
디자인 이춘희
CTP출력 상지사피앤비
인쇄·제본 상지사피앤비
물류 문화유통북스
출판등록 제300-2004-89호(2005년 5월 17일)
주소 110-816 서울시 종로구 부암동 129-8 울트라타임 730 오피스텔 612호
전화 02-379-8883 팩스 02-379-8874
이메일 mbook2004@naver.com
ISBN 978-89-7744-036-4 (93220)